上海大学价值与社会研究中心
中国辩证唯物主义研究会价值论研究专业委员会 编

孙伟平　陈新汉 —— 主编

# 价值论研究

2024年
第 *1* 辑

RESEARCH ON AXIOLOGY

上海教育出版社
SHANGHAI EDUCATIONAL
PUBLISHING HOUSE

# 价值论研究

## RESEARCH ON AXIOLOGY

2024年

---

第*1*辑

# 本期介绍

  《价值论研究》杂志（集刊）由上海大学价值与社会研究中心和中国辩证唯物主义研究会价值论研究专业委员会联合主办，系中国辩证唯物主义研究会价值论研究专业委员会会刊。本刊的办刊理念是：为促进我国价值哲学研究服务，坚持学术性、思想性和实践性的统一，主要反映价值论研究领域的最新成果，包括中西方价值论研究的经典和当代前沿价值问题研究、中西方价值哲学理论研究、核心价值观和价值观体系研究以及当代价值论其他热点问题研究等。本刊面向全国公开发行，中国知网全文收录。本刊自 2018 年创刊以来，每年在 6 月和 12 月出版两期，主要栏目有"名家访谈""我国价值论研究主要著作巡礼""专题笔谈""价值论基础理论研究""评价论研究""社会主义核心价值观研究""文化与价值研究""价值实践研究""研究动态"等。收录本辑的文章中有关于价值与价值研究的对话，有对著作《价值论——一种主体性的研究》的评述，有人工智能从事评价活动的研究，有需要、解放及其作为主体性的生成逻辑的阐述，有马克思主义价值观中国化三个阶段的分析，有儒家在"情感"与"变化"中自我选择与自我革新的论述，有高科技凸显"终极价值"问题的探讨等，从多方面反映了我国学者在价值论领域的新研究。

2024年 第1辑　　　　　　　　　　　　　价值论研究

RESEARCH ON AXIOLOGY

# 目 录 | CONTENTS

# 评价论研究

# 文化与价值研究

# 传统价值论研究

# 价值实践问题研究

# 研究动态

# CONTENTS

3

## Research on Evaluation Theory

## Research on Culture and Value

## Research on Traditional Value Theory

## Research on Value Practice

## Research Trends

# 名家访谈

Celebrity Interview

# 关于价值与价值研究的对话

龚　群　陈新汉

【龚群教授简介】龚群，中国人民大学哲学院教授，山东师范大学马克思主义学院特聘教授，教育部重点人文社会科学研究基地中国人民大学伦理学与道德建设研究中心前执行主任。长期从事价值哲学、伦理学和政治哲学研究。获"全国宝钢教育奖"优秀奖、"北京市教学名师"等荣誉。主持国家社科基金重大项目"社会主义核心价值体系重大关系研究""全人类共同价值研究"，国家马工程重大攻关项目"西方伦理思想史"第一首席专家、主编。已出版《青年伦理学》(1988)、《人生论》(1991)、《原道论》(1996)、《韩非子传》(1997)、《当代中国社会伦理生活》(1998)、《自由与潇洒——中国人生哲学中的情性观》(1999)、《中国商德》(2000)、《道德乌托邦的重构——哈贝马斯交往伦理思想研究》(2001，2003)、《当代西方道义论与功利主义研究》(2002)、《道德哲学的思考》(2003)、《生命与实践理性——诠释学的伦理学向度》(2004)、《罗尔斯政治哲学》(2006)、《新加坡公民道德教育》(2008)、《社会伦理十讲》(2008，2014)、《现代伦理学》(2010，2020)、《社会主义核心价值体系重大关系研究》(2012)、《当代社会价值观调查研究》(2012)、《当代西方伦理思想研究》(2012)、《自由主义与社群主义比较研究》(2014)、《追问正义》(2017)、《当代西方后果主义伦理思想研究》(2021)等著作，在国内外学术期刊发表论文260多篇。

**陈新汉（以下简称陈）**：龚群老师，你好！我知道你对于价值哲学已经有了较长时间的研究。今天想与你谈谈一些关于价值和价值研究的问题。

**龚群（以下简称龚）**：好的。十分高兴能有机会向你学习。我在价值哲学领域的研究也就是从读你的大作，以及李德顺老师、孙伟平老师等人的著述入门的。

**陈：你进入这一领域大概有多久了？**

龚：有二三十年吧。

**陈：能不能请您谈谈你感兴趣的价值哲学问题？**

龚：我在价值哲学领域的研究首先是从读像你们这样的价值哲学研究大家的著作入门的。你知道，我主要从事的是伦理学研究。我在进行伦理学研究时，发现价值哲学的研究与伦理学的研究有一致的地方，也有不一致的地方。我最初对价值哲学的兴趣好像也是为这个问题所困所引发的。

**陈：什么地方一致，什么地方不一致呢？这倒是有意思的事，能不能展开说说？**

龚：好。价值哲学的价值概念可能在伦理学上是与功利概念或功利价值概念一致，或能够解释功利概念以及可以以功利价值概念来替代。

**陈：这个理解有意思。价值概念怎么解释功利概念或以功利价值概念来替代？**

龚：首先我们看看什么是功利或功利价值。我们所说的功利，也就是"效用"这个概念，当我们说某人很功利时，也就是说他做事总是想到能够怎么获利、有利，表达的就是所谓功利。我们说市场经济是求利的经济，如何投入能够获得最大化产出的经济时，所说的就是功利或功利性。

**陈：我理解了，你所说的功利也就是对于实际利益如实际物质利益的追求。当我们通过某种行为活动而获利时，那么，这也就是具有功利性的行为。亚里士多德在《尼各马可伦理学》的开篇不就是说，人类的任何行为、规划都在于某种善（good）吗？这样理解没有什么问题吧？**

龚：是的，亚里士多德是这么说的。但亚里士多德并没有对他所说的善或好进行区分。

**陈：那你说说还需要进行怎样的区分？**

**龚：** 亚里士多德认为人的所有行为、规划或研究都在于求得某种善。在亚里士多德那里，善可以是人们的行动或行为的一个目的体系，这个目的体系中的所有的目的都可以说是善。从目的的意义上，行动主体当然是主体，而标的物，无疑是客体。但亚里士多德在讲善作为一个目的体系时并没有进行这样的区分。我认为，善至少要进行这样两大类的区分：一类就是功利性价值追求意义上的善，或好或利益；另一类就是道德或伦理精神意义上的善或好。

**陈：我知道你在德性论、功利主义和后果主义方面有不少研究。对于功利主义或后果主义来说，任何一个行为的功利善的后果，是以非道德的自然事实或事态改变为依据的。如我们说一个行为是善的或好的，就在于它能够为我们的行为主体带来情感上快乐或高兴这样的自然事实的后果；还有如果某类行为，能够为我们带来实际的物质利益，无疑是更明显的非道德性的自然事实或后果。**

**龚：** 是的，功利主义或后果主义评价行为的好坏，主要看的是行为的自然事实或事态性后果。

**陈：我注意到了，对于行为的道德性或道德的善恶判断，既可以以道德概念来进行，也可以以非道德概念或以自然事实来进行。**

**龚：** 是的。正是产生这类非道德性的自然事实后果，我们将它称之为功利性的价值或功利价值。

**陈：那么，你所说的道德或伦理精神上的善或好是什么呢？**

**龚：** 与功利性价值的行为相比较，就是非功利性的或不以功利性价值的获得为目的的行为。比如我们都知道的雷锋做好事，这类道德行为肯定不是为了功利性目的吧？还有我们所说的善良动机。如康德就认为，善良意志是不假外求的、并不需要达到目的或达不到目的这样的后果来证明，因为它本身就是善的。

陈：你这样说我就清楚了，确实这是不同于功利性目的的行为。伦理学上确实有这样一类行为，因为这样做不是为了获得某种实际利益，甚至有可能就是付出，但我们确实说这是道德的善的行为。

龚：是的，我们暂且把这样一类价值称之为非功利价值或道德价值。

陈：功利主义也是一种伦理学学说吧？因此，功利价值也是道德价值？

龚：确实如此，那我们为了避免混乱，就把这样一类价值称之为非功利价值吧。

陈：这一类非功利价值确实是人们的社会生活中广泛存在的价值，它也是伦理学研究的一个重要方面吧！

龚：是的，如儒家的仁爱说，中国传统伦理中义利之辨的"义"，基督教的博爱说，休谟的同情说，等等，都可归为这一类。但当我转向价值哲学时，我发现我无法从价值定义中得到相应的回答。

陈：你想得到什么回答呢？

龚：我想像功利价值那样，得到关于这类非功利价值的价值哲学意义上的解读。

陈：你的意思是，伦理学意义上的功利价值可以得到价值哲学上的解读？

龚：是的。目前国内价值哲学关于价值概念的定义是来自主客关系的价值解读。我读李德顺老师等人的价值哲学著作，感到我可以以价值哲学的价值概念来完善解读功利价值。

陈：你这个认识很有意思。你说说是怎么回事？

龚：我们首先从国内权威的关于价值概念的定义谈起。李老师在《价值论》第一版中下的定义："'价值'这个概念所肯定的内容，是指客观的存在、作用以及它们的变化对于一定主体的需要的某种适合、接近或一致。"① 李老师说这就是我们所理解的哲学上的"价值"或"价值一般"的基本意思。李老师还说："价值作为主客体之间的一种统一，其特征就在于这种统一以主体需要的满足、主体尺度的体现为实质内容的。"② 袁贵仁老师关于价值哲学的著作在我国价值哲学研究领域中是比较早的，他强调价值是主客体之间的关系概念，他说："价值作为主客体之间的一种关系，它自然离不开客体。客体对人的价值，必须通过它本身的属性和功能表现出来。客体的属性和功能决定着客体能否对主体有用以及用处之大小。正是由于在客体自身中就包含着对人有用的方面，带有能满足人的某种需要的属性和功能，因而它才具有对人的积极意义。"③

**陈：目前我国价值哲学界关于价值的定义是这样的，也就是从主客体关系来进行界定，客体属性与主体需要两者之间的关系即为价值关系。**

**龚：**我认为我国价值哲学界所公认的价值概念的内涵恰恰是功利价值的内涵，而不是非功利价值的内涵。这是因为，功利价值就是追求能够满足主体需要的客体属性。如功利主义将自然事实作为评价行为善恶的标准，而自然事实也就是能够满足主体需要的客体和具有这样属性的客体。

**陈：你从伦理学的视域来研究价值哲学，这是一种哲学领域内的跨学科研究。将价值哲学的价值概念等同于功利价值概念，估计价值哲学界的学者并非都会认同你的看法。不过，应当被看到的是，这为价值哲学研究提供了一个思路。我们是把道德价值作为哲学的价值概念之下的一类价值，也就是在元价值概念之下的次级价值。**

**龚：**并不是我有意将道德价值中的功利价值提升至价值哲学的元概念层次，而是功利价值恰恰就是符合我们所说的主体与客体价值关系的产物的价值概念的定义。正如你所说的价值哲学的价值概念是元哲学概念，那么，道德价值概念就

---

① 李德顺：《价值论——一种主体性的研究》，中国人民大学出版社 1987 年，第 13 页。

② 李德顺：《价值论——一种主体性的研究》，中国人民大学出版社 1987 年，第 130 页。

③ 袁贵仁：《价值学引论》，北京师范大学出版社 1991 年，第 41 页。

是次级概念，而功利价值概念则在道德价值之下，这样看也就是第三层次的价值概念了。但我们发现，界定功利价值恰恰可以以主客关系模式来进行。

**陈：你的意思是，功利价值概念也就等同于价值哲学在元概念意义上的价值概念？**

龚：是否是元概念意义上的等同，这我不好定论。但如果说价值就是主客关系的产物，那么，我们可以说这两者没有区别。

**陈：也就是说，你认为功利价值概念并不是从属性意义的第三层次的价值概念。**

龚：应当是第三层次的，但我们不能把第三层次的含义提升至第一层次。至于第一层次的价值概念的内涵是什么，这不是我们在这讨论的问题。

**陈：我明白你的意思了。如果元哲学层面的价值概念可以对所有的价值概念进行解释，那么，我们可以说，它是在抽象层次界说了什么是价值。但如果有某类第二层次或第三层次的价值概念，无法得到元哲学层面的价值概念的解释，或无法涵盖它，是不是我们的元哲学层面的概念概括性不够呢？那么，我们价值哲学的价值概念为什么不可以容纳非功利价值概念呢？这两者差别那么大吗？**

龚：我们可以对功利价值与非功利价值作进一步阐释，这样也许更能清楚我们在讨论的问题。功利价值可看作是对物质性利益或各种社会利益的追求及其相应的利益获取而产生的价值。当然价值也有正负之分。那么，非功利价值可称之为精神价值，例如不是从功利来看的道德精神价值，正像我们在前面所说的仁爱、仁慈、同情、助人为乐等。我们帮助他人、助人为乐是因为我们能够从他人作为客体存在的属性中有着满足我们需要的东西吗？我看不是。恰恰是因为他是我的同胞、是需要我去帮助的人，而不是我想从他的生病或体弱的属性中能够得到什么满足我需要的东西。

**陈：精神性道德价值与功利性道德价值确实有很大的差别。不过，李老师的**

价值论也讨论过类似你所说的精神性道德价值的善，如李老师说："'善'，历来被理解为人与人之间关系的价值。"①

**龚：**是的，这里的人与人之间关系的价值，也就是道德价值。不过，在讨论这个问题之前，我首先表示对李老师学术成就的敬意，正是他的《价值论》的成功，从而使得中国哲学界普遍接受了把价值领域作为哲学诸领域中的重要领域。李老师比我年长并不多，但我仍然把李老师看作我的老师辈学者来尊重。

**陈：是的，我们大家都十分敬重李老师。**

**龚：**我们回到上述讨论。李老师在这里是明确地提到了道德价值，道德价值也就是指非功利的人与人之间的关系意义上的价值。当然，人与人之间的关系也有功利性的一面，如康德所说的"人不仅仅是工具"，这里的工具指的就是人所具有的功利价值。但对人与人的关系把握，我认为主要不是功利性的工具理解，而是把人当人看，人是目的而不仅仅是手段。

**陈：把人当目的与亚里士多德式的目的体系有什么区别？**

**龚：**这是一个很好的问题。我向来认为康德式的将人作为目的来理解，是一个比喻的说法。这个说法首先是指，人应当得到尊重，而不是像使用达到目的的工具那样来使唤。如奴隶主对待奴隶就是将人当工具，而不是当作目的来看待。把人当目的就是将人置于一个超出手段之上的敬重地位。其次，人是目的的思想应当与康德关于人的尊严思想联系起来，即人的尊严是无价的，不可以以市场价格来衡量人的尊严。因为在康德的人是目的的观点中包含了对人的尊重，即尊重人的尊严的思想。

**陈：将人与人的关系与人与物的关系相区别，在这样的关系上产生的价值也就是你所说的非功利价值吧？**

**龚：**是的。这也是李老师所说的这样理解的善的价值多半是作伦理学解释，

---

① 李德顺：《价值论——一种主体性的研究》，中国人民大学出版社1987年，第174页。

也就是只是一个二级层次的善的价值概念。

**陈：李老师提到如果把人与人的经济关系、政治关系等包括进去，那么，善也就是不是一种道德价值，而是一种综合价值了。**

龚：怎么看待综合价值中善的价值的问题，又是另一个问题了。但即使是综合性的善的价值，在价值哲学中仍然是某个层级的价值概念，而不是元哲学意义的价值概念。

**陈：善作为综合价值概念是一个值得研究的问题，不过，有了综合意义之后，是否就不是单纯的那种纯伦理意义的善的价值概念了呢？**

龚：这有一个前提，就是将经济利益和政治利益的"利"与道德评价放在一起。李老师也指出，道德之善与经济利益之善是可以转化的，并非截然区分的。我们认为，可能李老师的思维中已经意识到了，如果将非功利性价值单独进行讨论，可能就难以套主客关系这样的模式。但我们进行概念分析，则是从复杂的社会生活实践中将概念纯化，看是否可以从纯粹的与"利"相区分的"义"，将道德或精神性的价值单独提取出来，从而再看看是否可以同样像功利价值那样来进行主客体关系的价值界定。如果说因为纯道德性价值与功利性价值是混杂在一起的，因而对于价值概念进行主客体关系的界定同样也适应于纯道德精神性价值的概念界定，这就等于转换了话题。

**陈：李老师还举了劳资关系来说明从道德上看善恶评价可以转换。**

龚：是的。但从劳资关系来讨论与我所说的在伦理学领域里的一类基本道德事实并非一回事，有一类基本的道德事实就是中国传统儒家义利之辨中的"义"，而义利之辨的前提应当是"义"与"利"之间有着某种可以区分的界线，如孟子所讲的"四心"，还有他与梁惠王对话中所说的要讲"义"或"仁义"而不是"利"，应当都是有某种界线的。

**陈：这个我同意，比如还有同情、关爱——就是女性主义关怀伦理中的**

关爱。

**龚：**是的。另外，袁贵仁老师也将功利性价值单独进行了讨论。不过，袁贵仁老师在讨论善的价值时，则是说主体对客体的改造因达到了主体的目的和要求，所以是善的。①

**陈：**是的，袁老师将功利价值定义为实用价值、工具价值和物质性价值而与他所说的一般性善区别开来。在他对善的界定中，无疑是考虑到了主客关系模式。不过，这样考虑的主客关系模式并没有真正把握非功利的道德价值意义之善。

**龚：**袁贵仁先生这样讲的思维背景确实是主客体关系模式。但这样理解善的概念，仅仅是回答了当我们将客体改造或改变得符合主体需要时，才是合理的。而这类善不应当是非功利性价值的一般性善。

**陈：**这样看来，是不是善这一概念可以用在不同的规划、行为和行为目的上？

**龚：**亚里士多德就是这么理解的。

**陈：**这样也是一种理解主客体关系模式的方式吧？

**龚：**可以这么理解，但是，从目的和目的实现的意义上，我们无法理解人们在日常生活中并不是为了达到自己的某种目的而来帮助他人，以及儒家的仁爱、女性主义的关怀伦理以及基督教的博爱等非功利的道德价值行为。

**陈：**那依你的看法，这样的非功利的道德价值行为，应当怎么理解呢？

**龚：**这就是必须转换价值思维的模式，从主客关系模式转换为主体与主体关系模式。

---

① 袁贵仁：《价值学引论》，北京师范大学出版社 1991 年，第 115—123 页。

**陈：** 主体与主体关系模式？这是一种对于价值理解的新模式。

**龚：** 这是我多年思考的结果。正是由于对价值理解的主体与客体关系多年苦苦的思考，我感到这一模式有它的缺陷；但另一方面，我研究哈贝马斯交往理论和交往伦理学（又称"话语商谈伦理学"），对其使用的"交互主体性"（intersubjectivity）这一概念有着很深的印象，因此，我就想到了主体与主体关系模式的问题。

**陈：** 你所说的主体与主体关系模式与你研究哈贝马斯有关？这有点意思。

**龚：** 哈贝马斯认为，我们在生活世界的存在或交往实践，表明任何一个人都不是在生活世界中单独存在，而是与其他主体共在或缘在。在哈贝马斯这里，他就用交互主体性这一概念来表达。

**陈：** 这一概念好像最早是胡塞尔在讨论生活世界时使用的。

**龚：** 是的，但这个概念在胡塞尔那里并不是一个基础性的概念，而在哈贝马斯这里则成了一个基础性的概念。在哈贝马斯看来，以往的道德哲学和思维科学都是单主体中心的，并不能反映生活世界的客观性，因此，要将单主体性哲学转换为交互主体哲学，从交互主体性出发，重新建构社会哲学和伦理学。所谓的单主体性，如笛卡尔的"我思故在"，就是典型地从单主体出发的。在哈贝马斯看来，康德的认识论和道德哲学都是从单主体出发的，如他建构的那套先验图式，还有道德哲学的绝对命令（定言命令）都是从作为单主体的自我出发的。

**陈：** 哈贝马斯的这一看法有一定道理。但如何理解交互主体性呢？

**龚：** 哈贝马斯的交互主体性不仅是说我们作为行为主体在生活世界的存在是一种主体交互性的存在，而且从这样一个本体论存在出发，提出了话语商谈伦理学。这一话语商谈伦理学的基点，就是将任何一个话语主体都置于平等的位置上，给予平等的尊重。换言之，交互主体性概念就内在地包括了对除自我之外的行为主体的平等尊重的含义。

**陈：我理解了，你的主体与主体关系模式实际上是来自于哈贝马斯的交互主体性概念。**

**龚：**可以这么说。主体与主体关系模式就是承认对方的主体性、道德人格性和平等的理性人的地位。因此，主体与主体模式也就是对他者主体平等尊重的模式，而不是把他者主体当作客体，当作具有满足某个主体需要的客体来看待。换言之，主体与主体关系模式是对对方主体性的相互承认，进而是相互尊重。即把人当人看，从而也就有儒家的仁爱、西方基督教的博爱的发生。

**陈：也就是说，非功利性价值以主体与主体关系模式可以得到很好的解释。**

**龚：**我是这么理解的。不仅是非功利的道德价值，还有人的价值以及精神性价值。我认为以主体与主体关系模式更容易理解，但这样理解并不是认为主客关系模式对于价值或价值现象没有解释力，而只是主客关系模式、主体与主体关系模式各有其解释力。

**陈：对价值的元哲学意义上的把握可能还需要进一步阐释。**

**龚：**是的。不过，目前我觉得我还没有更高层次的概括。

**陈：确立主体与主体关系模式除了在价值概念意义上更好解释非功利性道德价值外，还有其他的意义吗？**

**龚：**当然有啊。除了我上述说的可以更好地解释精神性价值和人的价值外，还有更重要的实践意义。这就是我们要将价值看成是一个人类的创造生成现象，那么，不仅是主客关系，而且更重要的是主体与主体的关系，使得人类能够创造生成一个人化的自然和更美好的人类世界。

**陈：这个说法有点意思，请更多解释。**

**龚：**拿我们所经历的市场经济改革来说吧。我们都知道，在这之前，我们是计划经济体制。计划经济体制实际上就是一个巨型的主体和普遍的客体的关系。

因为除了那个下达计划指令的指令性主体之外，所有的社会生产者都是被动地实现计划指令的客体，或能够满足那个主体需要的客体。

**陈：从主客关系模式是可以这么理解。**

龚：那么，什么是市场经济模式呢？市场经济就是平等的普遍主体相互交往发生经济关系的运行模式。我说，市场经济是"普遍主体"，也就是所有进入市场的主体从理想的层次看，都应当是能够承担自己的选择或决策后果的责任主体、命运主体，都具有独立的不受到外在压制或强制的主体性。只有这样的市场经济才是真正的市场经济。因此，市场经济是普遍主体生存的大地，而在计划经济模式下只有一个巨型主体在支配着所有的被动客体。

**陈：这样看意义确实不同。**

龚：是的。我认为这是目前中国改革开放所带来的中国社会进步的最深刻的根源。因为对普遍主体的普遍尊重虽然是一个理想，但对市场经济的发展来看，无疑具有规范性理想性的意义。虽然对它的践行还很不到位，但这已经使得我们国民的心态发生了巨大改变，这个改变就是人们开始认识到了自己才是自己的主人和自己是社会的主人。以往我们说，人民群众当家作主，只有人民群众真正把自己的经济命运掌握在自己的手里，才可能真正当家作主。市场的普遍主体也就是有着责权利的市场平等公民，而不是将市场经济的主体在实际操作上区分为一等公民、二等公民。只有平等的市场公民地位才可能建构真正的交互主体性关系。当然，目前我们与这样理想的市场经济运行模式可能还有一定的距离。

**陈：也就是说，平等性主体意识的普遍觉悟，是中国式现代化的最深厚的动力。**

龚：可以这么认为。中国式现代化是人口巨大国家的现代化，这一人口巨大也就意味着中国人民的主体性能够在现代化追求中得到发挥，从而焕发出伟大的历史创造动力。

陈：不过，市场经济仍然存在着主体与客体的关系，如人与自然的关系；同时由于存在着人作为普遍主体，从而就存在着主体与主体的关系。

龚：完全赞同。经济活动是一个物质生产的活动，必然存在着人与自然、人与物的互动关系，这个关系主要是主体与客体关系的价值呈现模式。另一方面，生产关系是人与人的交往关系，这点马克思早就说了。而人与人的交往关系，就是主体与主体的关系。只有这样两重关系各自在自己的领域里发挥作用，这样的人类社会才是健全的社会。

陈：谢谢您。今天我们就聊到这里，以后我们会继续关注你在价值研究领域的最新进展。

【执行编辑：陈新汉】

# 我国价值论研究主要著作巡礼

A Tour of the Major Works on Axiology Research in China

# 马克思主义价值论的开拓和奠基性研究
## ——《价值论——一种主体性的研究》(1987)书评

尹　岩　吉冬慧*

在当代中国马克思主义价值哲学的发展历史上，李德顺先生所著的《价值论——一种主体性的研究》一书具有举足轻重的意义。这部由中国人民大学出版社在 1987 年出版的价值论研究专著，开创了价值论研究的主体性方法，立足于主客体关系的实践辩证法，着重从主体的地位和作用的角度理解价值的本质与特性，从本体论、认识论、辩证法三个方面对价值论的重要理论问题展开系统研究，在基础理论构建、研究方法探索和价值实践研究等方面，对中国特色马克思主义价值哲学理论的建构做出了创造性贡献。该书出版后，即被认为是国内价值论研究领域具有开拓性和奠基性的代表作之一。正如马俊峰教授指出："我之所以把李德顺的《价值论》看作是中国价值论研究的奠基性著作，不单是因为其出版时间较早，甚至也不是因为他第一次比较全面系统地讨论了作为哲学范畴的价值问题，当然这些都是很重要的，而是因为他所具有的学科自觉意识和对于价值论的前提性问题的解决。而这两点又是联系在一起相互支撑的。"[①] 该书基本的理论观点、研究方法和学术价值得到了社会的认可，荣获"中国图书奖"、北京市"哲学社会科学优秀成果奖"和国家教育部"优秀社科成果奖"。该书面世已有 37 年之久，在新时代中国价值哲学深入发展和社会主义核心价值体系建设中，它浓烈的时代气息、深沉的人文情怀、严谨的逻辑思维以及理论开拓的勇气和自信仍具独特魅力，体味其内容背后更深层次的价值追求、学术品质和方法论意

---

* 尹岩，上海大学哲学系教授，研究方向为价值哲学等；吉冬慧，上海大学哲学系硕士研究生，研究方向为马克思主义哲学。

① 马俊峰：《中国价值论领域的奠基之作》，《中华读书报》2007 年第 14 期。

义，仍能使人深深受益。这部中国价值论研究的经典著作，主要在以下四个方面形成了自己的特色。

## 一、立足时代的问题意识

翻开这部著作，浓烈的时代气息扑面而来，把读者带进 20 世纪 80 年代中国当代价值哲学研究刚刚起步的历史境遇中。无论是刚刚结束的"文化大革命"还是正在进行的改革开放，都把反思和研究价值问题的历史使命摆在了哲学界面前。对中国社会的历史转折而言，确立一种尊重人、思考人、关注人的当代哲学非常有必要，而改革开放则迫切需要哲学建构一种反映时代精神的价值哲学。尽管 20 世纪以来，价值问题已经成为现代哲学研究的一个中心问题，价值哲学已经确立了它的学科地位，但中国当代的价值哲学研究，在 20 世纪 70 年代末才开始重新起步。在当时的中国哲学界，研究价值问题的意义，不仅在于一般地填补过去哲学原理研究中的一项空白，而且关系到对马克思主义哲学精神实质的重新理解和诠释，关系到传统哲学框架和思维方式的变革与调整。《价值论——一种主体性的研究》一书就是在这种社会背景下出版的。

该书是基于李德顺先生 1986 年答辩通过的博士学位论文。作者研究的价值问题是"受时代和生活实践中'问题'的启发和激励"[①]。当代中国哲学在 20 世纪 80 年代开始了一次重要的历史启航，时代和改革开放把价值问题置于理论研究的前沿阵地，确立和阐述中国自己的马克思主义价值学说成为一项迫切的重大任务。该书是作者受"文革"时期所暴露的对价值问题的错误认识[②]的触动，回应中国改革开放起步时代重大理论和现实问题的探索性尝试。这形成了该书的开拓性特色，如李德顺先生的博士导师肖前老先生所指出的那样，"书中表达了作者自己数年思考的一些明确意见，表现了在哲学原理研究中的一种新的倾向和意图"，"在书中，很多以思辨的方式所说出的见解，颇多大胆和新颖之处"。[③]

---

[①]　李德顺：《我为什么关注价值研究》，中国社会科学网，2022 年 9 月 30 日，https://www.cssn.cn/zx/zx_zxgs/202210/t20221022_5551453.shtml。

[②③]　李德顺：《价值论——一种主体性的研究》，"序"，中国人民大学出版社 1987 年，第 1 页。

该书是中国价值哲学在初创时期的重要代表著作，它所研究的问题是中国价值哲学在这一时期发展所具有的时代性问题。当时国内不少人发表了重要著述，开拓了价值哲学领域的研究。"这些著述对于价值论问题在马克思主义理论体系中的地位，价值论研究的实践意义和科学意义，价值概念的哲学含义和本质，价值的客观性及其他特性，评价认识的特点，价值与真理、价值观与真理观的关系，当代价值观念变革，中西传统价值观念的批判考察等一系列重要问题，也提供了可喜的研究成果。它们为价值论研究的繁荣奠定了良好的基础……也不能不指出，价值论的研究和应用在我国总体上还处于开始的阶段。这项工作尚未取得它应有的地位，尚未获得与它的实际意义相符的充分理解和重视，工作本身也尚未达到成熟的程度。"[1] 该书是为价值论研究在价值论本身的范围内深入展开所做的一种重要努力，它所追求的"并不是一下子构成一个完整的理论体系，在任何意义上也都不能说它已经或正在完成这种工作"，而是"继续做着这样一些准备性的工作"，采取"对一个个主要概念进行批判考察的思路"，"清理一下价值论这片阔大的场地"，锚定"价值论的概念、范畴、方法等"，"以备将来建造大厦时选用"。[2] 因而，该书是马克思主义价值论奠基性的理论研究。

## 二、自觉的学科和学说意识

《价值论——一种主体性的研究》一书体现了李德顺先生对价值哲学学科和学说两个维度的理解，这一意识就那个时代的中国价值哲学研究而言是难能可贵的。"所谓'学科'，是指按知识和科学的分类标准划分出来的一个个相对独立的研究领域"，"就其内容来说，一个学科，是由针对某一方面对象的、具有普遍性的'问题'，以及人们长期积累的共同知识、方法、规范等构成"；"学说则是指在现实中形成的一定相对独立的思想体系"，"是学科的现实形态"，"是由现实的人在一定的条件下创建的理论和方法系统"。[3] 尽管该书并未就价值问题的学科和

---

① 李德顺：《价值论——一种主体性的研究》，"前言"，中国人民大学出版社1987年，第5页。

② 李德顺：《价值论——一种主体性的研究》，"前言"，中国人民大学出版社1987年，第5—6页。

③ 李德顺主编：《哲学概论》，中国社会科学出版社2010年，第4—5页。

学说意义进行专题陈述，但是，从对"价值"范畴的哲学一般界定、价值问题与马克思主义认识论的关系的认识，以及整个逻辑体系的构造、问题讨论层次和方法，一以贯之的马克思主义哲学立场、理论前提和基础来看，作者对价值问题的理解具有清晰的学科和学说意识。在学科意义上，作者认为价值问题既不是纯粹的本体论问题，也不是狭义的认识论所能涵盖和解决的问题，而是高层次、全局性的哲学问题；价值论既不是哲学的应用理论，也不是伦理学、美学的代名词，而是哲学的一个基础理论分支。在学说的意义上，作者旗帜鲜明地坚持马克思主义哲学的世界观和方法论，以实践为对象，分析其内部结构，研究主客体关系的具体形式和内容，阐述实践—认识活动的主体尺度和客体尺度，以主体性揭示了价值本质的奥秘所在，明示其价值论是实践唯物主义价值论。该书在 2007 年第一次修订，其哲学原则、基本的逻辑框架和研究方法经历了历史检验得以保留和完善，关于价值问题的学科和学说定位得到了系统地说明和体现，反映了作者的学科和学说意识。

　　书中，李德顺先生提出"学科视野要开放，学说探索要严谨"的学科和学说意识，这一意识是重要的理论创新。其一，作者突破传统的马克思主义哲学的理论框架，反思价值思想史，从中汲取经验和获得启示，阐述价值问题的哲学地位和意义："价值问题作为人类实践—认识活动中的一个普遍的、基本的内容，在我们的哲学理论体系中具有重要的世界观和方法论意义"，"把握价值对于人类来说是不可缺少的"；[1] "价值问题是人的每一实践—认识活动的动力因素"；价值是"认识所追寻和包含着的成果内容的一部分"。[2] 其二，作者突破狭义认识论视域，把认识论理解为"全面的反映论"，即不仅反映对象和客体，也反映人作为主体自身的社会存在，更反映主客体相互作用的历史和逻辑。作者起初认为，"凡属于精神反映客观世界之结果的，都应该看作认识，都应该列入认识论对象的范围之内"，这是一种广义认识论的主张。因此，认为"价值问题的马克思主义哲学研究，势必进入认识论领域"，"只有从马克思主义认识论的基地上展开对

① 李德顺：《价值论——一种主体性的研究》，中国人民大学出版社 1987 年，第 31 页。

② 李德顺：《价值论——一种主体性的研究》，中国人民大学出版社 1987 年，第 32 页。

这一问题的探讨，才能解释其丰富的内容和普遍性质"。① 其三，作者经研究后发现，"它不仅仅是认识论领域的问题"②，还是以本体论、认识论发展的新成果为基础，一个在同等理论层次上具有相对独立地位的基础理论领域。因此，把价值问题作为马克思主义哲学的题中应有之义，具有极其重要的理论意义和实践意义。

　　该书体现了上述三个具有原则意义的认识，在对价值现象进行了本体论、认识论研究的基础上，开启了主体性研究的新路向、新视角。这一研究带来了中国价值论研究的繁荣景象，马克思主义哲学乃至中国的哲学发展也从中受益。更重要的是，它们也成为中国价值论研究反思价值论学科和学说定位的思想资源，为中国价值论研究打开了新的格局。

　　李德顺先生在 2007 年再版的《价值论》一书中，系统而全面地阐述了价值论学科和学说的定位："在学科层面上，价值问题并不是哲学中一个低层次的、局部的个别的问题，而是个高层次的、全局性的普遍问题。价值作为人类生存发展实践中一个普遍的、基本的内容，具有重要的世界观方法论意义。以价值问题为研究对象的哲学领域，价值论业已像传统的本体论、认识论一样，成为哲学基础理论的一个基本分支。在学说层面上，我们面对的是如何以科学的实事求是的立场、观点和方法，对价值问题作出自己的有理有据、认真负责的回答，以建立和阐述马克思主义哲学的价值学说。"③ 李德顺先生将价值论学说的特点概括为："把人类生活实践及其历史发展作为价值论研究的最终'文本'""深入到实践结构的内部去揭示价值现象的基础和地位"，"按照上述方式来表示价值现象的本质""坚持马克思的'实践的唯物主义即共产主义'价值导向"。④ 今天，价值论作为哲学基础理论之一的学科定位已经被认可，马克思主义价值论的理论构建及其社会作用也卓见成效，对此，《价值论——一种主体性的研究》这部著作功不可没。

---

① ② 李德顺:《价值论——一种主体性的研究》，中国人民大学出版社 1987 年，第 32 页。

③　李德顺:《价值论》，中国人民大学出版社 2007 年，第 1 页。

④　李德顺:《价值论》，中国人民大学出版社 2007 年，第 25—28 页。

## 三、开拓性的主体性研究方法

李德顺先生认为，在马克思主义认识论中展开价值问题的研究，完全固守过去的传统模式是难以成功的。因而他的价值论研究着手运用一种新的方法，即主体性方法。本书原名为《价值、真理、自由——马克思主义价值论引论》，出版前书名定为《价值论——一种主体性的研究》，其中一个考虑是为了使个人学术观点的倾向性表达得更鲜明。李德顺先生指出："立足于主客体关系的辩证法，着重从主体的地位和作用方面理解价值的本质和特性，是本书理论观点和思想方法上的一条线索。"至于确立价值问题研究的主体性方法的前提，则基于下面的思考和认识："近年来国内学术界越来越多地谈论起价值问题和主体性问题。对于这种情况，人们有各种不同的看法。经过反复思考，我认为出现这种趋势不是偶然的，它有着深刻的现实根据和科学根据。我还认为，在价值问题和主体性问题之间有着高度的内在一致性。这种一致性简单说来就是：在理论上，价值问题是主体性问题的一个最典型的形式，而主体性问题则是价值论研究中的一个关键问题。一般来说，如果不从主体性方面入手，如果不以对主体性的深入把握为基础，价值论的研究不可能在现有的水平上取得较大的突破。"[1] 从而进一步指出："确立'主体性'概念并不是问题的结束，而是问题的开始……主体性问题的确立和展开，在理论上起着某种改变思维模式和改进思维方法的重要作用。"[2]

"主体性"作为近代西方哲学确立的一个重要范畴，由笛卡尔肇始的主体性形而上学的哲学，从自我意识的自我出发来规定一切存在的哲学观念，主体性被确立为知识与存在的哲学基础和人与社会生活价值的规范性源泉，而现代西方哲学曾宣告"主体性的终结"。在哲学话语体系中，一些人直接把主体性等同于人的本性、人性、人的主观性或人的能动性、创造性。马克思哲学把科学的实践观引入认识论和历史观，肯定了人的实践存在方式，把主体性理解为人作为实践主体的质的规定性，即在主客体相互作用中人在主体地位上所具有的自觉、自主、能动和创造的特性。在该书中，李德顺先生基于马克思哲学的实践唯物主义世界

---

[1] 李德顺：《价值论——一种主体性的研究》，中国人民大学出版社1987年，第3页。

[2] 李德顺：《价值论——一种主体性的研究》，中国人民大学出版社1987年，第5页。

观和方法论，认为主客体是实践—认识活动的基本要素，主体性是人在建立和推进一定的对象性关系时所表现出来的"自主、主动、能动、自由、有目的地活动的地位和特性"①。当把价值问题理解为人类实践—认识活动中一个普遍的、基本内容时，确定主体性的价值论研究方法几乎是顺理成章的结果，也就是说，"价值问题的确立和展开，必然地同对主客体关系中的主体和主体能动性的理解与重视相联系"②。

实践—认识活动的基本关系是主客体关系，即主客体相互作用。主客体相互作用包括客体对主体的作用和主体对客体的作用两个方面，后者表现为主体对客体的改造并使它为自己"服务"，这正是"价值"的实质内容。因此，作者认为，"对于主客体相互关系的考察""直接地触及到了价值概念的客观基础和实质"，③这将使人认清主体在主客体相互作用中的"双向运动"及其种种表现。其中的价值关系即：按照"为我"的方式建立主客体关系；对于客体的作用处处都与满足主体的需要有关；需要以具体化和现实化为目的，成为主体对客体作用的定向机制，也使主体对于客体的作用更具体、更活跃和更顽强；客体满足了主体的需要或实现了目的，体现为效益，这意味着客体的充分主体化。④上述主体对客体的作用，建构了"实践—认识活动中的主体性内容，或内容的主体性方面"，即价值，⑤被称为主客体关系中的"主体的内在尺度"。因此，价值概念是"对主客体关系的一种主体性描述"，"代表着客体主体化过程的性质和程度"；价值关系是"以主体内在尺度为特征的关系"，其运动是"主体内在尺度的实施和实现过程"；价值标准则是"主体尺度的现实表现"。⑥这就是该书运用主体性方法研究价值论的基本问题得出的重要结论。

主体性的研究方法不仅仅是一种研究方法，它所得出的每一个价值理论，都蕴含着体现社会进步的社会价值观。这一方法不仅在建构马克思主义价值论的工

---

① 李德顺:《价值论———一种主体性的研究》，中国人民大学出版社 1987 年，第 69—70 页。

② 李德顺:《价值论———一种主体性的研究》，中国人民大学出版社 1987 年，第 47 页。

③ 李德顺:《价值论———一种主体性的研究》，中国人民大学出版社 1987 年，第 76 页。

④ 参见李德顺:《价值论———一种主体性的研究》，中国人民大学出版社 1987 年，第 85—89 页。

⑤ 李德顺:《价值论———一种主体性的研究》，中国人民大学出版社 1987 年，第 89 页。

⑥ 李德顺:《价值论———一种主体性的研究》，中国人民大学出版社 1987 年，第 103、108 页。

作中坚持了共产主义的社会理想和信念，也为人的尊严、自由的理论思考提供了思想基础。贯彻全书的主体性及其实质在《价值论》（2007）一书中得到了更加深刻的阐述："主体性问题实质是人在自己对象性行为中的地位和作用问题；主体性，实际是指人在自己对象性行为中的权利和责任特征。"① 这一观点表明，价值的根本属性是主体性，在价值问题上应坚持主体性原则，就是在社会价值体系构建中，充分关照人的现实权利与责任的统一，尊重每一个主体创造价值、享受价值的权利，同时为保证这一权利的实现而承担相应的责任。坚持主体性原则，对价值冲突或价值难题的解决具有非常重要的意义。正如李德顺先生在书中所论述的："在解决价值冲突的问题上，应充分理解、尊重人的需要、能力及人的发展的多样性，更要尊重、重视人在生活实践中自己选择创造的权利和责任；解决问题首先要把探索和创造的权利与责任，交给现实的主体自己，要靠主体实践中的自我创造，不能再寄托和依赖什么新的'救世主'。所以，我们最后的结论是：一切都必须从承认和尊重主体的权利和责任出发，把人的权利和责任还给人自身。"② 对照今天的世界形势和历史实践来看，这一结论显然越来越显示出其深刻性和预见性。

## 四、"引玉"之功

李德顺先生在该书的初版前言中说："在此书出版时，我的最大愿望是能够尽'引玉'之微功，通过大家的共同努力，真的形成我们自己的当代价值学说。到那时，本书也就得到了最好的归宿。"③ 该书"引玉之功"的卓越成果，首推李德顺先生自己身体力行，对原作加以校正、充实和进一步展开的《价值论》修订版。在《价值论——一种主体性的研究》一书出版 20 年后的 2007 年，该书的第二版《价值论》出版，这部著作同样担负起了"引玉"的使命并在新时代得到升华。李德顺先生在《价值论》一书中的"再版后记"中说："20 年后重新

---

① 李德顺：《价值论》，中国人民大学出版社 2007 年，第 54 页。
② 李德顺：《价值论》，中国人民大学出版社 2007 年，第 488—489 页。
③ 李德顺：《价值论——一种主体性的研究》，中国人民大学出版社 1987 年，第 8 页。

修订《价值论》，自己的心情仍然有些激动。因为这等于又重新站出来接受审视和考验。我期待着这个领域的研究走向新的繁荣。"①2013 年，该书第三版《价值论——一种主体性的研究》入选国家社科基金"中华学术外译"项目，由斯普林格（Springer）出版集团在国外出版发行英文版（*Value Theory: A Research into Subjectivity*, Springer—Verlag Berlin Heidelberg, 2014），这标志着 1987 年出版的这部具有开拓意义的马克思主义价值论著作《价值论——一种主体性的研究》，历经两次修订之后，把"引玉"之功延伸到了世界价值哲学界。

在两次修订间隔的这 20 年时间里，李德顺先生继续就价值论与价值观念方面的研究和应用做着更加深入的研究工作，其重要的理论成果包括：主编《价值论译丛》《价值学大辞典》《人生价值丛书》《实践价值丛书》，出版《新价值论》《价值新论》《道德价值论》《邓小平人民主体价值观思想研究》等著作，也将价值研究向文化研究扩展，与孙伟平、孙美堂合作撰写《家园——文化建设论纲》一书（由黑龙江教育出版社于 2000 年出版。该书获当年"国家图书奖"提名奖，并作为国家"中华学术走出去"项目，由斯普林格出版集团出版发行英文版：*On Chinese Culture*，Heilongjiang Education Press & Springer Science + Business Media Singapore, 2016），完成教育部项目"当代中国人的价值观念"专项社会调查研究，以及发表大量高水平的相关学术论文。这些都为《价值论》一书的修订再版做了充分的准备："在进行上述工作和学术讨论时，对自己的价值论研究成果也在不断地进行自我检验和反思批判，从而进一步认清了以前工作的得失，并结合新的情况产生了一些新的想法。所以在这次修订时，尽管力求保持原有的层次和风格，也仍不免做出了较大的改动。较大的改动包括对价值论的哲学定位，对价值观念问题的正面阐述，特别是增加了基本上属于全新内容的最后两章。"②《价值论》一书出色的理论工作是以主体性原则对当代重大实践问题——"人类中心"与"环境价值"、科学理性与人文关怀、普遍主义与特殊主义的深刻而独到的阐述。在所有的观点中，都贯彻了《价值论——一种主体性的研究》一书中提到的主体性方法与主体性原则。

---

① 李德顺：《价值论》，中国人民大学出版社 2007 年，第 501 页。

② 李德顺：《价值论》，"再版后记"，中国人民大学出版社 2007 年，第 501 页。

　　李德顺先生曾坦言："面对现实的世界，我的志向是建设和发展我们自己的当代马克思主义哲学。"[①]从价值论的基础理论研究过渡到价值观念变革研究和哲学原理体系改革研究，乃是李德顺先生价值论研究思路合乎逻辑的拓展与深入。李德顺先生从实践和主体性的哲学视角深入研究价值问题，重在强调主体性问题对人类的思维模式和思维方法的重要作用，研究价值问题的意义，是对马克思哲学精神实质的重新理解和诠释，是对传统哲学框架和思维方式的变革与调整的重要而成功的尝试。《价值论——一种主体性的研究》作为马克思主义价值论的开拓性和奠基性著作，毋庸置疑是一次对马克思主义价值论体系富有成果的探索，也为马克思主义哲学及其认识论的理论建设提供了一个富有启发性的思路。

【执行编辑：贺　敏】

---

① 杨学功：《解读生活实践的文本——李德顺先生的学术追求》，《社会科学战线》2006年第6期。

# 专题笔谈　价值研究的层次和关注点

## Thematic Conversation by Writing: Levels and Concerns of Value Research

# 建构普遍公正秩序与公共价值哲学*

胡　波**

【摘　要】要在更高水平上推进人类社会普遍公正秩序的建构，就不能以任何的特殊利益立场为依据，而必须是以人类公共理性意志的公共价值诉求为根本导向。从古至今，人类都在不懈地探讨有关普遍公正秩序的问题，其中主张将普遍公正秩序建立在我们每个人的公共理性意志及其所指向的公共价值之上，是迄今为止最重要的思想主张和进路之一。建构社会的普遍公正秩序已成为现代人类的重大使命，然而时下盛行的各种主体相对主义和历史相对主义的思想观点，却在思想观念层面上对我们今天追求普遍公正秩序构成了最大阻挠。公共价值哲学在当代之所以得以持续兴盛，主要原因就在于它高度契合了当今人类越来越明晰且强烈的对普遍公正秩序的追求。作为一种实质性价值哲学，公共价值哲学又区别于价值语言分析哲学、价值现象学和个体价值哲学，所有的这些区别都正是由其公共价值主题决定的。

【关键词】普遍公正秩序；公共理性意志；公共价值哲学

　　无论是自 20 世纪中叶以来全球普遍交往的迅猛发展，还是当今世界纷争加剧、战祸连连和乱局频生的现状，都向人类提出了要在更高水平上建构和完善从国内到国际社会的普遍公正秩序的迫切要求。这个更高水平的普遍公正秩序，首先就应基于一个十分明确的思想认识，即不能以任何的特殊利益立场为依据，而

＊　本文为国家社科规划项目"中国社会治理现代化的权利正义基础研究"（项目编号：19XZX003）的阶段性成果。

＊＊　胡波，重庆社会科学院哲学与政治学研究所所长，研究员，研究方向为马克思主义哲学、政治哲学。

必须是以人类公共理性意志的公共价值诉求为根本导向。公共价值哲学是专门研究、探讨公共价值问题的哲学理论，理应在为建构普遍公正秩序奠定理论基础中发挥重要作用。

## 一、人类对普遍公正秩序的探索与思考

人类关于普遍公正秩序的思考，最早可以追溯到古希腊。亚里士多德最先提出了建构公正的法治秩序的思想，并将法律的公正性跟人类的理性联系了起来。亚里士多德提出，良法即公正法律的制定应是出于人的理性而不是情欲，从而依法执政也就意味着要由理性来统治。"谁说应该由法律遂行其统治，这就有如说，惟独神祇和理智可以行使统治"，因为"常人既不能完全消除兽欲，虽最好的人们（贤良）也未免有热忱，这就往往在执政的时候引起偏向"。① 因此如果执政者要真正做到公正执政，就必须依照基于理性的法律来治理国家，才是"免除一切情欲影响的神祇和理智的体现"。亚里士多德又进一步指出，既然良好的治理必须是以基于理性而制定的公正法律为依据，这实际上就是要将正义确立为城邦（国家）的最高原则，也就是要把城邦的社会秩序建立在正义的根基之上。"城邦以正义为原则。由正义衍生的礼法，可凭以判断［人间的］是非曲直，正义恰正是树立社会秩序的基础。"②

亚里士多德的公正秩序观念对后世具有重要影响，主要有以下两点：一是需以正义或公正来调节社会秩序，从而将社会秩序建立在正义的基础之上。二是公正性跟人的理性紧密相关，只有基于人的理性制定的法律秩序才可能是公正的。但亚里士多德的公正秩序观念的局限性也是明显的。首先，受古代人类交往水平的局限，他所讲的公正秩序只限于城邦或国家内部，而不涉及世界范围即国际社会的公正秩序问题。第二，亚里士多德虽然意识到了公正与理性的内在相关性，但这究竟是一种怎样的理性？它如何能够决定法律和社会秩序的公正性？又如何能够保证这种公正性是具有普遍性的？这些问题就都还没有进入到亚里士多德的

---

① ［古希腊］亚里士多德：《政治学》，吴寿彭译，商务印书馆1965年，第169页。

② ［古希腊］亚里士多德：《政治学》，吴寿彭译，商务印书馆1965年，第9页。

思想视野之中。第三，也是非常重要的一点，古代哲人尽管提出了一些关于公正秩序的天才构想，但在前现代的社会现实条件下，它们既不可能成为普遍的社会共识，也不可能真正转化为现实制度秩序的建构实践。因此，严格说来，对普遍公正秩序的进一步理论建构和实践转化，是人类社会进入现代文明阶段后才开始的。

自近代以来，围绕着普遍公正规则的提出和论证这一主题，主要有基于私人理性的契约论思路和基于公共理性意志的自我立法思路。如罗尔斯提出，可以设想人们在"无知之幕"下为了自身的目的，不得不运用有限的知识进行利益权衡，最终所有人必然会一致赞同并约定的行为规则就是普遍公正规则。[1] 这根本上仍然是基于以自利为目的的私人理性的利益算计，从而公正规则就是以私人理性为基础的一种契约。另一种思路则认为个人是可以拥有公共理性意志的，因而他们除了关心自我的利益外，也会关切和追求人类的普遍利益和公共价值，从而由公共理性意志对公共价值的追求所必然给出的行为规则，就是一种普遍公正的行为规则。在此意义上，普遍公正规则及普遍公正秩序都必须建立在人的公共理性意志的基础之上。关于公共理性意志与私人理性意志的区别，可以从下面的例子来加以说明：设若自由对所有人而言都是一种可欲善物，如果我仅关心和追求我个人的自由，这就是还局限在自我的私人理性意志之中；但如果我又意识到他人与我具有同样的需要，从而希望社会基本制度秩序能够保障所有个人的基本自由权利，这时候的我就又进入到了一种公共性理性意识和意志的层面。要么诉诸人们出于其私人理性的契约，要么诉诸人们的公共理性的自主立法，这就是迄今为止关于普遍公正秩序的两种最为重要的论证思路。

将普遍公正秩序建立在我们每个人的公共理性意志之上，这是从卢梭、康德到马克思所主张的一种基本进路。卢梭在 18 世纪最先提出了"公意"（公共意志、普遍意志）的概念，并强调应将国家共同体建立在公意而非私意或众意的基础上。卢梭说道："唯有公意才能够按照国家创制的目的，即公共幸福，来指导国家的各种力量……治理社会就应当完全根据这种共同的利益。"[2] 卢梭又特别强

---

[1] 参见［美］罗尔斯：《正义论》，中国社会科学出版社 2009 年，第 10 页。

[2] ［法］卢梭：《社会契约论》，何兆武译，商务印书馆 2003 年，第 31 页。

调，不能将国家置于任何私意——着眼于特殊利益目的的私人意志——的主导之下，因为共同体"当它倾向于某种个别的、特定的目标时，它就会丧失它的天然的公正性"。公正性才是政治共同体永久存续的根基，而一旦"这种非正义长此以往，将会造成政治公共体的毁灭的"。①

康德继卢梭之后又提出了"理性的自由意志"概念，于是卢梭的公共意志的公共价值指向，就又成了理性的自由意志的绝对命令。正是从这样的绝对道德命令出发，康德进一步推演出了有关人的权利和义务的规则体系，并提出了要把社会基本秩序建立在绝对道德法则之上的重要主张，这正是现代人类应努力实现的一项根本任务。"大自然迫使人类去加以解决的最大的问题，就是建立起一个普遍法治的公民社会。"② 所谓"普遍法治"的社会，实质就是要依据普遍公正的法律来治理的社会，从而也就是一个普遍公正的社会。康德说，这"确实是一切需要之中的最大需要，也就是那种人类自己相互之间加之于他们自己身上的需要，因为他们的倾向性使得他们不能够长时期地在野蛮的自由状态中彼此共处"③。

深受欧洲启蒙思想家们的影响，马克思也尤为关切公共理性或公意基础的问题。早期马克思主张要将国家和法律制度建立在公共理性（意志）的基础上，应以公共理性（意志）作为人类公共生活中"起决定性作用的灵魂"。马克思还特别对公共理性与私人理性进行了区分，指出以往的国家根本上都是建立在私人理性、私人利益之上的，因此它们从一开始就注定了具有偏私性和特殊性，而不具有真正的普遍性、公共性。因为从私人利益、私人理性出发，根本就产生不出真正的"普遍国家"，"私人利益的空虚的灵魂从来没有被国家观念所照亮和熏染"④。后期马克思虽然不再使用"公共理性""公共意志"这样一些术语，但又提出了"真正共同体"的重要命题，主张人们应联合起来共同对生活条件加以自主而合理的调控。这里的"合理性"只能理解为与公共理性相符合，而不是与任何封闭或局限在自我私人目的中的私人理性相符合。所以从始至终，马克思都持有

① ［法］卢梭：《社会契约论》，何兆武译，商务印书馆2003年，第39、24页。

② ［德］康德：《历史理性批判文集》，何兆武译，商务印书馆1990年，第8页。

③ ［德］康德：《历史理性批判文集》，何兆武译，商务印书馆1990年，第9页。

④ 《马克思恩格斯全集》第1卷，人民出版社1995年，第261页。

一种将国家、公共领域建立在公共理性意志基础上的基本观点。

## 二、各种相对主义观点对普遍公正秩序的否定

建构社会的普遍公正秩序，这并非哲学家、思想家们的凭空想象或异想天开，而是植根人类现实生活的必然要求，哲学家、思想家们只是对这一必然要求加以理论化地系统表达。尤其是随着人类社会文明的发展、时代的进步，历史在今天已来到了这样一个新的阶段，即对社会普遍公正秩序的追求与建构已成为现代人类的一项重大使命。"普遍公正"的意思就是，我们所要追求的社会基本秩序，不仅要是基本公正的，而且它对世界上所有的个人、群体和阶级，以及所有民族、国家和地区而言，都是一种公正的秩序，即其公正性是普遍性的，是普遍地适用于全人类的。实际上，"公正"一词的本意中就包含了普遍性的要求，即包含了对偏私性和特殊性的否定，因此真正的公正就一定是普遍的公正，公正若没有普遍性，根本上就是不公正的。普遍公正秩序是维系人类普遍交往、分工合作和共生共存所必需的环境条件，是国内国际社会良性运行的基础和前提，它在根本上关系着全人类福祉的实现，也在很大程度上决定着人类社会的文明进步程度。

但时至今日，人类对普遍公正秩序的追求仍然受到各种各样障碍的阻挠，在思想观念层面上所遭受的最大阻挠就来自各种相对主义的思想观点。把价值问题的相对性加以绝对化和极端化，拒斥对任何价值确定性的把握与认知，是所有相对主义的主要思维特点；以价值的相对性、不确定性来否定和解构人类对价值普遍性、确定性的追求，则是相对主义要达到的主要目的。

相对主义又可分为两种。一种是主体相对主义，即认为不同的主体有不同的利益立场和思想倾向，从而他们有各自不同的公正标准和公正观念，即人们对公正的看法都是主观的，因此没有普遍的公正，所有公正都是相对的。这是只看到或只承认利益主体的特殊性、偏私性，而有意无意地忽视或拒绝承认在具体现实的个人主体身上，除了有特殊性、偏私性的一面，其实还可以有普遍性、公共性的一面。正如马克思所指出的那样，现实个人也可以不再是彼此隔绝的"单子

式"存在，不再是"孤立在他自己的粗鄙的独特状态中"①的、仅仅追求着自身目的的自私自利之人。随着社会生活的历史发展，现实个人的社会性本质、作为"真正的共同体"②的本质也在不断形成并发展，这就集中体现为一种关切和追求人类普遍利益或公共价值目的的公共理性意志。因此，公共理性意志并非存在于人之外或之上的某种神秘神性，而是就存在于我们每个现实个人的身上，是历史地形成并发展起来的一种人性本质。既然个人的公共意志是现实存在的，那么基于人们共同的公共意志而必然形成的有关公正概念和标准的普遍共识也就是现实可能的。对普遍公正秩序的现实可能性的否定，实质上是对个体人性在历史发展中形成的社会性、公共性本质的否定，而只承认人性中的自利性和偏私性，这恰恰是对现实人性的一种片面化理解。

前面我们已经提到了私人理性与公共理性的区别，这里要进一步说明的是：个人身上的私人理性只为自身利益目的而打算，这更多是一种与生俱来、自生自发的本能意欲和能力；而我们身上的公共理性则以追求普遍利益或公共价值为目的，并为此自我立法和自律，这就更多体现为一种后天习得和养成的品性。并且，从单纯具备私人性人格到又拥有公共性人格，这正是个人自身人性进化与发展的巨大飞跃，也是人类具有高度自由能力的重要体现。但这又不可片面地理解为"公人"是对"私人"的消灭或取代，或者我们作为"公人"与作为"私人"是对立而不可并存的。事实上，我们的公共性人格只能是在私人性人格基础上新生长出来的部分，并且个人基于其私人性人格而达成的个性化的自我实现、满足与自由，始终都是人类应追求的根本目的。因此人类自身的现代化在一种积极的意义上就意味着，从单纯的"私人"进化为"公""私"兼备，从而一方面作为与他人不同的个性主体而独立自主地追求着自己的幸福，另一方面又作为具有"共同体本质"的公共性人格，关切并追求着基于人类公共价值的普遍公正秩序的建构。

主体相对主义又有各种变异形式，以民族、国家、地区、阶级或文化等为主词的相对主义，都是主体相对主义的具体表现形式，都应归在主体相对主义之

---

① 《马克思恩格斯全集》第1卷，人民出版社1956年，第612页。
② 《马克思恩格斯全集》第3卷，人民出版社2002年，第394、395页。

中。说不同的国家、民族、阶级具有不同的公正标准和公正观念，这是依据不同主体的特殊利益和特殊理性而得出的看法，表明了不同主体都具有自己的特殊利益立场，若仅仅只是为了表明这一点，那么主张公正价值的主体差异性的说法就是有道理的。但如果因此又进一步否定所有主体也可以拥有共同的公正标准和公正观念，也就是否定人类在社会生活中的普遍利益及其公共理性的存在，这就陷入了将价值的主体相对性一面绝对化的错误。总之，相对主义的问题不在于它主张价值的主体差异性、相对性，而在于它只知其主体差异性、相对性，并因此拒斥和反对人类对普遍性价值的探索与追求。

还有一种是历史相对主义，主要认为由于时间的推移、时代的不同，人们会有不一样的公正标准和公正观念，从而不存在普遍公正。价值的历史相对性跟其主体相对性一样，都是客观存在的基本事实。正如恩格斯所说，不同时代的人们有不同的公平观念，我们今天认为不公平的事情，在奴隶社会却被认为是公平的。又如康德也曾主张，妇女跟儿童都不应拥有对公共事务的投票权，这个观点放到今天来看无疑是对女性的一种歧视和不公平对待。如果我们仅仅是要承认和说明这种历史相对性，从而认识到人类关于公正的思想观念是历史发展的，那么这是恰当的。但历史相对主义却走得更远，它想以历史相对性来进一步否定和反对人类追求普遍公正秩序的努力，这就错了。每个时代人类对普遍公正的认识都不可避免地具有历史局限性，但这并不意味着这些有历史局限性的认识就是没有意义的；相反，它们构成了人类不断接近普遍公正真理的必要环节。正是每个时代人类对普遍公正的不懈求索，才有了今天越来越清晰、完善和深入的普遍公正观念，并且推动着人类社会朝着更加公正的社会秩序不断转变和进步。因此，正确的做法是，既然我们有关普遍公正的认识不可避免地具有历史局限性，那么就要努力地把我们对普遍公正的认识提升到现时代所能达到的应有高度，而不是以之作为我们放弃追求普遍公正秩序的理由。

实际上，所有的价值相对主义都有另一个名称叫作"价值虚无主义"，表现在公正问题上，就是要从根本上否定普遍公正的存在，也就是否定公正本身。这在实践中就表现为反对人们寻求和建构普遍公正的行为规则和社会秩序，或者拒绝接受普遍公正规则的引导与约束。这在根本上是一种反文明倾向，会严重阻挠与破坏人类生活的发展进步。

## 三、当代公共价值哲学的实质性价值研究

当代公共价值哲学兴起于20世纪六七十年代，至今仍占据着价值理论的主导地位。这种情况的出现不是偶然的，而是与当今人类越来越明晰且强烈的对普遍公正秩序的追求紧密相关。正是现代人类对建构普遍公正秩序的迫切需要和自觉追求，极大地促进了政治哲学、公共价值哲学等在当今时代的长足发展。上文我们已经提到，普遍公正秩序必须建立在公共理性意志的公共价值诉求的根基之上，从而只有能够体现和实现公共价值，且不与公共价值相违背的行为规范和秩序才是普遍公正的。那么什么是公共价值？它们是如何产生的？怎样才能够确定公共价值的基本内容？公共价值目的要如何才能转化为基本的行为规范和社会秩序？为此又需要进行怎样的制度建构？等等。这些问题就构成了政治哲学、公共伦理学和公共价值哲学的共同主题。公共价值哲学主要就是对各种公共价值问题的研究，因此它是一种典型的实质性价值哲学，我们又可以从以下三个方面来进一步理解与把握。

首先，公共价值哲学作为一种实质性价值哲学，它旨在探讨诸如善、正义、自由、公平、道德和正当等价值的实质性含义，目的是要为确立普遍的伦理规范奠定价值根基，从而与单纯考察价值语言形式问题的哲学有所区别。从价值哲学的历史演进来看，最初的价值理论大都是实质性的，即都是关于实质性价值问题的讨论或证明。例如古希腊的苏格拉底，就总是向人们追问善和正义的真正含义是什么，这就是一种典型的实质价值之问。后来人们又发现，价值问题似乎与认识主体的主观性相关，不同主体的利益、兴趣、好恶不同，甚至出于权宜考虑的需要，都会使人们对实质性价值问题做出不同的回答。正如询问"下雨好不好"，人们会因为各自需要或心态的不同而给出不同的回答；而"青菜萝卜各有所好"的俗语似乎也可以为这种价值判断的主观性提供佐证。于是价值命题的确定性就变得不那么确定了，它们与真理性的相关度也大为减弱，这就是导致价值哲学从实质性研究转向价值语言分析的一个重要认识论原因。对价值语言的分析研究不

涉及任何实质性价值命题的讨论，而主要考察和说明各种价值语言的形式性含义和不同使用场合。这种形式性价值哲学或价值语言分析哲学曾在 20 世纪 20 年代至 30 年代风靡一时，但并没有持续太久，因为人类的现实生活始终需要的是哲学能够对实质性的价值问题做出自己的回答。总体来看，对实质价值问题的研究才是价值哲学的首要任务，语言分析只有作为实质价值研究的一项准备工作才是真正有意义的，否则就更像是对实质价值问题的一种逃避方式。

其次，公共价值哲学作为一种实质性价值理论，它与对价值现象进行反思研究的价值存在论或价值现象学有所区别。除了对价值语言形式的分析研究外，还有一种做法是将价值视为人类社会生活的独有现象，从而着力考察价值现象产生和存在的社会根源、人性根源及其历史发展与变化等，我们可以姑且将这类研究称为"价值存在论"或"价值现象学"。价值现象学跟价值语言分析的共通之处是，二者都超然于所有实质性的价值命题之外，也不参与做出任何实质性的价值判断，而只是着力考察价值语言的语义语用或价值现象的经验成因与社会意义等。首先可以肯定的是，对价值的语言分析和现象反思都是有意义的，因为人们对价值语言和价值现象的自觉意识越高、认识越透彻，越有助于对实质性价值问题做出正确的回答。但价值现象学和价值语言哲学中又都隐含着一种共同的不良倾向，即试图将实质性价值问题排除在价值哲学的研究之外，也就是把哲学排除在对实质性价值问题的回答之外。这实际上就是对实践中提出的真正的根本理论问题的回避，从而也是哲学的自我消解和终结之路。哲学不应当在有关实质性价值问题的回答上缺席或失语，价值理论必须要能够回应实践中提出的实质价值问题才具有恒久的生命力。

最后，虽然都同样属于实质性价值哲学的范畴，但公共价值哲学又与个体价值哲学有所区别。它们的主要区别就在于：公共价值哲学主要探讨的是公共价值问题，旨在为人类的公共生活提供根本价值导向，因此需应用于人类社会的公共领域，特别是应用于社会基本秩序的建构与改造；个体价值哲学则主要着眼于个体人生的价值问题，旨在通过对人生价值意义的探寻与昭示，为我们个人要如何成为人或成就自己的人生意义提供指引。因此公共价值哲学与个体价值哲学在研究对象、目的和应用场景等方面，都存在着明显的差异性。需要进一步说明的是：其一，某些实质价值既是个体人生的价值诉求，又在普遍性意义上构成公共价值的内容。譬如人的自由，它就既是个体人生应追求的根本价值目的，又在普遍性意义上构成公共领域建构所依据的价值根基，从而普遍的个人自由也是公共价值哲学要考察的一个重要对象。其二，对公共价值与个体价值的区分并不意味着二者在人类的公共生活与个人生活之间就是隔绝的，或者二者是毫不相干的。恰恰相反，它们之间有着非常紧密的联系：一方面，个体价值奠定了公共价值的前提，没有个体人生的价值意义，也就根本不会产生和形成人类公共生活的价值意义，因此个体人生的价值始终具有终极目的性质；另一方面，公共价值由于引入了普遍性视域，即将所有个体人生的价值意义都视为同等目的来看待，从而又是对个别的个体价值的唯我性和自私自利性的扬弃。正是这种普遍的或公共的目的取向，构成了公共价值哲学的一个基本而重要的特征。

【执行编辑：张艳芬】

# 论价值理性的合理建构

徐贵权 *

【摘　要】价值合乎理性即指价值理性是一种独特的人类理性，这种人类理性具有价值的维度和向度。马克斯·韦伯对价值理性要义的揭示具有重大的学术意义，但我们应当明确，人的价值理性不是先天的、给定的，而是在后天的生活实践中建构的。人的价值理性只有在建构中方能生成，也只有在建构中方可走向健全、完善。人的价值理性建构在个人涵育修养与外部培育引导的交融中展开，从而达至目标。

【关键词】价值合乎理性；价值理性；偏颇；合理建构

价值理性和工具理性是德国社会学家马克斯·韦伯提出的一对具有原创性的概念，其中的价值理性概念更具学术和理论影响力，甚至已成为一种行为分析工具和批判武器。那么，究竟什么是价值理性？价值理性究竟是社会行为者与生俱来的，还是在后天的建构中生成的？今天我们为什么要强调价值理性的合理建构？价值理性的合理建构应当坚持怎样的路径选择？这些正是本文所要探讨的主要问题。

## 一、价值理性的独特性

马克斯·韦伯在他的《经济与社会》一书中按照支配人的社会行为的主导性

---

* 徐贵权，淮阴师范学院马克思主义学院教授，研究方向为价值哲学与文化社会学研究。

因素，将人的社会行为区分为工具合理性行为、价值合理性行为、受情感驱动的行为和依据传统而展开的行为等四种类型，① 其中，工具合理性（工具合乎理性、工具理性）行为、价值合理性（价值合乎理性、价值理性）行为属于体现行为者明确意向的理性行为。

马克斯·韦伯认为，工具合理性或工具理性，"即通过对外界事物的情况和其他人的举止的期待，并利用这种期待作为'条件'或者作为'手段'，以期实现自己合乎理性所争取和考虑的作为成果的目的"②。他指出："谁若根据目的、手段和附带后果来作为他的行为的取向，而且同时既把手段与目的，也把目的与附带后果，以及最后把各种可能的目的相比较，做出合乎理性的权衡，这就是目的合乎理性的行为。"③ 工具理性所指称的是"一切有关选择目的与手段的考虑""偏重于手段的选择"，④ 它以"实现目的的工具及其效用作为考量的重点"，"把手段的选择置于首位"。⑤

那么，什么是价值合理性或价值理性呢？韦伯认为，价值合理性是指行为者"有意识地突出行为的最后基准点和通过在行为过程中始终如一地、有计划地以此为取向"⑥，它引导行为者"通过有意识地对一个特定的举止的——伦理的、美学的、宗教的或作任何其他阐释的——无条件的固有价值的纯粹信仰，不管是否取得成就"⑦。它驱动行为者"向自己提出某种'戒律'或'要求'"，并使自身的"行为服务于他对义务、尊严、美、宗教、训示、孝顺，或者某一种'事'的重要性的信念"⑧。其中，"最后基准点"与"无条件的固有价值的纯粹信仰"相联系。⑨ 那么，韦伯所言的价值理性究竟是什么呢？对此，陈新汉教授指出，韦伯的价值合乎理性即价值理性就是行为者通过有意识、有计划的运作方式，从而合乎理性地把作为"最后基准点"的社会价值观念突出在目的设定和目的坚守的过程中，就是把经过自觉设定的价值体系作为其行为一以贯之的最后基准点，拳

---

① ② ⑥ ⑦ ［德］马克斯·韦伯：《经济与社会》上卷，林荣远译，商务印书馆1997年，第56页。
③ ⑧ ［德］马克斯·韦伯：《经济与社会》上卷，林荣远译，商务印书馆1997年，第57页。
④ ［德］马克斯·韦伯：《社会学的基本概念》，顾忠华译，广西师范大学出版社2005年，第32页。
⑤ 王彩云、郑超：《价值理性和工具理性及其方法论意义》，《济南大学学报》2014年第2期。
⑨ 陈新汉：《论价值理性及其异化》，《学术界》2020年第1期。

拳服膺、执着坚守、孜孜以求。① 陈新汉教授对马克斯·韦伯价值合理性即价值理性的理解是比较精当的。

价值理性虽然不等于理性，但它也是一种理性，是一种独特的人类理性，它有自己的维度、向度，即价值的维度和向度。它标志着人可以且应当有超越本能的行为选择，这种行为有明确的价值依归、立场、偏好、指向。正如马克思在《1844 年经济学哲学手稿》中所说："动物只是按照它所属的那个种的尺度和需要来建造，而人却懂得按照任何一个种的尺度来进行生产，并且懂得怎样处处都把内在的尺度运用到对象上去；因此，人也按照美的规律来建造。"② 马克思的这一观点虽然并不表明任何价值理性都具有美的属性，但它却说明价值理性是一种独特的人类理性。马克斯·韦伯所强调、倡导的价值理性也许是一种理想境界的价值理性，但在实际上，每个民族、每个国家、每个社会、每个人所秉持的价值理性都不尽相同，甚至是大相径庭的。个中原因，除了诸多客观因素，也有一个极为重要的主观原因，即也许人们对究竟什么样的行为选择与坚守在价值上才是合乎理性的理解不同。正因为不同，正因为它"并不必然同神圣、崇高等正面的意义相联系"③，所以不宜将价值理性神圣化、崇高化、理想化，那种习惯于把价值理性看作褒义的（其实它是个中性概念），总是把它与神圣、崇高、理想之类的东西相联系的思维和看法，是不够恰当的。

## 二、价值理性的建构

何为建构？建构具有鲜明的主体性特征，它是一种自觉，一种积极的作为，是一种对自发的超越，一种在明确目标引领下的实践过程。价值理性的建构，主要是指相关主体积极有为地涵养、培育、塑造、厚植价值理性的过程。

马克斯·韦伯对价值理性的界定回答了什么是价值理性的问题，但他并没有也不可能为人们提供现成的价值理性，也并不表明人人都拥有、秉持他所界说和

---

① 陈新汉：《论价值理性及其异化》，《学术界》2020 年第 1 期。

② 马克思：《1844 年经济学哲学手稿》，人民出版社 1985 年，第 54 页。

③ 洪强强：《我们今天该如何看待工具理性与价值理性》，《学术评论》2012 年第 4、5 期合期。

倡导的价值理性。应该说，人的价值理性不是天生的、预定的、与生俱来的，而是在后天的建构中生成的，任何人的价值理性都需要建构，只有建构方可生成，概莫能外。人的价值理性，不只是要在后天的建构中生成，更需要在建构中完善，这是现实生活实践的深刻昭示。

在生活实践中，价值理性的建构需要解决的往往不只是从无到有的问题，还有从有到优的追求。因此我们强调：价值理性不仅需要建构，更重要的是合理建构。价值理性的合理建构，既适用于从无到有的努力，也适用于从有到优的追求。价值理性的合理建构应当从娃娃抓起，但更艰巨的任务是对业已偏颇、陷入偏执以致异化的价值理性进行纠偏和消除。我们注意到，在我们的现实社会中，以极端个人主义和利己主义为核心的损人利己、损公肥私行为，包括以权谋私、假公济私以致腐败的现象；以金钱至上为特征的兜售假冒伪劣产品，实施坑蒙拐骗、践踏公序良俗、突破人伦底线的行为；以好逸恶劳为特征的赌博、混世现象；只顾眼前无视长远的急功近利行为……无不折射出一些人价值理性偏颇、狭隘，这些价值理性的偏颇、狭隘给人们的正当利益和社会公共利益造成了很大的伤害，甚至是无法弥补的损失。

价值理性异化造成的危害同样不可忽视。什么是价值理性异化？搞清这一问题首先应当理解异化。马克思指出："人本身的活动对人来说就成为一种异己的、同他对立的力量，这种力量压迫着人，而不是人驾驭着这种力量。"[①] 劳动异化是一种典型。陈新汉教授则作了这样的表述："人的活动及其产物离开了人的驾驭，成为同作为主体的人相对立的压迫人自身的力量，于是异化就发生了。"[②] 根据这些论述，可以把价值理性异化理解为：本以为自己行为选择的最后基准点、自己的价值追求是正义甚至是崇高的，但却在实践中给社会、国家、人民乃至人类造成了很大的危害。这种所谓价值理性的运用越是彻底，就"越是无条件地仅仅考虑行为的固有价值，它就越不顾行为的后果"，"它越是把行为以之为取向的价值上升为绝对的价值，它就越是非理性的"。[③] 由此，它所形成的对于人自身的压

---

① 《马克思恩格斯选集》第 1 卷，人民出版社 1995 年，第 85 页。

② 陈新汉：《论价值理性及其异化》，《学术界》2020 年第 1 期。

③ ［德］马克斯·韦伯：《经济与社会》上卷，林荣远译，商务印书馆 1997 年，第 57 页。

迫力量就越是强大。比如曾几何时的"宁要社会主义的草，不要资本主义的苗"，比如今天比较熟悉的片面地追求公平或者推崇效率、崇拜资本力量，或者一味推崇道德的价值，一味强调整体利益或者片面强调个人权益……这些本意包含美好愿望或价值期待的价值理性的偏执、异化，无论是对个人还是对社会、国家都具有不可低估的危害。

马克斯·韦伯的价值理性思想为人们价值理性的建构提供了一定的方法论启示，价值理性的建构最重要的是确定或设定行为选择的最后基准点即基本价值观念。在中国特色社会主义新时代，我们价值理性的合理建构应当为我们的行为选择设定怎样的最后基准点或基本价值观念呢？这是需要审慎探讨和回答的问题。在这里，我们只能作一简要概括。我们设定、秉持的作为拳拳服膺的行为选择的最后基准点，应当是以马克思主义为统领，以中国优秀传统价值观念的创造性转换、西方进步价值观念的创造性借鉴为重要内容，以当代中国社会全面发展进步和个人自由全面发展之统一进程推进的价值诉求为核心内容，以形而上为总基调，形而上与形而下相结合，与社会主义核心价值观、全人类共同价值相贯通、契合的基本价值观念，亦即适用于我国的健全的价值理性。

## 三、价值理性的合理建构路径

价值理性的合理建构既包括为行为设定合理健全的最后基准点，也包括运用正确的方法、选择正确的路径。人的价值理性的合理建构离不开目标引领下的个人与外部环境相互影响、共同作用。从合理构建路径层面看，人的价值理性的合理构建包括个人涵育修养与外部培育引导两大路径。

### 1. 个人涵育修养

有人说："我们憧憬的自己的样子终究要靠自己来雕刻，我们向往的远方终究得靠自己一步一步到达。"的确如此，每个人都是自己价值理性建构的最重要的责任主体，我们应当从多方面努力，合理建构自己的价值理性。

首先，充分认识构建、健全自己价值理性的必要性，为自己的行为选择设定合宜的最后基准点并一以贯之，既有利于社会的发展进步、国家的繁荣复兴，也有利于自己的发展完善和幸福，它是我们每个人的内在要求，而不是外在的强加。这样的认知，是我们加强涵育修养、合理构建价值理性必要的思想基础和前提。

其次，抱着谦逊的态度积极学习并善于学习，从民族传统文化中汲取智慧，从西方价值观念中获取启迪，从人民群众实践中感悟要求，从时代发展进步中倾听声音，在学与思的结合中建构、厚植自己的价值理性，使其合乎人与社会存续、发展的需要。

最后，建构健全的价值理性需要人们在生活实践中检验其合理性，及时去除不合理成分，不断完善、发展其内容和品质，实现价值理性的升华。其中反思是一个重要的环节。这种反思是一种面向未来的、建设性的反思，其意义在于使我们的价值理性在诉诸生活实践的过程中更加贴近现实、贴近实际、贴近时代。

### 2. 外部培育引导

每个人都生活在一定的环境之中并受其影响，当然也影响环境。正如马克思所说："人创造环境，同样环境也创造人。"[①] 人的价值理性的合理建构终究要靠人自身的积极努力，但也离不开环境影响的参与，特别是离不开具有明确建构性特征的外部培育引导。引导人们合理构建价值理性应当坚持四个基本原则：

第一，坚持各责任主体各尽其职。通过外部培育引导促进人的价值理性建构，需要党和政府以及家庭、单位（学校）、社会等各责任主体各尽其职、各显其长，形成合力。特别是对于正在成长中的青少年学生，应当在党领导、政府主导下形成家庭、社会、学校"三位一体"的培育引导格局，任何一方面都不能缺位、失职。对于其他社会成员，则应当在党领导、政府主导下发挥好家庭、社会、单位的培育引导功能，任何一方都不可失能失职。应当说，只有各责任主体各尽其职、各显其能，培育引导才能事半功倍。

第二，坚持线上与线下相结合。线下培育引导如面对面授课、对话、个别交

---

① 中共中央马恩列斯著作编译局马列部、教育部社会科学研究与思想政治工作司编：《马克思主义经典著作选读》，人民出版社1999年，第22页。

流以及参观学习、志愿活动等，具有可控性、互动性、亲和力等特点。线下通过各种方式引导和促进人们价值理性的合理建构，是不可或缺且无可替代的培育引导途径，也是基础性的培育引导途径，必须坚持，同时要开拓创新，增强吸引力和实效性。应当特别注意的是，线下要重视人们生活所处的宏观、中观、微观环境的改善，并着力培育提升人们良好的网络素养。但我们必须首先注意到，在今天这个时代，随着新媒体特别是自媒体蓬勃兴起和广泛应用，人们对网络的依存度越来越高，网络对人的影响越来越大，仅仅凭依线下活动已无法承担培育引导人们价值理性合理构建的重任，开展线上培育引导，坚持线上线下相结合，已成为必然选择。网络世界是一个良莠并存的复杂世界，准确、权威的信息和虚假、歪曲的信息并存，积极、正确的思想舆论和消极、错误的言论观点碰撞较量，它对人与社会的影响是复杂双重的。正如习近平总书记所说："网络是一把双刃剑。"[①] 因此线上培育引导首先必须激浊扬清，兴利除弊，努力创造清朗的网络环境。其次，主流媒体在办好自己的"两微一端"的同时，应当以不同方式进驻用户多、影响大的自媒体平台，发挥舆论和价值引领作用。习近平总书记强调：网络的影响力"用好了造福国家和人民，用不好就可能带来难以预见的危害"，"这方面，主流媒体守土有责，更要守土尽责，及时提供更多真实客观、观点鲜明的信息内容，牢牢掌握舆论场主动权和主导权。主流媒体要敢于引导、善于引导，原则问题要旗帜鲜明、立场坚定，一点都不能含糊"。[②] 再次，党政机关、企事业单位（特别是学校）、社会团体、行业组织应当通过自己可控的网站，以及通过意见领袖等方式在微博、微信等平台进行宣传引导和促进人们价值理性的合理构建。

第三，坚持价值引领与人文关怀相结合。价值引领是一种思想的引导、价值观的导向，具有鲜明的价值立场、价值指向。它聚焦于人的理性思维、价值思维、价值情感，旨在提高人的理性思维能力，价值甄别、判断和选择能力。培育引导人们合理构建价值理性，价值引领必不可少，必须坚持。但是，价值引领应当注意层次性、增强针对性和说服力。当然，培育引导人们合理构建价值理性仅

---

①② 《习近平谈治国理政》第 3 卷，外文出版社 2020 年，第 319 页。

靠价值引领是不够的，还必须诉诸人文关怀，实现价值引领与人文关怀的有机结合。坚持人文关怀，就是要真诚地尊重人、理解人，平等待人，友善待人，有同理心，设身处地为人着想是题中应有之义。坚持人文关怀，就是要真诚地关心人、爱护人、帮助人，尽可能帮助人们解决需要解决的实际问题，如子女入托入学问题、就业问题、就医问题、住房问题、养老问题，以及因天灾人祸引发的生活困难，等等。坚持人文关怀，就是要真诚地帮助人们理顺情绪、舒缓心理、重拾生活的希望和信心。与人文关怀相结合、浸润人文关怀的价值引领，是亲和力强的、有温度的价值引领，势必赢得人们的认同、内化，从而外化。

第四，坚持显性引导与隐性引导相结合。显性引导立场鲜明、观点明确、意图明显、方式直接，一般不会产生歧义，也不需要教育对象慢慢领悟就能感知其要义，因此见效一般也比较快。培育引导人们价值理性的合理建构，显性的方式是必需的，必须坚持而不能放弃。但是，仅靠显性的方式是不够的，还应当诉诸隐性的方式。良好社会环境特别是社会风气的潜移默化，共产党员、公职人员、教育者等以身作则、率先垂范、行不言之教的润物无声等，往往能够取得"此时无声胜有声"的效果。所以，引导、促进人们价值理性的合理建构，应当坚持显性引导与隐性引导相结合。

价值理性的合理建构并不是一件容易的事，更不可能一蹴而就，而是一个从自发到自觉的过程，其间也可能有反复。不过，只要不懈努力，久久为功，价值理性的激浊扬清，健全价值理性的生成，以及其在生活实践中持续全面发挥积极的行为引领、调控功能，就不再仅仅是理想而将是一种不断演绎的现实。

【执行编辑：尹　岩】

# 论"事件"在当前价值研究中的作用*

陈　阳　尚铭雅**

【摘　要】中国学界对价值的研究并不是学科自身的自然发展，也不是为了填补国内研究上的空白，而是对一些重大历史事件的反思。中国价值论研究从一开始就与存在论和认识论"致思"的研究模式划清了界限，它更加注重对"现实问题"的思考，致力于回答"现实困难"，这都得益于马克思主义实践观指导下紧盯现实生活中鲜活"事件"的理论品质和研究路径。经过40多年的理论探索，学界已大体形成了"价值实践说"的理论共识。如何把理论往前发展并取得新的发现需要我们继续坚持重视"事件"在价值研究中的作用，并以"事件"为抓手提出更加重大的理论问题。

【关键词】事件；价值；主体；价值关系；价值观念

今天，信息大爆炸已成为一个不争的事实，人们的交往活动和生活方式高度依赖微信、短视频等社交网络载体。除了日常沟通之外，很大一部分交流是基于社交网络中出现的"事件"而展开的。人们从来没有像今天一样热衷"讨论"，大胆地表达自己的"看法"，激烈地发泄自己的"愤怒"，甚至是通过语言攻击异见者；有时候以站在道德制高点上的姿态，"手握真理"，陈述自己看到的"事实"，向他人炫耀自己掌握的"内部消息"，怀揣"善良的"意愿对他人谆谆教

＊　本文为北京市社会科学基金规划项目"常态化疫情防控背景下北京市意识形态安全评估问题研究"（项目编号：22KDC017）、教育部人文社科专项"马克思社会有机体理论视域下新时代我国社会主要矛盾研究"（项目编号：18JD710001）的阶段性成果。

＊＊　陈阳，北京化工大学马克思主义学院副教授，研究方向为马克思主义哲学、价值哲学；尚铭雅，北京化工大学马克思主义学院硕士研究生，研究方向为马克思主义基本原理。

导。然而当人们在混乱的"信息丛"中迷失而无法相信自己看到的信息时，一些哲学家却大胆地喊出了"真相不重要"的口号。这种以自己的价值立场、意见态度和情感为中心展开争论的现象被这些人宣称为人类进入了"后真相"时代。那么"真相"重不重要、人们如何对待涌现在自己面前的信息，以及应该以怎样的态度来看待不同的意见，成为当前价值问题研究的重要主题。而这一切都应该以"事件"为抓手展开，既包括价值问题的研究，也包括对自我价值观念的检视。重视"事件"的研究，也代表着当前价值哲学从元理论研究走向实践研究重要的侧重点和方法论转换。

# 一、"事件"的价值研究何以可能

"事件"作为人及其活动相对完整的"实践单元"在人类历史和社会现实中以"被言说"的形式呈现出来。能够称为"事件"的不仅仅是呈现给参与者和旁观者以时间、地点、人物这样简单的静态要素所构成的"历史知识"或"现实内容"，更重要的是它必然地包含着具有争议性的或者给人带来冲击的"价值观念"之争，从而迫使人们去反思自己的观念、视角和思维方式，进而在日后的类似"事件"中以"经验教育"的方式影响人们新的实践活动。

## 1. 价值论的理论品质及研究特点

关于学说自身的发展规律，马克思说："同任何新的学说一样，它必须首先从已有的思想材料出发，虽然它的根子深深扎在经济的事实中。"[1] 也就是说，一个学说虽然有其自身的思想材料并顺承它的逻辑往前推演，但它的基础还是在现实之中。"一切社会变迁和政治变革的终极原因，不应当到人们的头脑中，到人们对永恒的真理和正义的日益增进的认识中去寻找，而应当到生产方式和交换方式的变更中去寻找；不应当到有关时代的哲学中去寻找，而应当到有关时代的经济中去寻找。"[2] 中国价值论研究的开端就是基于对重大历史事件——"文革"的反

---

[1] 《马克思恩格斯文集》第9卷，人民出版社2009年，第19页。

[2] 《马克思恩格斯文集》第9卷，人民出版社2009年，第284页。

思。在多年后的访谈中，李德顺教授说："当初我为什么关注价值研究？一言以蔽之是受时代和生活实践中问题的启发和激励。"①可以说，这一学科的起点就是以"事件"为反思对象而展开研究的。随着学术理论的深入，中国的价值哲学研究在西方价值哲学"关系说"的理论基础上结合马克思主义的"实践"特征，形成了中国价值论研究独特的和新的理论高度即"实践说"。"'实践'是人的对象性感性活动，即现实的主客体关系运动，是人类特有的、本质的存在方式；实践作为人的主体性存在方式，正是人世间一切价值关系的基础，是所有价值现象的根源。"②自此，关心现实、关注重大事件，并做出研究、判断和可行方案，便成为中国价值论研究的重要理论品质和研究路径。

中国的价值哲学从20世纪80年代开始到今天已经有40多年的时间。李德顺教授在回顾中指出："与其说'基础研究'和'应用研究'是可分先后的'两个阶段'，不如说它们是时而平行、时而交叉的'两条线索'。我们研究中的实然和应然、理论和实际、逻辑和历史，应该像铁路的轨道一样，是同向延伸、互相支持，既不可分离、也不可归并的关系。"③从这段话可以看出，"基础理论研究"即价值的存在论和意识论等理论研究，和"应用研究"即价值理论走向实践并发挥它的理论指导作用在这近40年的时间中是并行的，并不是完成了"基础研究"后才走向"应用研究"的。然而理论和对理论的应用，本身应该是有逻辑顺序的。虽然在今天看来，并不是所有的价值哲学的基础理论问题都解决了，但是总体上有了一定的共识性结论，即把价值理解为一种"在实践中形成的主体性现象"。这一理论成果在相当一段时间内得到了学界的认可和接受，并把它当成了基本的原则来检视生活实践中的价值现象。正是基于这样的情况，笔者认为今天的价值研究应当把重心转移到现实生活之中，尤其是要以"事件"为抓手或中介展开研究，这既能现实地发挥已经获得了的理论自身的作用，又能反哺理论自身，使得理论自身能得到更为充分和细致的发展，往更深和更高处进发。

---

① ② ③ 李德顺、陈新汉：《我的价值论研究历程——李德顺教授访谈》，《价值论研究》2021年第1期。

### 2. 价值论视域下的"事件"

在此需要说明的是，本文对"事件"的考察不是在本体论或存在论层面的形而上学研究，而是基于"现象"层面的描述性观察、研究和陈述。这一考察的目的和侧重不是"何谓事件"的存在论定义，而是如何观察现实中发生或可能发生的"事件"本身，以及在此过程中主体的权利和责任。从价值论的视角看，也就是说把"事件"理解为一种多重主体参与的社会实践"现象"，摒弃西方马克思主义者如巴迪欧、齐泽克等人的"存在论"考察。例如，巴迪欧把"事件"理解为一种对原有情势的断裂，无法预知，具有很大偶然性。[①] 这是从发生学的角度来看的，比如"事件"是一个点，这个点作为一个"例外"突然就出现了。这种对"事件"的看法本身就是断裂的，不在连续中看待现实的一切规定性和相互作用，不符合唯物史观的基本立场。相反，我们认为"事件"虽然好像作为一个"突然"的"偶然"在社会中出现，那只是一个"观察者"视角的主观感受，要知道"事件"必有促成其形成的原因、条件和相互作用的要素。

从价值论的视角来看，仅仅从作为一种人们实践活动中所形成的"关系性现象"来把握，可以从"事件中的主体""事件中的价值关系"和"对事件评价的评价主体"这几个维度来考察。"事件中的主体"既包括"事件"发生的那个"原点"的主体，比如"雷洋案"中的"雷洋"和"警察"；也包括次一级的参与主体，比如"家属"和"媒体"；还包括第三级主体"评论主体"，即参与"讨论"和"传播信息"的群众等；另外，还应包括公共权责的主体（如政府）应该怎样正确处理发生的"事件"，要知道公共责任主体的态度和管理活动对事件的发展具有直接、快速的作用。可以说，所有的主体都"参与"和"影响"事件的发展态势甚至"结束方式"，这是观察"事件"首先要厘清的基本要素。当然并不是"事件"一发生就会涌现出所有的主体，而是在发展的过程中慢慢涌现，并且不同主体的地位和作用也会随着事态的变化而变化。其次是厘清"事件中的价值关系"，这是分析"事件"的核心关键，只有从"现实的价值关系"入手才能看清"事件"何以发生、如何发展以及将以何种可能的方式结束。最后，"对事件评价

---

① 参见［法］阿兰·巴迪欧：《存在与事件》，蓝江译，南京大学出版社 2018 年，第 8 页。

的评价主体"是今天信息大爆炸社会背景下使得"事件"能够快速扩大并引起人们"注意力"的关键。"信息是被意识到了的价值关系，当我们谈到'这是一条信息'的时候就已经暗含着这样或那样的评价在里面。"① "事件"中总是呈现出各种主观的诉求表达，充斥着相互否定的评价，这些观念的、思维的、意识的东西遮蔽了现实主体的诉求和物质利益。

## 二、"事件"与"事态"：静态结构与动态过程的双重考察

当然并不是所有的"事件"都能构成价值研究的对象，只有那些具有公共性的、有多重主体参与且对现实和历史有直接影响的"事件"才应当进入关注和观察的视野，这要与"私人事件"区分开来。

### 1."事件"结构中交织的"价值关系"与"价值观念"

从价值论的角度来研究"事件"最重要的是要厘清"事件"中的"价值关系"和人们的"价值观念"。② 价值关系是客观的，是价值客体（包括物质的、精神的和某种关系等）对于价值主体（从个体、群体到人类形成无限多的层级）来说的一种客观实在的利害关系，并不以人的意志为转移，这是决定其他一切观念、评价等主观活动的基础；价值观念则是人们关于什么有价值及价值大小的主观看法，有些价值观念是短暂的，但大多是长期在实践活动中生成的，具有一定的稳定性和持久性，主体的价值观念制约和引导着人们的评价、决策和价值实践活动。正是基于以上两条，在"事件"中也容易出现与主体相关的两方面问题，即由于认识不充分形成的"价值盲区"和由于受到固有价值观念的影响而误判现实的价值关系，但也不能因为"价值观念的冲突"而出现无视现实价值关系的"价值独断"行为。

---

① 宗民、陈阳：《大数据时代背景下的信息困境与出路——以"决策实践分析"为视角》，《兰州学刊》2020 年第 4 期。

② 参见马俊峰、范婷：《推进国家治理现代化须认真审视和思考价值冲突现象的复杂性——兼与汪信砚教授商榷》，《马克思主义哲学》2023 年第 4 期。

首先，这种以"事件"为对象的价值研究既是一种方法，也是一种价值观念，即它体现了价值问题的研究要为现实服务的实践导向，也体现了马克思主义价值论与传统价值哲学即本体论、认识论思维框架的研究范式做了根本性的决裂。它反对只做断言的情绪化表达，反对循环论证甚至是恶性循环，反对脱离"事件"主题以及最为低级的人身攻击和谩骂。为防止出现这种情况就要考虑到具体的历史环境尤其是民族文化情景。其次，要考虑到不同主体的思维习惯、社会心理和道德规范等约束条件。最后，"事件"中的主体总是表达着自己的诉求，并基于一定的目的而活动。因此，主体的动机和目的要结合当时的现实条件予以充分考虑，有些是物质性的利益，有些是精神性的、文化性的或信仰维度的动机。

### 2. 主体及其活动使"事件"不断以"事态"的形式自我呈现

完整的"事件"有开端、发展和结束。而对大多数"观察者"来说，当我们开始"关注"的时候，"事件"就已经开始了。在今天这个"诉诸情感及个人信念比客观事实更能影响舆论的情况"的"后真相时代"，参与者对事件的发展影响作用远远超过以往。"它反映了在社会舆论事件中，主观因素比客观事实更有影响力的现象。"[①] 这种"关注性参与"可能使得事件朝着相反的方向发展，典型地表现为"历史的合力"，尤其是在舆论事件中，人们的舆论压力有时候会起到反作用。

不同的"事件"有其自身的命运，它一旦发生，就像有了生命一样，自己运动，并将一切靠近它的人和力量都裹挟进去，人与事件本身既独立又作为统一体奔赴各自的终点。因此，要对"事件"本身进行分类，以把握和掌握不同类型事件的运动特点。比如根据"事件"发生发展的速度可以分为快发型事件和持续型事件。前者来得快去得也快，像娱乐圈桃色事件，这类事件虽然关注的人多但是对人们的生活影响小，所以仅仅会成为茶余饭后的谈资，并不会产生重

---

① 李德顺、孙美堂、陈阳等：《"后真相"问题笔谈》，《中国政法大学学报》2020年第4期。另外，在与李德顺教授的交流中，他指出，"意见市场"从来就有，而问题常常在于：它是买方市场还是卖方市场？所谓"后真相"现象，或许是通过"信息茧房"的制造，把"买方"变成了"卖方"的附庸。

大社会影响；而持续型事件的特点就是影响时间长，比如五四运动，它的影响一直持续到今天，可以说今天的我们在一定程度上依然生活在"五四"的余波之中。根据"事件"影响的范围大小分类，有些仅仅局限在某些行业内，并不构成整个社会关注的事件；而在有些情境下，某领域的事件会突破自身的圈子而成为公众关注的事件，像某个具体的由医患矛盾而发生的恶性事件，这是因为"医患矛盾"具有普遍性。可见，对事件影响范围的判断要看它被扩展到多大的普遍性上。

又因为不同的主体会根据"元事件"而"剪辑""编写"出符合自身利益诉求的"事件 A"或"事件 B"，于是在民众那里会出现多个版本就不足为奇了。各个事件版本的"信息集合"所包含的信息并不一致，其中有真假和多少的区分，这些信息集好像是在陈述，但总是在引导和评价，甚至在给出某种建议和暗示某种行动意向。因此，我们需要剥离出真假，并补全一个相对充分的信息集合，其中能证成的关键信息要件不能缺少，这是一件非常考验观察者理性定力和能力的实践活动。而这就需要发挥主体的能动性，通过去伪存真、去粗取精、由此及彼、由表及里的方法进行，最终达到透过现象看到本质。在这个过程中一定要有耐心，按照实事求是的原则进行，有一分证据说一分话，不要急于发表感想，避免怀着满满的正义走来却掉进被人利用的圈套。

另外，"事件"在发展的过程中会发生重心偏移，比如清朝乾隆时期发生的叫魂事件，这个事件的重心不是事件发生之初的"叫魂"，而是由此反映出的整个清朝官僚体系运作模式的弊病。总之，通过对"事件"动态过程的研究，可以发现，这种观察者视角的"偶然"反映了"事件"是有潜伏期的，即构成它发生的积累因素和触发条件，进而发现新的主体、新的价值关系和社会关系新的运动规律。

## 三、从"被动"走向"主动"：通过"事件"培养"价值自觉"

选择什么"事件"作为自己的观察研究对象本身是很关键的，主体要选择典型事件追踪观察，以训练自己的观察能力、分析能力和判断能力。但"关注一个问题，并不等于解决了一个问题"①，关注"事件"的目的是要通过"事件"培养"价值自觉"，成为一个能主动掌握价值、走向创造价值的人，给社会和他人发挥正相关的作用。

### 1. 研究"事件"的方法论原则

对"事件"的关注和研究应遵从以下三点要求：一是要"把事情看清楚"（目的是消除观察认识的盲点），二是要能够"把问题想透彻"（强调追究未明之处），三是要学会"把道理讲明白"（能够在对话中贯彻思想）。②

首先，"把事情看清楚"是指不能根据自己的想象和爱好对"事件"进行判断和评论。不能"用价值判断，用应然的追求代替了事实描述，代替了实然的把握"③，说到底就是要"实事求是"。其次，"把问题想透彻"是指在时间顺序上是在把事情的完整面貌和过程把握准确之后再提出要求，但在逻辑上却是同时的，其实我们在对"事件"的观察过程中就在不断地提问题，或者说在"事件"发生之初就已经是带着问题在观察。问题包括两个方面，一是"事件"本身面临的问题，比如出现了什么矛盾、遇到了什么困难或引发了什么冲突等，这是就作为"事件"来说的。二是观察主体方面，即我们在观察、判断和思考对象性"事件"的时候自己有什么困惑和麻烦。④对于理论研究者来说，把"事件"看清楚是前提，更重要的是"事件"反映了哪些问题；如果有矛盾，出路是什么，现有的方案不行那有没有更可行的方案？有时候我们会看到关于某个"事件"有一堆反对的声音，却没有几个给出更加合理解决的可行意见。最后，"把道理讲明白"是指把自己想透彻的问题以听众能接受的、易懂的方式陈述出来。这里的明白既包括使用让大家能听得明白的话语方式，也是自己想透彻了的自我证明，因为只有讲明白了才证明自己想明白了。这一条的根本要求是对我们价值理论研究者来说的，我们要将困难的价值问题讲明白，主要是讲给人民大众听，就要尊重大众的

---

① 李德顺、陈新汉：《我的价值论研究历程——李德顺教授访谈》，《价值论研究》2021 年第 1 期。
② 参见李德顺：《走近哲学——练就发现的眼睛》，中国政法大学出版社 2013 年，第 2—14 页。
③ 李德顺：《走近哲学——练就发现的眼睛》，中国政法大学出版社 2013 年，第 6 页。
④ 参见李德顺：《走近哲学——练就发现的眼睛》，中国政法大学出版社 2013 年，第 7 页。

现实难处，要理解大众和尊重大众，而不能要求大众必须达到一定的理论高度、具备一定的理论素养才能听懂自己讲的道理，这样价值研究就失去了在群众中的生命力，也就失去了价值论仅仅依靠现实实践的宝贵理论品质。

### 2. 研究"事件"要注意的一些问题

以"事件"为反思对象就要求尽可能地摒弃"前见"，而尽最大可能调动自己的能动性来观察"事件"本身的所有要素、发展环节和客观结果。这需要研究者在"事件"发生之初就做好观察准备；在"事件"发展过程中要有足够的耐心，不要满足于一时之得而急于发表结论；在"事件"完整结束，即完整地在以某些主体的价值受损和某些主体得益而告终的时候再做好复盘和反思。这种反思需要再次深入到情境之中，从不同的主体需要展开理性逻辑与限制条件的双重考量。从主体的诉求、决策和"历史的合力"等多重维度将"事件"以价值视角再次立体呈现出来。另外要注意的是在高度分化的复杂社会中，我们只能尊重专家的意见，而不能过于自信自己无所不知。但同时也要注意，既然是专家也就不能离开自己的领域回答其他领域的问题，在自己领域之外自己显然不再是"专家"，即自己的答案并不权威。总体来说，要注意以下四个方面。

首先，要以价值中立的姿态冷静地观察。这要求避开琐碎的细节，把握实质，要有方向；同时不能着急评价，对事情的描述要给多种可能的价值判断留出空间来，不要把事情描述成只有一种价值判断，避免意图在先，用意图剪裁事实，[①] 更不可站在道德制高点慷慨陈词一番，就以为完成了论证。正义、同情、怜悯等美好的情感是我们关注社会事件的动机，但我们却容易被自以为是的正义和同情所误导。要想看清楚就需要"冷酷"一些，暂时放下自己的愤怒。事实上，我们大多数人是无法亲临"事件"现场的，更多是通过媒体获得关于事件的各种解读文本，比如我们一条微信推送或者看到某条新闻消息，要清晰地认识到我们面对的并不是"事件"本身而是关于"事件"的他人解读。因此，我们的观察是对"文本"的观察，是"对一种解读的解读"。他人的解读本身就是一个

---

① 参见李德顺：《走近哲学——练就发现的眼睛》，中国政法大学出版社 2013 年，第 14 页。

与中心事件相关联的需要解读的现象，这就要求我们在观察的时候，不能毫无保留地接受他人解读的评价，而应该批判地对待"文本"中的事实材料、立场观点等，合理地预估文本生产者和传播者的生活现实和价值诉求，只有这样才算是相对完整地读懂面前信息的所指和言外之意。

其次，要正确地提出问题，科学恰当地处理"问题与提法"的关系。提法会影响观察的注意点。不恰当的提法会遮蔽和歪曲问题，把思考的方向引入歧途，避开了"事件"真正需要解决的矛盾和冲突。比如"雷洋案"出现的时候，大多数人问的问题是"有没有嫖娼""警察有没有打人"，而很少有人问"有没有钓鱼执法"？问题的不同提法，或者问一些不合理的提法，会把"事件"本身给扭曲了。因此，要时刻注意反思自己心中的问题，以问题即矛盾来纠正自己的提法，防止出现注意力的分散，偏离了对"事件"主体发展脉络的跟踪。

再次，在陈述"事件"的阶段，一是要正确处理"名实关系"，即概念和所指要对应精准，不能改变已使用词汇的含义，尽可能地用人们都能把握且没有歧义的词语。二是不能在论证过程中出现结论含糊和阶段性论证之间自相矛盾的情况，这种情况说明观察和思考并不彻底，还有观察和思考的盲点或者说还没有想透彻。三是不可将结论扩大化，即不能无止境地扩大个别事件的效应，并以此为论据提出扩大化的要求，尤其是在意识形态领域或是社会舆论方面出现的"寒蝉效应"。比如因为某件事而对某一人限制了他的言论，从而就有人提出反对意见认为将会彻底导致自由言论的消失。或者是某人街头倒地，有人扶起来后被讹诈，就有人提出以后都不会有人去扶的恐慌性言论。这就是典型的认为一个事件将彻底改变现实的思路。

最后，对于管理主体来说，要做好法治建设和观念教育并行推进。一是要正视客观存在的价值冲突，合理调整价值关系，并注意研究"事件"中的社会心理，普及价值科学的理论成果，科学引导人民群众走向价值自觉；二是各级管理主体要有主动引导和培育的责任和责任意识，要超越"管"与"被管"的两极对立，走向"民主法治"的科学治理逻辑，使得人人都有定位、人人都有实际参与和参与感，使得主人翁的担当和自觉意识在实践中慢慢培养起来。而对于媒介主体来说，要做到权利与责任统一起来的自我约束，不能以获取流量为目的而不顾社会影响，尤其是自媒体。

价值哲学的研究要回到"事件"本身，回到实践本身，回到生活本身。这不是一个简单的口号，而是研究侧重点的转化和深入，是价值研究从理论走向实践的必然归宿。价值研究从元理论、基础理论的研究走向实践，实践既是价值论的出发点又是归宿，这是与本体论和认识论相比的一个重要特征。总之要重视"事件"在当前价值研究中的地位和作用，历史地、深层地、不断地积累而练就"批判的头脑"和"发现的眼睛"。[①] 最后由衷地希望我们的社会能消除戾气，回归平和。

【执行编辑：任帅军】

---

① 参见李德顺：《走近哲学——练就发现的眼睛》，中国政法大学出版社 2013 年，第 2—4 页。

# 社会主义核心价值观研究

Research on Core Socialist Values

# 马克思主义价值观中国化的三个阶段*

孙伟平　刘宇飞**

【摘　要】中国共产党人的核心价值观是马克思主义价值观中国化的集中表现，也是马克思主义中国化的重要理论成果。以毛泽东、邓小平、习近平为代表的中国共产党人把马克思主义价值思想、共产主义价值观与中国实际相结合，创造性地提出了社会主义革命和社会主义建设不同阶段的价值观。毛泽东提出的全心全意为人民服务价值观以人民为价值主体，以人民利益为价值目标，以革命功利主义为价值取向，以人民群众的利益和好恶态度为价值标准，以人民群众的社会实践为检验形式，从党的宗旨高度为马克思主义价值观的中国化奠定了基调。邓小平继承了为人民服务价值观的主旨，他结合改革开放的历史背景，不断解放思想，创造性地提出了"领导就是服务"，求真务实地把为人民服务与党的领导作用、与发展生产力相结合；提出了"三个有利于"的价值判断标准，为"全心全意为人民服务"赋予了改革开放的时代内涵。迈入新时代，习近平提出的社会主义核心价值观，在价值维度上精辟、系统地反映了社会主义的本质，是中国特色社会主义的价值表达，指引着中国特色社会主义的前进方向；提出的全人类共同价值，以广阔的世界历史视野，凝练了不同民族、国家人民的根本利益和基本诉求，是构建人类命运共同体的价值基础，它们蕴含着变革中国、治理世界的系统的"中国方案"。

【关键词】马克思主义价值观；全心全意为人民服务；领导就是服务；"三个有利于"；社会主义核心价值观；全人类共同价值

---

* 本文为上海高校本科重点教改项目"基于问题逻辑的社会主义核心价值观融入思想政治理论课的一体化探索与实践"的阶段性成果。

** 孙伟平，上海大学马克思主义学院教授，博士生导师，研究方向为价值哲学、智能哲学；刘宇飞，上海大学马克思主义学院硕士研究生，研究方向为马克思主义哲学、价值哲学。

中国共产党人的核心价值观是马克思主义价值观中国化的集中表现，也是马克思主义中国化的重要理论成果。中国共产党是一个马克思主义政党，以毛泽东、邓小平、习近平为代表的中国共产党人把马克思主义价值思想、共产主义价值观与中国实际相结合，创造性地提出了社会主义革命和社会主义建设不同阶段的价值观。对马克思主义价值观中国化的历史阶段和具体内容进行梳理与分析，是新时代中国共产党的理论创新和实践创新的重要内容。

## 一、毛泽东："全心全意为人民服务"

"全心全意为人民服务"是一种以人民群众为最高价值主体和评价主体，以广大人民的利益、要求和实践为最高价值标准和评价标准的价值观。1944 年 9 月，在张思德同志的追悼会上，毛泽东发表了题为"为人民服务"的著名演讲，指出"我们这个队伍是为着解放人民的，是彻底地为人民的利益工作的"，"为人民利益而死，就比泰山还重"，"我们是为人民服务的"。[①] 在这里，毛泽东首次使用明白晓畅的中国化语言，明确地从党的性质和宗旨层面阐明了"为人民服务"的深刻内涵和重要意义。1945 年 4 月在《两个中国之命运》，毛泽东提出了"全心全意地为中国人民服务"[②] 的重要命题。1945 年 4 月，在中国共产党第七次全国代表大会上所做的政治报告《论联合政府》中，毛泽东将"全心全意地为中国人民服务"阐述为中国共产党人的价值观，阐述为共产党领导的军队、政府乃至整个革命队伍的价值观。在后来的一系列著作中，他又反复对"全心全意为人民服务"进行了富有洞见、深入浅出的阐释。结合毛泽东的相关论述，我们可以根据价值观的内在结构对"全心全意为人民服务"价值观进行以下几个方面的解读。

第一，以人民为价值主体。"价值作为一种特定的主客体关系，其特别之处就在于它是以主体（人）尺度为尺度，依主体（人）不同而不同、变化而变化的，具有鲜明的主体性。"[③] 这就决定了价值主体在一个价值关系系统中居于基础

① 《毛泽东选集》第 3 卷，人民出版社 1991 年，第 1004 页。

② 《毛泽东选集》第 3 卷，人民出版社 1991 年，第 1027 页。

③ 孙伟平：《价值哲学方法论》，中国社会科学出版社 2008 年，第 197 页。

性的地位。确定以谁为价值主体和评价主体，就是以谁的利益和需要作为评价的尺度。这直接决定了价值观体系的其他方面。历史上的各种价值观念体系之间的根本区别，归根结底都集中地体现在这一点上。

以人民为价值主体的价值观在中国经历了漫长的发展过程。在中国数千年的封建社会中，中央集权制度呈现出不断加强的趋势，以皇帝为首的统治集团掌握绝对的权力，广大人民群众地位低下，常常被视为草芥。反映这种社会秩序的意识形态，虽然有"民为贵，社稷次之，君为轻"（《孟子·尽心下》）、"水能载舟，亦能覆舟"（《荀子·哀公》）等观点，但是就主流而言，无论理论观念，还是世俗心理，都弥散着一种崇拜权力、贬低人民的倾向，以官为本、以官为贵、以官为尊的"官本位"价值观盛行。辛亥革命虽然推翻了统治中国几千年的君主专制制度，建立起共和政体，传播了民主共和的进步理念，但是它仍未搬走压在人民身上的"三座大山"。直到以毛泽东为代表的共产党人，通过不懈的斗争，才真正让中国人民"站起来"了。通过认定"人民，只有人民，才是创造世界历史的动力"①，中国共产党人第一次在理论上将人民定位为历史的主体，从而视人民为唯一的价值创造主体和党的力量来源。毛泽东曾用"水和鱼"②与"土地和种子"③的关系比喻党和人民的关系，强调党在根本上来自人民群众，生存于人民群众之中，一刻也不能脱离人民群众。

第二，以人民利益为价值目标。毛泽东主张，将人民的利益视为一切行动的出发点，竭尽全力地为其谋求福祉，并将之作为最根本的目标。④中国共产党的事业本质上是、也只能是为人民的利益而奋斗的事业，党的合法性和领导地位源自对人民利益的坚守，一旦背离，党的性质就会变质，党的地位就会动摇。因此，除了人民的利益之外，共产党人没有任何私利可图，也没有任何东西不可舍弃，共产党人必须矢志不渝地为人民谋求福祉，甘愿为人民的幸福和利益付出一

---

① 《毛泽东选集》第 3 卷，人民出版社 1991 年，第 1031 页。

② "党群关系好比鱼水关系。"（《毛泽东年谱（一九四九—一九七六）》第 3 卷，中央文献出版社 2013 年，第 192 页。）

③ "我们共产党人好比种子，人民好比土地。我们到了一个地方，就要同那里的人民结合起来，在人民中间生根、开花。"（《毛泽东选集》第 4 卷，人民出版社 1991 年，第 1162 页。）

④ "全心全意地为人民服务，一刻也不脱离群众；一切从人民的利益出发，而不是从个人或小集团的利益出发；向人民负责和向党的领导机关负责的一致性；这些就是我们的出发点。"（《毛泽东选集》第 3 卷，人民出版社 1991 年，第 1094—1095 页。）

切。① 实现和维护广大人民的利益不仅是我们党价值观的基本目标，也是保证胜利和成功的根基，只有实现好、维护好人民群众的利益，才能得到人民的支持和参与。在和平年代，人民利益受到的最大威胁来自脱离群众的官僚主义作风、结党营私的不正之风和贪污腐败等蜕化变质问题。基于此，毛泽东经常告诫全党，加强党性修养和锻炼，警惕资产阶级的"糖衣炮弹"，严厉打击各种损害人民群众利益的犯罪行径。这一系列思想在党的发展过程中逐渐被体系化、制度化。

第三，革命功利主义的价值取向。在阶级社会，不同的阶级因其自身的利益诉求而具有不同的价值取向。在私有制的基本建制中，一切统治阶级（也是剥削阶级）都把个人的、利益集团的或本阶级的私利作为根本的价值取向，因此，历来就有所谓"天下熙熙，皆为利来；世间攘攘，皆为利往"（《史记》）之说。那么，广大人民群众和共产党人是否也讲利益呢？毛泽东明确指出，人民群众也有自己的利益，"马克思列宁主义的基本原则，就是要使群众认识自己的利益，并且团结起来，为自己的利益而奋斗"②。更进一步，共产党人也讲利益，而且还是功利主义者，只不过他们追求的不是一己之私利或小集团的利益，而是广大人民群众的利益。共产党人以人民群众的利益为出发点，将争取人民群众最大的利益作为根本的价值取向，是"无产阶级的革命的功利主义者"③。这种功利主义者以最广大人民群众的目前利益和将来利益的统一为己任，根本区别于为一己私利的、狭隘的功利主义者。④

第四，以人民群众的利益和好恶态度为价值标准。毛泽东始终把人民的利益作为最高的价值标准和评价标准，作为衡量一切工作是否正确的价值尺度。⑤ 人民

---

① "以中国最广大人民的最大利益为出发点的中国共产党人，相信自己的事业是完全合乎正义的，不惜牺牲自己个人的一切，随时准备拿出自己的生命去殉我们的事业，难道还有什么不适合人民需要的思想、观点、意见、办法，舍不得丢掉的吗？"（《毛泽东选集》第3卷，人民出版社1991年，第1096—1097页。）

② 《毛泽东选集》第4卷，人民出版社1991年，第1318页。

③ 《毛泽东选集》第3卷，人民出版社1991年，第864页。

④ "唯物主义并不一般地反对功利主义，但是反对封建阶级的、资产阶级的、小资产阶级的功利主义，反对那种口头上反对功利主义、实际上抱着最自私最短视的功利主义的伪善者。世界上没有什么超功利主义，在阶级社会里，不是这一阶级的功利主义，就是那一阶级的功利主义。我们是无产阶级的革命的功利主义者，我们是以占全人口百分之九十以上的最广大群众的目前利益和将来利益的统一为出发点的，所以我们是以最广和最远为目标的革命的功利主义者，而不是只看到局部和目前的狭隘的功利主义者。"（《毛泽东选集》第3卷，人民出版社1991年，第864页。）

⑤ "共产党人的一切言论行动，必须以合乎最广大人民群众的最大利益，为最广大人民群众所拥护为最高标准。"（《毛泽东选集》第3卷，人民出版社1991年，第1096页。）

群众的利益、需要是客观的价值标准，而人民群众的反应、态度则是主观评价的标准。一项政策、工作之所以被称为"好"，关键就在于既要符合人民群众的利益和需要，又要得到人民群众的赞成和拥护，实现客观的价值标准和主观的评价标准的有机统一。[①] 这种有机统一也应该成为衡量、评判路线、方针、政策和一切工作的"规矩"、指南。党的十六大以来，中国共产党又将这一理念发展为"以人为本"，并将之作为科学发展观的灵魂，深刻影响了党和政府的执政和管理过程。

第五，以人民群众的社会实践作为检验形式。"全心全意为人民服务"是中国共产党的根本宗旨，它不仅是一种观念，更是一种实践形式。为人民服务的价值观不仅规定了自身的价值主体和价值标准的内容，而且包含了价值标准的社会检验形式——人民群众的社会实践。毛泽东以其特有的群众观点和群众路线，将人民群众的社会实践视为检验认识之真理性和一切工作之价值的标准。[②] 在毛泽东看来，作为检验认识真理性的标准的社会实践和作为检验一切工作之价值的标准的社会实践，是人民群众的同一个社会实践过程，两个标准具有内在的一致性。这也就意味着，作为事实层面的真理与符合人民利益的价值追求具有内在统一性，并且为了在最大程度上实现人民的利益，两者也应该结合。[③]

## 二、邓小平："领导就是服务"与"三个有利于"价值标准

毛泽东之后的历届领导人都把全心全意为人民服务作为党的根本宗旨和共产党员的最高行为准则。邓小平作为一位坚定而务实的共产主义者，通过对马克思

---

① 参见李德顺：《毛泽东的价值观——人民主体论初探》，《哲学研究》1993 年第 6 期。

② 毛泽东指出："在我党的一切实际工作中，凡属正确的领导，必须是从群众中来，到群众中去。这就是说，将群众的意见（分散的无系统的意见）集中起来（经过研究，化为集中的系统的意见），又到群众中去作宣传解释，化为群众的意见，使群众坚持下去，见之于行动，并在群众行动中考验这些意见是否正确。然后再从群众中集中起来，再到群众中坚持下去。如此无限循环，一次比一次更正确、更生动、更丰富。"（《毛泽东选集》第 3 卷，人民出版社 1991 年，第 899 页。）"中国一切政党的政策及其实践在中国人民中所表现的作用的好坏、大小，归根到底，看它对于中国人民的生产力的发展是否有帮助及其帮助之大小，看它是束缚生产力的，还是解放生产力的。"（《毛泽东选集》第 3 卷，人民出版社 1991 年，第 1079 页。）

③ "共产党人必须随时准备坚持真理，因为任何真理都是符合于人民利益的；共产党人必须随时准备修正错误，因为任何错误都是不符合于人民利益的。"（《毛泽东选集》第 3 卷，人民出版社 1991 年，第 1095 页。）

主义基本精神全面而精当的理解，对当代中国基本国情具体而深刻的把握，在恢复党的"实事求是"思想路线、继承"全心全意为人民服务"价值观的精髓的同时，创造性地提出了"领导就是服务"和一系列中国特色社会主义价值观。

邓小平延续了人民群众是历史的创造者的观点，把全心全意为人民服务视为中国共产党的宗旨，强调要一切以人民群众的利益为重。1956年9月，邓小平在《关于修改党的章程的报告》中指出："同资产阶级的政党相反，工人阶级的政党不是把人民群众当作自己的工具，而是自觉地认定自己是人民群众在特定的历史时期为完成特定的历史任务的一种工具。"[1]同年11月，邓小平在会见国际青年代表团时说："中国共产党员的含义或任务，如果用概括的语言来说，只有两句话：全心全意为人民服务，一切以人民利益作为每一个党员的最高准绳。"[2]改革开放之后，邓小平更是提纲挈领，将这一最高准绳概括为人民"拥护不拥护""赞成不赞成""高兴不高兴""答应不答应"，以之作为制定各项路线、方针和政策的出发点和归宿，作为中国共产党与其他一切阶级的政党区别开来的显著特征。

在社会主义革命和建设进程中，为了实现党和人民的根本利益，邓小平始终坚持以人民群众的社会实践作为价值观的检验形式，贯彻毛泽东提出的群众路线，并对此进行了进一步的阐发："党的正确的路线、政策是从群众中来的，是反映群众的要求的，是合乎群众的实际的，是实事求是的，是能够为群众所接受、能够动员起群众的，同时又是反过来领导群众的，这就叫群众路线。"[3]一方面，这是完成党的全部任务，发挥党的领导作用的必然要求；另一方面，群众路线也是确保党的领导工作始终保持正确的方法。[4]只有发扬民主，倾听群众的声音，才能知晓工作的得失成败。"一个革命政党，就怕听不到人民的声音，最

---

[1] 《邓小平文选》第1卷，人民出版社1994年，第217—218页。

[2] 《邓小平文选》第1卷，人民出版社1994年，第257页。

[3] 《邓小平文选》第1卷，人民出版社1994年，第288页。

[4] "在一方面，它认为人民群众必须自己解放自己；党的全部任务就是全心全意地为人民服务；党对人民群众的领导作用，就是正确地给人民群众指出斗争的方向，帮助人民群众自己动手，争取和创造自己的幸福生活。因此，党必须密切联系群众和依靠群众，而不能脱离群众，不能站在群众之上；每一个党员必须养成为人民服务、向群众负责、遇事同群众商量和同群众共甘苦的工作作风。在另一方面，它认为党的领导工作能否保持正确，决定于它能否采取'从群众中来，到群众中去'的方法。"（《邓小平文选》第1卷，人民出版社1994年，第217页。）

可怕的是鸦雀无声。"①群众路线体现了以人民为价值主体的价值观的特征，要求遵循这一价值观的政党坚定地与广大人民群众站在一起，与人民群众同呼吸、共命运。

虽然在社会主义条件下，执政党、领导干部与人民群众的根本利益是一致的，是为人民的利益和为人民服务的，但是，上级和下级、干部和群众之间的关系也是现实存在且不容回避的问题。中国经历了漫长封建社会的基本国情，导致"官本位""等级观念""特权思想"等认知根深蒂固，官僚主义、形式主义、干群矛盾、腐化堕落等问题层出不穷。面对严峻的形势，邓小平立足时代和实际，把执政党的领导作用和全心全意为人民服务紧密相联系，创造性地提出了"领导就是服务"这一划时代的著名论断。1962年2月，邓小平在《在扩大的中央工作会议上的讲话》中指出："我们进了城，执了政，是做官呢，还是当人民的勤务员呢？……可以有两种态度：一种是做官，一种是当人民的勤务员。如果不是做官，而是当人民的勤务员，那就要以普通劳动者的面貌出现，要平等待人，要全心全意地为人民服务。"②中国共产党权力的合法性源自人民的选择，是人心向背的结果。权力的"人民性"就决定了共产党的各级领导干部绝不是高高在上的"官老爷"，而是与人民处于平等地位的普通劳动者。因而，各级领导干部需要端正身份，老老实实地"当人民的勤务员"，为广大人民群众兢兢业业地做好各项服务工作。③1985年5月，邓小平在全国教育工作会议上更是明确指出："什么叫领导？领导就是服务……领导者必须多干实事。那种只靠发指示、说空话过日子的坏作风，一定要转变过来。各个部门和地方，特别是主要负责同志，都要注意这个问题。"④这番话意味深长，不仅规定领导的职责就是服务，而且切中时弊地将思想斗争的矛头指向了千百年来形成的、现实中仍然根深蒂固的官僚习气，要求破除在社会主义初级阶段中，阻碍落实为人民服务价值观在观念上、体制上乃

---

① 《邓小平文选》第2卷，人民出版社1994年，第144—145页。

② 《邓小平文选》第1卷，人民出版社1994年，第304页。

③ 对此，邓小平与毛泽东等共产党人是高度一致的。1944年12月15日，在《一九四五年的任务》中，毛泽东也说过类似的话："我们一切工作干部，不论职位高低，都是人民的勤务员，我们所做的一切，都是为人民服务，我们有些什么不好的东西舍不得丢掉呢？"（《毛泽东文集》第3卷，人民出版社1996年，第243页。）

④ 《邓小平文选》第3卷，人民出版社1993年，第121页。

至思维和行为习惯方面的障碍。

"领导就是服务"简明又形象、扼要又深刻地阐明了社会主义中的"干群关系"，是对全心全意为人民服务价值观的深层次阐发，是对传统干群关系的革命。在阶级社会中，领导干部也即各级官吏往往都是少数统治者的利益代表，干群关系表现为一种压迫与被压迫、剥削与被剥削、统治与被统治的单向关系。而在社会主义条件下，全体人民当家作主成为国家的主人，干群关系因而发生了根本性改变：一方面，领导干部仍然掌握着广大人民群众托付的、法律赋予的权力，是组织、管理社会发展和社会生活的负责人；另一方面，领导干部代表着绝大多数人的利益。因此在目标上，领导干部要坚持为大多数人谋利益，当好人民群众的"公仆"和勤务员；在工作立场和态度上，必须与过去做官"当老爷"的旧思想彻底决裂，制定和执行路线、方针、政策，都要以合乎最广大人民群众的利益为出发点和归宿，同时要接受人民群众的监督；在工作作风上，则要旗帜鲜明地反对各种官僚主义，改变过去那种"只靠发指示、说空话过日子"的坏作风，包括"门难进、脸难看、事难办"的"衙门作风"，[①] 求真务实地为人民群众排忧解难。

在改革开放新的历史时期，邓小平作为总设计师，更加注意把执政党的领导作用和全心全意为人民服务紧密地联系在一起，有针对性地提出了党在新时期的历史任务，提出了对领导干部的新的要求。旧中国积贫积弱的历史告我们，落后就要挨打；"以阶级斗争为纲"的历史经验则启示我们：贫穷不是社会主义，发展太慢也不是社会主义，社会主义应该能够比资本主义更快地发展社会生产力，从而体现出社会主义较于资本主义的优越性。基于这一道理，中国共产党和广大领导干部为人民服务的重点就是：坚持以经济建设为中心，带领和组织广大人民群众大力发展社会生产力，以满足人民群众日益增长的物质文化生活的需要，提高人民群众的物质和文化生活水平。邓小平将其精要地概括为"发展才是硬道理"[②]。

邓小平赋予"为人民服务"以新的时代内涵，把为人民服务与鼓励人们"勤劳致富""多劳多得"等社会主义初级阶段的经济政策结合起来；把坚持国家、集体和个人利益三者的和谐统一作为为人民服务思想的基本点和立足点；引导人

---

① 《邓小平文选》第 2 卷，人民出版社 1994 年，第 230 页。

② 《邓小平文选》第 3 卷，人民出版社 1993 年，第 261 页。

们"先富"带"后富"、"先发展"带"后发展"，走"共同富裕"道路。他还创造性地、振聋发聩地提出，衡量我们工作得失成败的标准最主要的就是"三个有利于"，即"判断的标准，应该主要看是否有利于发展社会主义社会的生产力，是否有利于增强社会主义国家的综合国力，是否有利于提高人民的生活水平"①。这实际上也是检验中国共产党和领导干部为人民服务的态度和成效的标准，为改革开放、中国特色社会主义建设事业取得成功提供了基本而有力的保证。

受到历史因素的限制，社会主义与平均主义的关系问题在那时仍未得到彻底的澄清，这一思想上的不明确难免会同"发展是硬道理""先富带动后富""三个有利于"等新理念产生冲突。邓小平显然意识到了这一点，作为实事求是的马克思主义者，他反对教条主义、形式主义，而是坚持求真务实，鼓励人们解放思想，"不搞争论"，埋头苦干。在集体主义与个人利益的关系问题上，他辩证地指出，在社会主义初级阶段，既要讲集体主义，讲奉献牺牲，也要尊重、保护个人权利，满足和发展个人利益。在普遍存在社会分工的背景下，为人民服务不是"一碗水端平""吃大锅饭"，而是允许不同社会主体根据各自的职业，在做好自己的本职工作的同时，获得相应的劳动报酬和社会认可，从而实现个人的社会价值和自我价值。那种将为人民服务和争取个人利益简单对立起来的观点是别有用心的，也是违背实事求是原则、绝对不可持续的。②因此，在践行为人民服务价值观和落实"三个有利于"判断标准的过程中，必须按照统筹兼顾的原则，把崇高理想和现实追求结合起来，正确处理个人利益与集体利益、国家利益之间的关系。

## 三、习近平：社会主义核心价值观与全人类共同价值

迈入新时代，以习近平同志为核心的党中央高度重视意识形态和核心价值观建设。习近平总书记不仅反复重申毛泽东提出的全心全意为人民服务的价值观，

---

① 《邓小平文选》第3卷，人民出版社1993年，第372页。

② 邓小平语重心长地告诫人们："不讲多劳多得，不重视物质利益，对少数先进分子可以，对广大群众不行，一段时间可以，长期不行。革命精神是非常宝贵的，没有革命精神就没有革命行动。但是，革命是在物质利益的基础上产生的，如果只讲牺牲精神，不讲物质利益，那就是唯心论。"（《邓小平文选》第2卷，人民出版社1994年，第146页。）

强调中国共产党是"全心全意为人民服务的党"①，领导干部必须"为人民服务，担当起该担当的责任"②，而且进一步提出了社会主义核心价值观、全人类共同价值等思想。

**1. 社会主义核心价值观是中国特色社会主义的价值表达**

社会主义核心价值观是在中国特色社会主义实践中形成的、反映中国人民根本利益的价值观，是中国人民共同认同的价值观"最大公约数"。它继承了中华优秀传统文化，借鉴了人类优秀文明成果，是反复征求各方面意见、综合各方面认知、凝聚各方面共识作出的价值论断。习近平总书记深刻地指出，社会主义核心价值观"是凝聚人心、汇聚民力的强大力量"③，"是当代中国精神的集中体现，凝结着全体人民共同的价值追求"④。

社会主义核心价值观是社会主义本质在价值维度的集中反映，是中国特色社会主义的价值表达。它以波澜壮阔的中国特色社会主义实践为基础，从价值层面深刻地回答了"什么是社会主义、怎样建设社会主义"这两个内在相关的问题，"回答了我们要建设什么样的国家、建设什么样的社会、培育什么样的公民的重大问题"⑤。社会主义核心价值观用 12 个概念、24 个字，从国家、社会、个人三个层面明确了新时代基本的价值取向。

社会主义核心价值观是增强民族向心力、凝聚力的精神纽带，是全国各族人民团结奋斗的共同思想基础。一个民族、国家之所以能够作为一个共同体而存在，最重要的是具有共同认可的价值观；如果缺乏核心价值观，一个民族、国家就会像"一盘散沙"一样，魂无定所，行无依归。⑥ 在当今全球思想文化交汇、

---

① 《习近平著作选读》第 1 卷，人民出版社 2023 年，第 502 页。

② 《习近平著作选读》第 1 卷，人民出版社 2023 年，第 221—222 页。

③ 《习近平著作选读》第 1 卷，人民出版社 2023 年，第 36 页。

④ 习近平：《决胜全面建成小康社会　夺取新时代中国特色社会主义伟大胜利——在中国共产党第十九次全国代表大会上的报告》，人民出版社 2017 年，第 42 页。

⑤ 《习近平谈治国理政》，外文出版社 2014 年，第 168—169 页。

⑥ "人类社会发展的历史表明，对一个民族、一个国家来说，最持久、最深层的力量是全社会共同认可的核心价值观。核心价值观，承载着一个民族、一个国家的精神追求，体现着一个社会评判是非曲直的价值标准。"(《习近平著作选读》第 1 卷，人民出版社 2023 年，第 238 页。)

融合和冲突的局势下，面对改革开放以来"多元并存、互相竞争"的价值观图景，特别是广泛存在的"信仰缺失""道德失范"的社会现象，只有"把培育和弘扬社会主义核心价值观作为凝魂聚气、强基固本的基础工程"①，才能在尊重差异的基础上强化社会认同，在包容多样的氛围中形成思想共识，从而凝聚不同阶层、不同民族、不同人群的意志，巩固全国各族人民团结奋斗的共同思想基础。

### 2. 全人类共同价值是构建人类命运共同体的基础

"全人类共同价值"②是反映全人类的共同利益、世界各国普遍认同的价值观，是处理国家与国家之间、民族与民族之间，人与自然、人与社会、人与人之间关系，构建全球治理体系和国际新秩序的基本价值准则。全人类共同价值反映了世界各国共建共享、合作共赢的理念，为世界人民描绘了一幅平等互鉴、多样统一的全新图景。

一个民族、国家的价值观，特别是核心价值观，源自该民族、国家人民长期的生活实践，以价值表达的方式呈现了该民族、国家的根本利益。不同民族、国家的历史发展、自然环境、文化习俗、现实状况的差异，导致了其现实利益的不同，在此基础上形成的价值观也往往具有鲜明的地域性和民族性，甚至即便是同一个民族、国家在不同的历史发展阶段也会形成不同的核心价值观。可以说，核心价值观烙印着一个民族、国家从历史中一路走来的痕迹，体现了一个民族、国家的基本精神，涉及一个民族、国家的主权和尊严。因此，各个民族、国家既要珍惜、维护自己的核心价值观，同时也要尊重、宽容其他民族、国家的核心价值观，从而在和平友好的交流、互鉴中不断地丰富和发展自己。不同民族、国家价值观的多样化和差异化、地域性和民族性并不意味着这些价值观是势如水火、矛盾冲突的。以辩证、全面的视角看，它们各具特殊性的同时，也具有一定的共

---

① 《习近平谈治国理政》，外文出版社 2014 年，第 163 页。

② 习近平总书记出席第七十届联合国大会一般性辩论时指出："和平、发展、公平、正义、民主、自由，是全人类的共同价值，也是联合国的崇高目标。"（《习近平谈治国理政》第 2 卷，外文出版社 2017 年，第 522 页。）习近平总书记在《在中华人民共和国恢复联合国合法席位五十周年纪念会议上的讲话》中指出："和平与发展是我们的共同事业，公平正义是我们的共同理想，民主自由是我们的共同追求。"（《习近平著作选读》第 2 卷，人民出版社 2023 年，第 543 页。）

通性和普遍性。例如，世界许多文化传统和宗教教义都推崇"爱人""公正""诚实""和谐"之类的德性，以及"人人为我，我为人人""己所不欲，勿施于人"之类的道德规则。全人类共同价值是人类长期历史经验和集体智慧的结晶，反映了世界各国人民的共同利益、价值理想和价值追求，是处理国际关系、开展国际交往、构建国际秩序的共同价值准则，是构建人类命运共同体的价值基础。

随着科学技术和商品经济的迅猛发展，世界各国人民之间的交流愈发频繁，人类历史不断演变为马克思所谓的"世界历史"。与此相适应的是，各民族、国家传统的观念与价值观也在不断地融合（磨合）。历史的潮流要求我们抛弃封闭意识与狭隘视野，突出民族、国家之间的公共利益和共同诉求，凸显人类文化的"类意识"和整体精神。在"世界历史"已然成为现实的背景下，习近平总书记倡导世界各国秉持"天下一家"的理念，"坚持合作、不搞对抗，坚持开放、不搞封闭，坚持互利共赢、不搞零和博弈，坚决反对一切形式的霸权主义和强权政治，坚决反对一切形式的单边主义和保护主义"①；倡导世界人民作为"地球村民"从整体和全局的角度系统地思考和解决问题；倡导世界各国在公共利益和共同诉求导引下，凝成基本的、普遍的、能够为世界大多数人所共同认同的价值共识，构建休戚与共的人类命运共同体。

### 3. 社会主义核心价值观与全人类共同价值内蕴变革中国、治理世界的"中国方案"

社会主义核心价值观与全人类共同价值是习近平新时代中国特色社会主义思想的价值凝练与表达，开辟了马克思主义中国化和中国特色社会主义价值观的新境界。遵循社会主义核心价值观建设中国特色社会主义，遵循全人类共同价值构建人类命运共同体，是推动新时代中国特色社会主义健康发展，促进世界和平发展的内在需要。

首先，社会主义核心价值观彰显着社会主义的价值维度，指引着中国特色社会主义的前进方向。社会主义的本质"是解放生产力，发展生产力，消灭剥削，消除

---

① 《习近平著作选读》第 2 卷，人民出版社 2023 年，第 542—543 页。

两极分化，最终达到共同富裕"①。按照马克思主义的观点，经济基础决定上层建筑，并且上层建筑反作用于经济基础。作为思想上层建筑的重要组成部分，价值观一方面是对当前生产关系的反映，另一方面也对经济与生产力的发展产生重要的反作用。社会主义核心价值观作为社会主义的价值指向，对于解放和发展生产力，在观念上促进的人的平等和社会的公正、和谐具有重要意义，是迈向共同富裕道路上的价值导向。因此，社会主义核心价值观与社会主义的本质是内在相通的。在社会主义的发展过程中，中国共产党人也需要通过确立和调整核心价值观对自身、社会和个人进行设计与规范，并在这一过程中回答"社会主义是什么""社会主义要做什么""社会主义要往哪里去"等根本性问题。在新时代，中国的发展站在了新的历史方位，面对新的时代背景和主要矛盾，我们既要有价值自信，更要有价值自觉，彰显社会主义的价值维度，深化对中国特色社会主义本质的认识，将中国特色社会主义事业不断推向前进，展现出创造"人类文明新形态"的强大生命力。

其次，全人类共同价值是各个民族、国家处理国际关系，相互沟通、相互合作、构建人类命运共同体的前提和基础。构建人类命运共同体是中国式现代化的本质要求之一，②也是一个极其复杂的社会历史过程。它诚然必须以相应民族、国家的共同生活实践、共同物质利益为基础，但也同时应该关注相应人民的内在精神世界，以共同的价值观，特别是共同的信念、信仰和理想为前提。全人类共同价值凝练了各个民族、国家的基本立场和根本利益，表征着人类命运共同体的信念、信仰和理想，囊括了为什么要构建人类命运共同体、构建什么样的人类命运共同体以及怎么构建人类命运共同体的总体构想。全人类共同价值是对人类作为"整体"的把握，它打通了不同形态的社会制度、价值观之间的隔膜，是各个民族、国家相互交往、互联互通、打造命运共同体的思想基础。

再次，社会主义核心价值观与全人类共同价值描绘了一幅中国和世界未来发展的完整图景。就中国而言，在新时代，"我国经济实力、科技实力、国防实

---

① 《不断开拓当代中国马克思主义政治经济学新境界》，《十八大以来重要文献选编》（下），中央文献出版社2018年，第4页。

② "中国式现代化的本质要求是：坚持中国共产党领导，坚持中国特色社会主义，实现高质量发展，发展全过程人民民主，丰富人民精神世界，实现全体人民共同富裕，促进人与自然和谐共生，推动构建人类命运共同体，创造人类文明新形态。"（《习近平著作选读》第1卷，人民出版社2023年，第20页。）

力、综合国力进入世界前列，推动我国国际地位实现前所未有的提升，党的面貌、国家的面貌、人民的面貌、军队的面貌、中华民族的面貌发生了前所未有的变化"[1]，同时我国的社会矛盾也发生了关系全局的历史性变化[2]。就世界而言，当今的国际局势呈现出多元化的趋势，各国之间的联系和互动越来越紧密；然而，也存在着许多挑战和问题，需要各国加强合作，共同应对。在国内外复杂多变的形势中，社会主义核心价值观与全人类共同价值作为习近平新时代中国特色社会主义思想中具有时代特征和中国特色的重要组成部分，包含着变革中国、治理世界的"中国方案"。它们不仅决定着中国道路的前进方向，也在相当程度上决定着世界未来的发展方向。

【执行编辑：陈新汉】

---

[1] 《习近平著作选读》第 2 卷，人民出版社 2023 年，第 8 页。

[2] "社会主要矛盾已经转化为人民日益增长的美好生活需要和不平衡不充分的发展之间的矛盾。"(《习近平著作选读》第 2 卷，人民出版社 2023 年，第 328 页。)

# 价值论基础理论研究

Research on Basic Theory of Value

# 需要及其作为主体内在性的生成逻辑

潘于旭[*]

【摘　要】主体的人的需要及其发展是马克思批判青年黑格尔派、创建唯物史观，并通过对资产阶级政治经济学的批判而通向科学社会主义理论的重要基础，也是马克思为现代社会发展提出的一个重要理论问题。马克思通过唯物史观的理论架构，从社会历史的人的现实生活中揭示了需要和生产的相互联系，从中突出了需要的生成与实现人的全面自由发展的内在的、必然的联系。因此，从需要上升到人的全面自由发展的需要并转化为现实的实践，这既是人类主体生成的历史过程，也可以在理论上建构起主体内在性本质的生成逻辑，还在理论上为今天出现的诸多现代性问题以及凸显出来的现代社会矛盾提供解决的可能性。

【关键词】需要；主体内在性；生成逻辑；辩证法

## 一、需要及其作为主体的人的本质

从《〈黑格尔法哲学批判〉导言》开始，马克思揭示出黑格尔在《法哲学原理》中从资产阶级私有制的立场出发把需要与私人权利相联系而形成的抽象的解放观；[①] 恩格斯在《英国状况十八世纪》中讲述世界观的历史形态时曾经指出，围绕主体权利可以划分不同世界观的特点；[②] 马克思在《关于费尔巴哈的提

---

[*]　潘于旭，浙江大学马克思主义学院副教授，研究方向为马克思主义哲学。

[①]　参见《马克思恩格斯文集》第1卷，人民出版社2009年，第16页。

[②]　参见《马克思恩格斯文集》第1卷，人民出版社2009年，第93页。

纲》中揭示出人的本质"在其现实性上，是一切社会关系的总和"①；进而在《德意志意识形态》中，马克思恩格斯创建唯物史观的基本原则，从人的需要与生产的关系展开历史构成的基本因素，形成了与唯心史观根本对立的"人们的社会存在决定人们的社会意识"②这一唯物史观基本原理的原初出发点，并以此为基础，展开了对施蒂纳、鲍威尔为代表的关于"解放"问题的唯心主义实质的批判。在《德意志意识形态》的第二卷《莱比锡宗教会议》中，马克思恩格斯在批判青年黑格尔派的政治自由主义思想时，再次从人的需要与生产的关系展开论述了唯物史观的基本原则，提出了"他们的需要即他们的本性"③，进而批判青年黑格尔派对共产主义理解的扭曲。围绕现实的个人、需要及其自由问题在实践基础上展开的论述既是唯物史观原则的具体体现，也是马克思主义政治经济学科学方法的运用，揭示出人类社会历史发展的内在奥秘。因此，首先要厘清作为主体的人的"需要即本性"与马克思关于人的本质的现实性表述的同一性关系。

无疑，黑格尔在《法哲学原理》中把市民社会看成是"需要的体系"，这是马克思进行理论批判的源起。黑格尔的"需要"归根到底是作为精神的展开过程，而市民社会，"它必须以国家为前提……必须有一个国家作为独立的东西在它面前……使理念的一切规定各得其所"④。黑格尔在这里形成了对后世具有影响的"需要"的界定：需要是人的主观目的。作为目的，它既要依赖外在物、对象，又要依赖活动和劳动，这也同样构成了黑格尔视域中政治经济学的出发点。从唯心主义的方法出发，在《法哲学原理》中，黑格尔的市民社会理论与财产的私有权相联系，抽象出市民社会的三个环节，实际上也构成了市民社会的三个原则：通过劳动与需要的满足，市民社会是需要的体系；自由的抽象的现实性，依赖于私有财产的所有权；通过消除偶然性，借助于法的形式，以客观的需要体系表现为普遍的共同利益。相应地，三个原则形成了社会生活中的需要、自由和权利、共同利益和权力。但黑格尔这种建立在抽象精神基础上的每一个个人，其需

① 《马克思恩格斯文集》第1卷，人民出版社2009年，第501页。
② 《马克思恩格斯文集》第2卷，人民出版社2009年，第591页。
③ 《马克思恩格斯全集》第3卷，人民出版社1960年，第514页。
④ ［德］黑格尔：《法哲学原理》，范扬，张企泰译，商务印书馆1961年，第197页。

要共同特点则是主观的、任性的和偶然的，而只有围绕着所有权以及由此而上升到国家的法的原则，才是客观精神的实现。马克思在《〈黑格尔法哲学批判〉导言》中分析德国社会的状况时指出："在这里，实际生活缺乏精神内容，精神生活也同实践缺乏联系，市民社会任何一个阶级，如果不是它的直接地位、物质需要、自己的锁链强迫它，它一直也不会感到普遍解放的需要和自己实现普遍解放的能力。"① 在这里，马克思不仅批判了黑格尔市民社会理论中对市民社会仅限于"物质需要"的层次，没有看到需要的发展和能力究其根源在于精神生活与实践的分离。仅仅把市民社会看成是精神的展开阶段，而没有从实践中把握实际生活与精神生活的关系，这是马克思批判旧哲学、创建新唯物主义世界观过程中突出的从"现实的个人"出发的理论支点。

马克思在《1844年经济学哲学手稿》中指出："感性（见费尔巴哈）必须是一切科学的基础。科学只有从感性意识和感性需要这两种形式的感性出发……才是现实的科学……'人作为人'的需要而作准备的历史（发展的历史）。"② 感性需要直接通过现实中的个人的实践活动成为马克思实践唯物主义的原点。在马克思看来，需要及其满足需要的生产活动，是历史活动的基本形式。马克思还指出，因为资产阶级政治经济学"把工人的需要归结为维持最必需的、最悲惨的肉体生活，并把工人的活动归结为最抽象的机械运动……于是他说：人无论在活动方面还是在享受方面都没有别的需要了……他把工人变成没有感觉和没有需要的存在物，正像他把工人的活动变成抽去一切活动的纯粹抽象一样"③。工人的需要，也是作为现实生活实践中的每一个实际活动的人的需要，其需要和满足需要的活动，展开为社会历史活动的基本要素，但在旧政治经济学中是被忽略了的作为非存在、非现实的需要。同样，在黑格尔的法哲学及其思想体现的青年黑格尔派中，其与所有权相联系的劳动的需要都是从颠倒的形式这一意义上所指向的抽象的个人的需要。马克思在《德意志意识形态》中，从人们实际生活的变化中揭示出社会历史结构的基本内容，并强调："由此可见，事情是这样的：以一定的方

---

① 《马克思恩格斯全集》第1卷，人民出版社1956年，第466页。
② 《马克思恩格斯文集》第1卷，人民出版社2009年，第194页。
③ 《马克思恩格斯文集》第1卷，人民出版社2009年，第226页。

式进行生产活动的一定的个人，发生一定的社会关系和政治关系。经验的观察在任何情况下都应当根据经验来揭示社会结构和政治结构同生产的联系。"①

通过马克思在人的实践中的需要问题上展开的唯物史观基本原则的阐述，我们可以回过头来理解马克思在《关于费尔巴哈的提纲》中讨论的关于人的本质的现实性所蕴含的丰富内容。人的需要的实现构成了社会关系的基本内容。生产物质生活本身的活动是考察原初的历史的关系的第一个因素，其实现的是人生命的个人存在；新需要的产生是考察原初的历史的关系的第二个因素，这是在满足需要的过程中由满足需要的活动和为满足需要用的工具引起的，这是作为第一个历史活动，即需要的第一个历史变化。家庭关系即人的生命生产，是考察原初的历史的关系的第三个因素，这是新需要的产生构建的新的社会关系。马克思在这里特别指出，不应当把这三种关系看成是历史发展的不同阶段，而是需要及其实现的三个方面、三种因素；社会关系，即是通过生活的生产而实现的人们之间的合作。如果说，资产阶级以前的历史发展更多地表现为自然关系主导的社会关系，那么在现实性上，则是一定的生产方式或一定的工业阶段形成的活动方式。需要所导向的物质生活的生产实现的物质需要，这是历史的前提，而新需要——在历史中生成的需要，通过它而构成社会关系的基本形式，我们可以把它归结为社会的需要。进而，马克思所概括总结的社会历史活动的第四个方面或第四个因素——由需要和生产方式决定的人们之间的物质联系，也就是发展出一定的生产方式或发展到一定的工业阶段。在这四个因素之外，还存在着"由于需要，由于和他人交往的迫切需要才产生的"② 语言和意识。马克思在这里特别指出："凡是有某种关系存在的地方，这种关系都是为我而存在的；动物不对什么东西发生'关系'，而且根本没有'关系'。"③ 从作为实践活动主体的人的需要出发，才能建构起作为"关系"的对象和人的活动。马克思在批判青年黑格尔派对旧政治经济学的理解时指出："在任何情况下，个人总是'从自己出发的'，但由于从他们彼此不需要发生任何联系这个意义上来说他们不是唯一的，由于他们的需要即他们的本性，以及他们求得满足的方式把他们联系起来（两性关系、交换、分工），

① 《马克思恩格斯选集》第1卷，人民出版社2012年，第151页。

②③ 《马克思恩格斯文集》第1卷，人民出版社2009年，第533页。

所以他们必然要发生相互关系。但由于他们相互之间不是作为纯粹的我，而是作为处在生产力和需要的一定发展阶段上的个人而发生交往的，同时由于这种交往又决定着生产和需要，所以正是个人相互间的这种私人的个人的关系、他们作为个人的相互关系，创立了——并且每天都在重新创立着——现存的关系。"①无疑，马克思关于人的本质的现实性与"他们的需要即他们的本性"在逻辑上的直接关联，使需要成为社会关系展开和实现的基本因素，也构成了社会生活的基本内容。

我们可以从中形成对马克思主义需要观的基本理解，即需要是作为实践主体的人的能动性关系之源；也即作为社会历史实践活动的主体的人内在具有的朝向对象性关系实际发生的建构作用。所以，如果从生理学的意义上把需要定义为"生命体为了维持生存和发展，必须与外部世界进行物质、能量和信息的交换而产生的一种摄取状态"②，应该还不是马克思主义意义上的"需要"，只是马克思主义前的旧唯物主义的理论形式，或者说只是一种自然过程和实现方式，因为它只是从自然存在物的意义上形成对需要和对象之间关系的理解。马克思的需要观是作为现实个人的一定活动方式、他们表现自己生命的一定方式、他们一定的生活方式这个作为历史的前提和基础上展开的。

需要作为主体的人的本性是人的本质的根本特性。如果说社会关系作为人的本质，而社会关系的展开则是通过主体需要及其满足的过程具体地表现出来。一方面，主体的人是在实践过程中形成自身的主体地位，因而，能彰显出主体性，而需要作为主体的本性则是导向实践，在实践中展开需要的丰富性和全面性，可以说，这是需要的存在论基础。另一方面，需要要有对象性关系的内容，离开了对象，则需要无转化为实践过程。主体朝向对象性关系及其建构，则依赖于与需要相一致的形成和实现需要的能力。

需要具有客观性。不同于黑格尔把需要理解为主观目的，从人作为自为地存在的这一基础出发，既在需要的客观存在，也在实现需要的过程中确证这种客观性。这种客观性不同于自然存在的客观性，而是要从主体自身活动中把握的客

---

① 《马克思恩格斯全集》第3卷，人民出版社1960年，第514—515页。

② 李颖：《人的需要与人的解放》，《求实》2008年第12期。

观性。马克思指出:"正像一切自然物必须形成一样,人也有自己的形成过程即历史,但历史对人来说是被认识到的历史,因而它作为形成过程是一种有意识地扬弃自身的形成过程。历史是人的真正的自然史。"① 如果只是从自然存在物这一方向把握客观性,要么是旧唯物主义所理解的客观性,要么是唯心主义从外在于人的精神意义上所主张的客观性。在黑格尔的思想中,但凡与人的语言和精神相联系的内容,都被人的自我意识所取代,所以,黑格尔把语言、意识冠之以精神的需要;而以精神的客观性(客观精神)来关照人的需要,则把人的需要作为主观目的,以外物的存在和他人作为手段不断趋向于客观性,也就是说从自我意识上升到客观性上升到普遍精神的过程。这种以抽象的、颠倒的方式所表达的客观性,表现在需要问题上,则是把人的需要及其实现当作是主观的、任性的、偶然的,但这正是马克思在《关于费尔巴哈的提纲》第一条中所批判的。旧哲学在需要问题上,则不是从感性的人的活动方面把握主体存在的客观性,而能动的方面则被唯心主义抽象地发展了。马克思主义要建立的客观性基础,则是从现实的个人的存在、从人的实践活动的关系建立起的客观性。从社会历史过程来说,这种客观性正是通过工业和商业、生产和交往而形成的客观性。也就是它们之间的物质联系,则需要和生产方式决定的客观性。

需要具有主体能动性。通常,能动性往往与主观性相联系,因此,在讨论能动性时往往称为主观能动性。但如果从马克思关于人是自为的存在和历史构成的五要素论中,作为自为存在的主体性,所依据的是需要及其推动的作用。主体的人在实践活动中具有"为我"的自为性特点,而动物是没有的。语言作为一种现实的意识,在这里并不是作为主观的形式出现,而"是一种实践的,既为别人存在并仅仅因此也为我自己存在的"② 现实的意识。"为我"是作为主体的能动性。这也是马克思指出的,正是由于需要,人的活动在实践中表现为人的劳动。马克思在批判黑格尔的精神现象学时,曾经指出劳动是人的本质的生成过程,这是黑格尔辩证法中最有生命力的成分。在马克思主义的理论中,需要的能动性不是作为主观性的意义,必须从物质实践来理解,在这个意义上,为了有别于主观性这

---

① ② 《马克思恩格斯文集》第1卷,人民出版社2009年,第211页。

一为人所知的表达方式，我们称其为主体的能动性。

需要具有社会历史性。马克思关于"他们的需要即他们的本性"，既是其"社会关系的总和"这一论断的展开，也是构建马克思唯物史观的前提性基础。需要的社会历史性包含了两个维度。一方面，从需要的社会性来看，马克思指出，应当避免把社会当作抽象的东西与个体相对立，个体是社会存在物，作为生产活动的生命表现，即使不采取共同的、同他人一起完成的生命表现这种直接形式，也是社会生活的表现和确证。这也是在一定阶段的需要具有的社会共时性。① 马克思在论述需要的社会历史性表现为历史活动的四个因素和语言、意识的为我特点时，曾指出："不应把社会活动的这三个方面看作是三个不同的阶段，而只应看作是三个方面，或者，为了使德国人能够了解，把它们看作是三个'因素'。"② 需要的社会性共同构成了作为主体的人类社会生活场景。另一方面，需要的社会历史性，还表明需要不是一成不变的、僵化的，而是不断生成和发展的过程，即马克思所指出的"新需要的产生"和人们之间的物质联系是由"需要和生产方式决定的"历史。需要的历史性，构成了需要的历时性，可以通过需要与生产方式的联系和变化，分析历史发展的不同阶段性特点。

## 二、需要作为主体内在性的辩证叙事方法

在马克思关于主体的人的需要理论中关于对象化、对象性的论述，是否意味着如果把客体、对象作为外在于我们存在的事或物，那么与此相对的是我们的能力——既包含了作为人的自然的体力也包含了作为观念、精神、意志的力量——应被视为内在的？实际上在马克思的思想里已经有了肯定的回答。今天重新提出对此问题的探究，既要分析内在性应当如何被理解，同时也从人的实践活动的唯物主义方法中形成对内在性的丰富、发展的生成过程的思考。可以看到，在马克思关于人的实践这一思想中，内在性的生成过程应当是劳动发展史中在工人——劳动者这一端可以展开的历史。无疑，对生产力与交换的发展过程研究更多体现

---

① 参见《马克思恩格斯文集》第1卷，人民出版社2009年，第188页。
② 《马克思恩格斯全集》第3卷，人民出版社1960年，第33页。

出可以作为经验验证的实证的历史科学的内容，作为社会历史发展的客观规律，不仅应当从作为人改变自然的能力的生产力发展与作为社会生产关系相互作用的矛盾展开社会历史的变化过程，而且也应当看到社会历史发展如何实现主体的人的需要的意义；或者说，通过生产力生产关系相互作用的客观规律而实现的人的需要的丰富性、全面性的意义。

内在性在马克思的著作中并不像生产、劳动那样被经常拿出来进行讨论。这似乎给人们一种错觉，即内在性在马克思的视域之外。但是，马克思在《资本论》中论述"劳动过程"的这一部分，对劳动活动展开论述的内容，不正是对劳动作为人的感性的活动的内在性展开吗？当我们对劳动过程"撇开每一种特定的社会形式来加以考察"时，"劳动首先是人和自然之间的过程，是人以自身的活动来中介、调整和控制人和自然之间的物质变换的过程……人就使他身上的自然力——臂和腿、头和手运动起来。当他通过这种运动作用于他身外的自然并改变自然时，也就同时改变他自身的自然。他使自身的自然中蕴藏着的潜力发挥出来，并且使这种力的活动受他自己控制……我们要考察的是专属于人的那种形式的劳动……劳动过程结束时得到的结果，在这个过程开始时就已经在劳动者的表象中存在着，即已经观念地存在着。他不仅使自然物发生形式变化，同时他还在自然物中实现自己的目的，这个目的是他所知道的，是作为规律决定着他的活动的方式和方法的，他必须使他自己的意志服从这个目的。但是这种服从不是孤立的行为，除了从事劳动的那些器官紧张之外，在整个劳动时间内还需要有作为注意力表现出来的有目的的意志，而且，劳动内容及其方式和方法越是不能吸引劳动者，劳动者越是不能把劳动当做他自己体力和智力的活动来享受，就越需要这种意志"[1]。在这里，劳动的对象化活动是人的内在性得以展开和实现的环节。

马克思关于劳动作为专属于人的活动的形式的思想，在从《1844年经济学哲学手稿》到《德意志意志形态》中已经形成了完整的阐述，由此，可以说马克思并不是不关注作为人的感性活动的内在性特点，而是在这个时期已经完成了对内在性的把握，并时刻了然于心，以至在《资本论》中成为随手拈来的成熟思

---

① 《马克思恩格斯文集》第5卷，人民出版社2009年，第207—208页。

想。主体的内在性，通过感性的人的活动的对象化，从对象性中确证人的本质力量。从劳动活动的构成来看，内在性既包含了"自身自然中的潜力"、控制活动的力量，也包括了对劳动活动形成表象和观念的力量、身体的器官、目的、有目的的意志，等等。人的内在性是在整个作为感性的人的活动中的劳动者自身形成一个完整的整体并作用于整个活动过程的特性。即我们可以说，作为主体构成的内在性来说，一方面是作为人自身的自然，即人改造对象世界的能力，也就是人的劳动能力。它作为整体，表现为社会处于一定阶段的生产力。另一方面则是人的精神能力，即在作为科学的思维活动和作为艺术的活动形式中，作为人的精神的本性，是人的"精神的无机界"。

马克思是如何把握主体的内在性的？"劳动这种生命活动、这种生产生活本身对人来说不过是满足一种需要即维持肉体生存的需要的一种手段。而生产生活就是类生活。这是产生生命的生活。一个种的整体特性、种的类特性就在于生命活动的性质，而自由的有意识的活动恰恰就是人的类特性。"[1] 马克思同时也说，人是"使自己的生命活动本身变成自己意志的对象。他具有有意识的生命活动"，"人甚至不受肉体需要的影响也进行生产，并且只有不受这种需要的影响才进行真正的生产……人也按照美的规律来构造"。[2] 在这里，马克思明确地说明：正是在改造对象世界的过程中，人才能真正地证明自己是作为人的类存在物。对象化的生产活动，在劳动过程和劳动的结果中表现为人的作品和现实。[3]

至此，我们从马克思理论的历史起点到《资本论》这样一个成熟状态，可以看到马克思一贯地肯定通过实践改变世界、创造世界的主体的人的内在性的作用。马克思关于人的本质问题的论断，在《1844 年经济学手稿》中的"类本质"作为人的本质、在《关于费尔巴哈的提纲》中则是把它作为人的活动的过程和结果的"现实性"展开，在人的感性活动的对象化过程中表现出"全部社会关系的总和"。对马克思来说，"实践"已经包含着意识、全面的认识、脱离肉体需要的自由的非功利自主活动、精神能力。

---

① 《马克思恩格斯文集》第 1 卷，人民出版社 2009 年，第 162 页。

② 《马克思恩格斯文集》第 1 卷，人民出版社 2009 年，第 162、163 页。

③ 参见《马克思恩格斯文集》第 1 卷，人民出版社 2009 年，第 163 页。

对内在性及其展开的过程，我们还可以注意到，马克思在这里所阐述的人的本性、人的本质，并不存在于单一存在的个体的个人，而是作为"社会存在物"存在的在社会关系中的现实的个人。"我的普遍意识不过是现实共同体、社会存在物为生动形态的那个东西的理论形态，……我的普遍意识的活动——作为一种活动——也是表现为社会存在物的理论存在。"①在马克思关于主体内在性通过对象化的过程确证自己的理论，在实践活动的唯物主义理论建构时突出了感性的人的活动这一核心范畴，在感性的人的活动中实现了主体的人的活动的内在性与作为对象化的活动的结果统一在"环境的改变和人的活动或自我改变的一致"中。

马克思思想中丰富的关于主体的人的内在性观念作为现代社会认同理论的一个重要源头，这在马克思转向资本主义现实性研究的《资本论》中，同样也表现在对待商品、资本的态度上。例如，马克思对商品二重性的说明，一方面，"使用价值或财物具有价值，只是因为有抽象人类劳动对象化或物化在里面"②。如果不是从政治经济学的角度来说，就使用价值而言，其意义就只是商品中包含的劳动的质。"可见，每个商品的使用价值都包含着一定的有目的的生产活动。"③马克思在注解中批判亚当·斯密时说：他"把这种劳动力的消耗又仅仅理解为牺牲安宁、自由和幸福，而不是把它也看做正常的生命活动。诚然，他看到的是现代雇佣工人"④。这就是马克思是从人类社会的感性的对象性活动——实践来看待社会生产，而亚当·斯密仅仅只是从政治经济学或者说是私有财产出发看待工人的劳动。另一方面，作为交换价值的价值的存在，作为无差别的一般人类劳动的单纯凝结，其存在只是"同一的幽灵般的对象性"，这种幽灵般的对象性正是马克思所揭示的"商品拜物教"。⑤也就是对象性丧失了其现实性的表现，而只是借助于虚幻的形式——抽象劳动，或者无差别的人类劳动——"体现在商品世界全部价值中的社会的全部劳动力，在这里是当做一种一个同一的人类劳动力，虽然它是由无数单个劳动力构成的。每一个这种单个劳动力，同别一个劳动力一样，都

① 《马克思恩格斯文集》第1卷，人民出版社2009年，第188页。

② 《马克思恩格斯文集》第5卷，人民出版社2009年，第51页。

③ 《马克思恩格斯文集》第5卷，人民出版社2009年，第55页。

④ 《马克思恩格斯文集》第5卷，人民出版社2009年，第60页。

⑤ 《马克思恩格斯文集》第5卷，人民出版社2009年，第89页。

是同一的人类劳动力"①。这种同一的人类劳动力，是在交换这种经济领域的共同体中形成和发展起来的，这也是商品的价值对象性的特点，"同商品体的可感觉的粗糙的对象性正好相反，在商品体的价值对象性中连一个自然物质原子也没有。因此，每一个商品不管你怎样颠来倒去，它作为价值物总是不可捉摸的。但是如果我们记得，商品只有作为同一的社会单位即人类劳动的表现才具有价值对象性，因而它们的价值对象性纯粹是社会的"②。所以，尽管使用价值生产是作为人的生命活动的对象化表现，但商品的价值形式则导致了人类劳动的对象化转化为抽象的社会化的对象化。当劳动产品成为商品，它也就成了可感觉而又超感觉的社会的物。换言之，商品的价值形式只是基于人们自己的一定的社会关系，但它在人们面前采取了物与物的关系的虚幻形式，在这里，社会中的人们不再作为社会关系中的人，而仅仅只是作为劳动力商品而存在。人与物的对象性关系被虚化为物与物的关系。物是没有对象性的，作为劳动力存在的劳动活动，其对象性丧失的缘由在于劳动活动自身的主体性丧失。但是，马克思在此前早已经说明，"异化借以实现的手段本身就是实践的"③。如果说从经济关系来说，人的主体特性被物与物的关系所掩盖，但通过不断变化的工业和技术，实现的是"自我异化的扬弃和自我异化走的是同一条道路"④，即在不断丧失主体特性的资本主义劳动中，生产和消费是迄今为止全部生产的运动的感性展现。

实际上，马克思关于主体的内在性主题一直与他通过对象性活动的关系和结果的形式被现代思想关注，而且在今天以不同的方式被重新激发。例如，查尔斯·泰勒在《自我的根源——现代认同的形成》中，就把内在性的理解与主体相联系，并且认为主体是一个独立存在的现代观念，而观念则存在于这种独立的存在之中。相应地，主体和客体作为分离的概念则要求新的时间和空间的含义。他认为："马克思在他对螺旋形态的继承（指对黑格尔关于本性是根源的思想——笔者注）中又恢复了这种两极对立和完全的胜利……马克思的异化理论和他的解

---

① 《马克思恩格斯文集》第 5 卷，人民出版社 2009 年，第 52 页。
② 《马克思恩格斯文集》第 5 卷，人民出版社 2009 年，第 61 页。
③ 《马克思恩格斯文集》第 1 卷，人民出版社 2009 年，第 165 页。
④ 《马克思恩格斯文集》第 1 卷，人民出版社 2009 年，第 182 页。

放观是如何建立于启蒙运动的人文主义又建立在浪漫的表现主义之上的，因而最终是建立于本性作为根源的观念之上的。"① 所以，"根据从马克思那里吸收的一个范畴，经济学侧重人类和具有自身规律的自然领域之间的交换，不同于（尽管潜在地受其干扰）发生在人通过政治和文化相互联系的领域中的事情。这种领域的分离，不能只被看作是人们偶然碰到的'科学上的'发现。它反映着把更高的价值给予了人类存在的向度，反映着对日常生活的肯定"。②

但是，泰勒所代表的主张其实是在前马克思时代中已经形成和实现了的观念，也是诸多的现代思想家无法摆脱的一个困境，即主体的内在性往往被作为"主观性"，因其和精神、观念的从属关系把它作为主观精神（萨特）、"思维的图景"（德勒兹）。萨特在《自我的超越性》中，把内在性和超越性放在一起加以讨论。他认为"自我是主动性和被动性的非理性的综合"，不仅如此，"我是内在性的制造者"，而这个"我"则是"诸意识的主体统一"，意识构成了个体的整体。③ 所以，一方面，整个意识成为在流动的时间，即主体的活动中不断实现的统一；另一方面，意识又被自身所限制，作为个体的整体孤立于同一类型的其他整体，形成了独特的个体性特点。但是，在自我面前提出内在性，这就必然使内在性被封闭在自我中，而呈现出来的只是外在的表现。自我对自身而言是内在的，而不是对意识的内在性。萨特在此也看到了，如果把内在性仅仅只是作为一种自身的设定，我们就不能把握各种意识。他看到了人们往往在无区分的状态下使用内在性，这样也就把自我视为一种赤裸裸的强力，它只在与事件的相互关联中才能得到确定，而一旦在行动结束后，自我又会把已经完成的行动吸收到互相渗透的多样性中。这样，内在性就成为对意识而言不透明的、只能从行动的外部才能看见的内在性。在经过了这些批评的分析后，他提出了一种内在性的划分标准——即内在性是处于被反思的意识层次，它有别于直观的自我，也有别于心理领域的精神活动，而心理、身体则是处于未被反思的层次，这样既在理论上实现了先验领域的解放，同时也把内在性限定在一种相对确定性的层次，即它不是自然发生意义上的，而是属于主体自身的相对确定性。内在性并不是情感、心理的

①② ［加］查尔斯·泰勒：《自我的根源：现代认同的形成》，韩震等译，译林出版社 2001 年，第 437 页。
③ ［法］萨特：《自我的超越性》，杜小真译，商务印书馆 2010 年，第 33、7、8 页。

对象，而只有在主体的内在性中，这些情感、心理状态才能发生，获得它们的对象性表现，从而也能在实践中获得原动力，所以它既不是理论的也不是实践的，但是在实践中可以消除作为意识与对象的二元对立，从而在对象性的活动中得到统一。在这个意义上，内在性是实现主体从自在的存在转向自为的存在的重要环节。

然而，如何把握主体的内在性问题，自从笛卡尔以来一直是哲学思想中的纷争的焦点，但由于缺乏应有的理论态度，它或者被归入意志论，或者被归入唯科学的认知方法范围。同样，萨特虽然提出了主体内在性的"我"与作为表象、意识对象的"我"之间的区分，但他没有鲜明地导出内在性的具体内容和特点，他把这一特性理解为是在"想象学"中可以被探索的对象，即要区分作为内在性的主体自我与作为被观察到的、被规定的"我"之间的不同。这里，前者的"我"是内在的统一的整体，是作为统一原则的存在；而后者的"我"则是被观察到的表象，是原则的实现。借助胡塞尔的现象学来说，就是意向性与意识内容的关系。由此可见，无论是萨特还是早先的胡塞尔，都没有从需要及其形成和实现的社会性意义上把握主体内在性的核心，而仅仅只是从精神观念的意义上去理解。

相对于需要的发生和发展而言，它并不仅仅局限于情感、心理，也不只是发生在直觉的认识层面，而是植根于主体的存在和发展，是立足于主体的完整统一意义上的，是主体通过感性的实践活动实现的自身的内在统一性，是把情感和心理、理论和实践统一在主体中，并实现了诸意识的综合而构成主体的完整特性，这是主体存在通过它的表现方式而被观察到的，但并不能因此而颠倒了此间的关系。

与旧的关于观念的内在性不同，马克思主义哲学通过实践活动，并从需要、解放的需要及其形成和实现的社会意义上把握主体内在性的核心，只有从主体自身存在在实践中生成的内在性，才能排除先验的自我之存在的理由，才能排除先验价值存在的基础。在马克思看来，内在性不是先天而在的，也并非一蹴而就的，而是一个随主体自身的实践活动不断展开而不断生成的过程。此外，这种主体的内在性与主体自身的存在相一致，是主体自身的生命构成。

## 三、内在性：社会与个体双重生成的逻辑

如果说内在性通过主体的人的感性活动而表现为身体的力量和人的精神力量，那么这两种力量如何实现？内在性问题本身构成了20世纪以来哲学争论的一个重要问题，而内在性生成同样也在20世纪后半期成为争论焦点。探讨马克思关于主体的人的内在性生成的内容无疑会增加我们在这一部分的分析和展开的难度。

生成，就其本身而言，是赫拉克利特关于流动的运动、变化的观念在现代哲学中被赋予与生命活动相关联的意义。它包含三个方面：第一，并不存在一个如柏拉图或黑格尔式的先在的存在，然后才有以此为样式或仿真的存在；而是通过清除存在的根基，实现生命自身的运动。在这一意义上，生成和存在两者不是基础和变化的关系，就是生成本身。把它按照传统哲学范畴中的存在来表达，因为传统哲学中的存在范畴并不与生命活动相联系，即使作为精神的存在，也是如此。故而使用、运用存在的概念，在这里会失去生成的意义。第二，朝向不可感知的变化。感性的存在，通常被指经验到自身，但不受特定的感知所限制，要从感性事件中变成某物，与主体的客体化不同，主体客体化还有客体化的外在对象限制着主体，而主体朝向的是摆脱束缚和限制而实现的延伸。第三，它是面向未来的，即作为一种解放的需要推动的开放的敞开的生成。从时间的构成来说，就是过去、现在和未来形成的一种可能性的世界。换言之，即是把世界看成是一个自身不断变化着的过程。

如果按照这样的理解，实际上生成意味着两个不同方面的内容。一个是从存在论意义上展开的生成，即如上述第一个方面，生成消解了传统意义上的本体论特征，世界将不再是一个固定不变的世界，而且一旦消除了先在的预设，事物的运动就不再有目的论的特征或特点；另一种则是从认识论意义上展开的生成，即从人的认识是作为真实存在的事物的把握过程及其结果来说，认识的结果是要达到真理性的认识。近代以来，从认识活动的开始来说，都诉诸认识主体主观性的思维形式，如概念、概念间的联系等，这在旧哲学的意义上也是归结于内在性。然而，这些都没有把认识活动作为感性的生命的活动来对待，所以认识的结果往

往最后都驻足于抽象的真理。无疑，从生成的意义上来说，这种认识的活动是与生命活动相一致的过程。我们从马克思在《关于费尔巴哈的提纲》的开头提出的两种批判中可以读出，一是从存在论的意义上来说，马克思已经扬弃了作为自然实体存在的费尔巴哈式的"人"，和黑格尔哲学意义上的作为精神存在的"人"，而转向作为感性的人的活动及其构成的世界。在这个意义上，世界并不是既定的、一成不变的世界，而是人的活动的世界，也就意味着，哲学的出发点是生成的人的活动的关系。二是从认识论的意义上来说，也不存在着外在于人的认识的真理。当马克思说"人应该在实践中证明自己思维的真理性，即自己思维的现实性和力量，自己思维的此岸性"①时，就已经扬弃了传统对真理问题的外在性，把真理当作人的思维力量的实现。如此，真理作为主体的人的实践活动的结果，也就不是如同旧唯物主义的那种主观符合客观的直接性内容，而是作为人的生命活动的现实性关系中的内容。

马克思开启了现代哲学中生成性思想的大门，这也引起后来的思想家们对生成这一主题的思考和理论塑造。但是，后继者们在这一主题中既脱离了人的需要的实践，又走向偏颇而呈现出极端性的生成思想，他们把生成性在抽象的方面发挥极致。例如，尼采哲学的强力意志，虽然从其构成主题来说也是从生成性、变化来说明世界，但把强力意志仅仅限于人的主观意识层次，从而导致在其哲学中生成性以一种抽象的主观性形态呈现；同样，20世纪来，生成性思想在哲学中作为重要的方法进行阐述的，主要表现为海德格尔对尼采哲学从生成性的视角进行的解读以及德勒兹对生成性从反精神分析学的方向进行的展开，这是一条反本质主义的道路。但是如果展开这一方面的思想，则是超出了本文所探讨的马克思主义哲学的范围，这一方面的内容留待以后再进一步展开。

从上述对生成逻辑的展开，我们可以看到，马克思有着完整的生成性的方法对需要的实践活动方式的思考。从存在的意义上看，体现为作为人的需要主体的无产阶级的生成，进而在资本主义条件下生成为非存在的"人"，通过劳动的对象化而不断生成自身，进而走向普遍的共同体——自由人的联合体。在无产阶级

---

① 《马克思恩格斯文集》第1卷，人民出版社2009年，第500页。

生成的过程中，传统仅限于知识活动的思维的内在性，通过人的需要的丰富性和全面性的活动被融合在感性的人的活动中，旧哲学中作为知识对象的实体让位于由需要及其满足的活动而构成的关系对象而产生出新的意义。

首先，社会与个体双重生成的现实条件。从资产阶级形成的现代社会来看，"生产的不断变革，一切社会状况不停的动荡，永远的不安定和变动，这就是资产阶级时代不同于过去一切时代的地方。一切固定的僵化的关系以及与之相适应的素被尊崇的观念和见解都被消除了，一切新形成的关系等不到固定下来就陈旧了"①。从时代来说，这是一个生成着的变动的时代；同样，资产阶级社会也是生成性的社会，它表现为"旧的、靠本国产品来满足的需要，被新的、要靠极其遥远的国家和地带的产品来满足的需要所代替了。过去那种地方的和民族的自给自足和闭关自守状态，被各民族的各个方面的相互往来和各方面的相互依赖所代替了。物质的生产是如此，精神的生产也是如此。各民族的精神产品成了公共的财产"②。如果说，资产阶级社会是一个具有生成性特点的社会，这种生成过程并不是依靠资产阶级形成的，资产阶级不是一个生成性的阶级，而是一个在自身存在中不断围绕着资产阶级本身而实现的同一性（或者同质性，或者在其自身中不断重复的——笔者注）。一方面，表现为围绕私有财产而形成的资产阶级本质的不断巩固而实现的资产阶级的存在，即"资产阶级日甚一日地消灭生产资料、财产和人口的分散状态。它使人口密集起来，使生产资料集中起来，使财产聚集在少数人的手里，由此必然产生的结果就是政治的集中。各个独立的、几乎只有同盟关系的、各个不同利益、不同法律、不同政府、不同关税的各个地区，现在已经结合成为一个拥有统一的政府、统一的法律、统一的民族阶级利益和统一的关税的统一的民族"③。另一方面，则表现为资产阶级在经济上周期性重复的危机状况，这是由资产阶级狭隘的所有制关系决定的。马克思在《共产党宣言》中对资产者和无产者的分析，从社会和时代中揭示出资产阶级社会的生成与资产阶级自身的矛盾关系。那么，是什么导致资产阶级社会具有生成性特点的？

---

① 《马克思恩格斯文集》第2卷，人民出版社2009年，第34页。

② 《马克思恩格斯文集》第2卷，人民出版社2009年，第35页。

③ 《马克思恩格斯文集》第2卷，人民出版社2009年，第36页。

让我们回到马克思关于无产阶级之所以形成的初始状态。前面已经提到，无产阶级的需要的产生是出于直接的地位、物质需要以及作为锁链本身的强迫而生成的。从地位来说，无产阶级是处于现代资产阶级社会的市民社会底层阶级；而它所处的社会领域是与存在的前提完全对立的状态，"组成无产阶级的不是自然形成的而是人为造成的贫民"，它没有自身存在的根基，"若不从其他一切社会领域解放出来从而解放其他一切社会领域就不能解放自己的领域"。① 这是被自身所处的地位、被锁链压迫的状况下在自身内部形成的生成力量——解放。这种解放的实现就是朝向无产阶级的原则生成为社会的原则，生成为普遍性的原则。恩格斯在批判同一时期的资产阶级，如亚当·斯密的古典政治经济学（国民经济学）和以边沁为代表的功利主义时，指出资产阶级思想家的错误就在于他们把理论寄希望于粗野的、盲目的、陷于自我矛盾的人——资产阶级上，而没有把关于普遍利益的思想寄托在意识到自身和创造自身的人身上。② 马克思在《1844年经济学手稿》中通过批判作为国民经济学的资产阶级古典政治经济学理论时，深刻地揭示了作为无产阶级的工人的无根基状态："国民经济学把无产者即既无资本又无地租，全靠劳动而且是片面的、抽象的劳动为生的人，仅仅当做工人来考察。"③ 可以看到，在资产阶级社会中，无产阶级的出场是从"无"现代资产阶级社会的市民社会阶级这个身份开始。无产阶级并不是在理论上预设的存在，也不是在社会中作为既定的存在而预先设置的，其出现"最初是单个的工人，然后是某一工厂的工人，然后是某一地方的某一劳动部门的工人"，在资产阶级社会中，"单个工人和单个资产者之间的冲突越来越具有两个阶级的冲突的性质"。④ 这种越来越具有的性质正是无产阶级从自发、分散的状态生成为自觉的社会阶级的过程。不仅如此，无产阶级作为阶级的构成也具有生成性的特点，从无产阶级的成分来说，"以前的中间等级的下层，即小工业家、小商人和小食利者，手工业者和农民——所有这些阶级都降落到无产阶级的队伍里来了……无产阶级就是这样从居

---

① 《马克思恩格斯文集》第1卷，人民出版社2009年，第17页。

② 参见《马克思恩格斯文集》第1卷，人民出版社2009年，第106页。

③ 《马克思恩格斯文集》第1卷，人民出版社2009年，第124页。

④ 《马克思恩格斯文集》第2卷，人民出版社2009年，第39、40页。

民的所有阶级中得到补充的", "无产阶级组织成为阶级，从而组织成为政党……这种组织总是重新产生，并且一次比一次更强大、更坚固、更有力"；从作为阶级的成分的生成来说，随着资产阶级社会的生成过程，"工业的进步把统治阶级的整批成员抛到无产阶级队伍里去……他们也给无产阶级带来了大量的教育因素"，"现在资产阶级中也有一部分人，特别是已经提高到能从理论上认识整个历史运动的一部分资产阶级思想家，转到无产阶级方面来了"。[①] 从时代、社会的生成变化中可以看到，资产阶级时代生成无产阶级，而推动社会变化的是无产阶级，或者可以说，正是由于无产阶级生成了现代社会。因为，一方面"随着大工业的发展，资产阶级赖以存在的以生产和占有产品的基础本身也就从它的脚下被挖掉了"；另一方面，无产阶级生成的方向，从表现在时间意义上来说，"在资产阶级社会里是过去支配现在，在共产主义社会里是现在支配过去"。[②] 因此，从无产阶级的现实状况来说，虽然无产阶级与资产阶级都处于同一种异化中，但一个阶级在这种异化中知道自己和证实自己，却对异化没有一种自觉意识；而另一个阶级则是自知自觉的，通过劳动扬弃自我异化。只有无产阶级才能发展出一种对普遍的东西的批判——革命意识。正是因此，无产阶级比资产阶级更多地具有"人"的意义。这也就是我们在下面要说明的马克思关于需要和解放的需要在实践上的意义。

其次，马克思生成的思想的核心是社会关系的生成。马克思论及历史发展的三种关系并把它们作为历史社会活动的三个方面或因素，在新需要的产生这个方面具有生成的意义，即新需要的产生作为第一个历史活动的事实，这是生命活动在自身实现的生成，但同时，也是通过人的生命活动而实现的社会关系的生成。简而言之，可以表述为：个人活动对于社会生成的意义。生命活动必然表现为人们之间的共同活动，因此社会"是人们交互活动的产物"[③]。这种交互活动的方式，是由需要和生产方式决定的人们之间的物质联系。一方面它具有"感性的确定性"，这种活动方式本身就是生产力，可见"生产力是人们应用能力的结果，

---

① 《马克思恩格斯文集》第2卷，人民出版社2009年，第39—41页。

② 《马克思恩格斯文集》第2卷，人民出版社2009年，第43、46页。

③ 《马克思恩格斯文集》第10卷，人民出版社2009年，第42页。

但是这种生产力本身取决于人们所处的条件，决定于先前已经获得的生产力，决定于在他们以前就已经存在，不是由他们这一代人创立的社会形式"①。这是作为社会的个人的生成的条件和起点，所以，人们不能自由选择自己的生产力。另一方面，从生成的意义来看，这种联系不断采取新的形式，马克思指出："后来的每一代人都得到前一代人取得的生产力并当做原料来为自己的新生产服务"，形成人类的历史，"这个历史随着人们的生产力以及人们的社会关系的愈益发展而愈益成为人类的历史"。②马克思从经济关系的历史变化揭示出人们借以进行的社会关系的形式都是"暂时的和历史性的"③。人类社会的感性确定性在时间上的暂时的特点，"一定的社会关系……也是人们生产出来的。社会关系和生产力密切相联。随着新生产力的获得，人们改变自己的生产方式，随着生产方式即谋生的方式的改变，人们也就会改变自己的一切社会关系"④。从社会关系的生成意义来说，整个人类历史的生成过程，就要研究不同历史阶段围绕着需要而形成的现实的历史，即是"把人们当成他们本身历史的剧中人物和剧作者"⑤，从人的生命生产活动中形成对社会关系生成性的把握。

最后，围绕个体的社会生成而实现的普遍生成意义。当我们从社会关系的生成特点中展开社会历史的表现，会发现社会历史发展的进程始终要通过现实的个人表现出来，"人们的社会历史始终只是他们的个体发展的历史，而不管他们是否意识到这一点。他们的物质关系形成他们的一切关系的基础。这种物质关系不过是他们的物质的和个体的活动所借以实现的必然形式罢了"⑥。从个人生命活动中生成社会关系，同样也可以从社会关系生成现实的个人。如果说黑格尔在法哲学原理中以抽象的方式把社会关系表述为社会需要，那么个体作为现实的个人，则是在私有制条件下，个体只是作为普遍性中的特殊性存在而处在相互分离的原子状态。但是处于马克思从工业和生产力发展的一定阶段来看的个体，要避免把社会当作抽象的东西同个体对立起来。马克思指出："个体是社会存在物……他的生命表现，即使不采取共同的、同他人一起完成的生命表现这种直接形式，也

① ② ③ ⑥ 《马克思恩格斯文集》第 10 卷，人民出版社 2009 年，第 43 页。

④ 《马克思恩格斯文集》第 1 卷，人民出版社 2009 年，第 602 页。

⑤ 《马克思恩格斯文集》第 1 卷，人民出版社 2009 年，第 608 页。

是社会生活的表征和确证。"① 作为特殊的个体，作为现实的单个的社会存在物，不仅仅只是作为肉体存在的抽象的个体，而是总体的存在，任何作为个体在被言说的过程中，实际上都是作为社会这个整体中的个体。作为观念中的总体中的主体，个人在实践的意义上生成社会的个体。

从人的需要和解放的需要的生成过程来看，正是因为人的需要，人的活动才是有意识的生命活动，劳动活动是人的能动的社会生活过程。但正是人的需要所推动的人自身的活动在资本主义条件下的非人化，既在身体上被作为具有商品规定性的人生产出来，也在精神上生产出非人化的内容。无论是工人还是资本家，都在资本主义条件下被作为具有自我意识的和能够自主活动的商品生产出来。工人作为单纯的劳动人的抽象存在——劳动力，用马克思的话来说，一方面，"这种劳动人每天都可能由他的充实的无沦为绝对的无，沦为他的社会的从而也是现实的非存在"②。另一方面，"作为资本的人的活动对象的生产，在这里，对象的一切自然的和社会的规定性都消失了，在这里，私有财产丧失了自己的自然的和社会的特质（因而丧失了一切政治的和社会的幻象，因而没有任何表面上的人的关系混合在一起），在这里，同一个资本在各种极不相同的自然的和社会的存在始终是同一的，因而完全不顾它的现实内容如何"③。在资本主义条件下，人的有意识的生命活动被作为资本的人的活动所掩盖，私有财产在劳动活动中表现为具有能动作用，但是，作为经济关系的运动过程来说，这也是实践，即"私有财产的运动——生产和消费——是迄今为止全部生产的运动的感性展现"④，是人的实现或人的现实。作为感性存在的私有财产本身，是异化了的人的生命的物质的、感性的表现。

社会对于个人生成所具有的意义，通过对私有财产即人的异化的积极扬弃可以充分体现出来。马克思把这种共产主义的现实的产生活动作为人类历史被认识到的生成运动。从个体生成的社会意义来说，一方面，通过对象性的社会现实成为人的本质力量的现实，即对象是人的本质力量的对象，也就是说，人在劳动

---

① 《马克思恩格斯文集》第1卷，人民出版社2009年，第188页。

②③ 《马克思恩格斯文集》第1卷，人民出版社2009年，第172页。

④ 《马克思恩格斯文集》第1卷，人民出版社2009年，第186页。

活动的产品中表现出自身的创造力量，对象的性质以及与改变对象的相适应的本质力量之间的关系形成为一种生成的肯定的方式，用马克思的话来说，就是如同音乐所激发的人的音乐感一样，对象与人的关系和人的感觉所能达到的程度相一致。马克思在论及这一点时，通过社会关系作为人的本质的现实性，说明"社会的人的感觉不同于非社会的人的感觉。只是由于人的本质客观地展开的丰富性，主体的、人的感性的丰富性……总之，那些能成为人的享受的感觉，即确证自己是人的本质力量的感觉，才一部分发展起来，一部分产生出来"[①]。也就是说，感性的能力的生成是马克思所说的迄今为止全部世界历史的产物。

社会对人的生成意义，一方面通过感性能力的丰富性在历史中生成为人的感觉；另一方面，在思维中，思想的生命表现的要素，作为人的交往需要的语言，也在人与自然、人与对象的关系中生成。马克思因此形成对丰富的需要的理解，即从人的生命表现的完整性去看待，把丰富的需要的实现作为人的内在必然性来理解。因此，要消灭个人力量由于分工而转化为物的力量这一现象，只能靠个人重新驾驭这些物的力量，靠消灭分工的办法来消灭。消灭这种现象，只有在共同体中才能实现。"在共同体中，个人才能获得全面发展其才能的手段，也就是说，只有在共同体中才可能有个人自由。"[②] 在马克思的语境中，要看到讨论的对象不是单纯在抽象的精神表现形式中的个性的个人，而是作为阶级的个人。从无产阶级作为世界历史意义上的存在来说，在无产阶级中，各个人同样也作为世界历史性的存在，也就是与世界历史相联系的存在。

## 四、内在性、生成与合理形态的辩证法

马克思从作为感性的人的活动的实践唯物主义出发，站在人类社会或社会化人类的历史高度提出问题在于改变世界。从"环境的改变和人的活动或自我改变的一致"[③] 的关系形成了实践活动的辩证特性。

---

① 《马克思恩格斯文集》第 1 卷，人民出版社 2009 年，第 191 页。
② 《马克思恩格斯文集》第 1 卷，人民出版社 2009 年，第 571 页。
③ 《马克思恩格斯文集》第 1 卷，人民出版社 2009 年，第 500 页。

　　从前述关于内在性和生成的关系的思考中，可以形成对马克思感性的人的活动的辩证法的一种理解。作为内在性内容来说，其所包含的需要既是在作为劳动具体化为社会生产过程中对外部改造的活动而改变自身身体力量的过程，也是激发人走向解放的内在动力。因此，马克思在实践意义上形成的辩证法思想，可以从作为感性的人的活动的整体构成中展开，它表现为双重的螺旋结构。第一重螺旋结构，是在对象性中生成主体内在性的双向运动。我们把外在性或外在放在改造对象的过程，通过人的活动改变对象，但对于对象来说只是它的形式改变，经济学上使用价值作为商品价值的质，从物的存在的表现来说，仍然是作为商品的物的自然属性，而人的活动，在劳动过程中经验的形成，对于主体的感觉经验来说具有生成的作用。虽然在黑格尔思想中，也有着经验作为感性确定性，但是在马克思看来，环境的改变，是在人的感性的对象性活动中作为对象的改变与人自身的改变的共时性的空间关系而形成的经验。这种经验的形成并不是固定的不变的，而是随着改变世界的活动而不断展开和丰富，从这个意义来看，它不是一个封闭的状态，只要人类改变世界的活动仍然持续着，它都将处于不断编织起人类经验的过程中。因此，马克思把人类改造世界的活动所处的每一个阶段都是作为新的存在方式来对待，全部历史都是为了使人成为感性意识的对象和使人作为人的需要成为需要而准备的发展史。第二重的螺旋结构，在社会与个人的相互生成中实现着社会和个人的不断变化。社会对于个体的生成来说，每一新的个体的生成对于社会来说是一种新的阶段、新的一定的存在方式；而对于个体的人来说，则是无限发展的可能性。一方面，社会中包含了使人类走向共同发展的过程和趋势；另一方面，已经形成了的社会关系的暂时性和历史性特点，又内在需要走向更高的、更全面的解放。这是人类社会存在的特殊的历史联系的纽带。

　　最后，以卢卡奇的《历史与阶级意识》中"阶级意识"的分析来完成本文对主体内在性生成的思考。在卢卡奇看来，马克思指出了对人类生活形式的思考，从而对它的科学分析总是采取同实际发展相反的道路；也就是说，是从发展过程的完成的结果开始思考的，这种形式，在人们试图了解它们的内容而不是它们的历史性质以前，就是已经取得社会生活的自然形式的确定性，已经把这种形式看成是不变了的。因此，马克思在理论上提出，首先要摒弃社会结构的僵化性、自然性和生成性，社会结构是历史地形成的，因此它在任何方面都要服从历史自身的变化。然而，历史并不只是这些形式在规定范围内的展开，这些形式也并不是历史追求的目标，一旦目标达到，历史就会由于完成了自己的使命而被更高发展阶段的历史所取代。马克思在批判资产阶级古典政治经济学家时指出，资产阶级思想由于它的出发点和目标始终是为事物的现存秩序作辩护或至少是为一种秩序的不变性作证明，就必然要遇到一个不可逾越的界限。于是，以前是有历史的，现在再也没有历史了。资产阶级的问题就在于认为能在经验的历史个体身上，在个体的经验的既定意识中发现具体。当他确信自己找到了万物中最具体的东西时，也就恰恰是它最偏离作为一个具体总体的社会。社会发展特定时期的生产制度，以及由这一制度造成的社会分化，由于它偏离了这一切，所以它就把某些完全抽象的东西当作具体的东西。在马克思看来，这不是个人和个人的关系，而是工人和资本家、农民和地主的关系。抹杀这些社会关系，那就是消灭整个社会。因此具体的研究就意味着研究作为整体的社会关系。只有在这种关系中，人们当时所具有的关于他们存在的意识的全部本质才表现出来。意识一方面表现为某种来自社会和历史状况的主观上被证明的东西，表现为可以理解的和必须理解的东西，因此表现为正确的意识；同时它又表现为某种客观上无视社会发展的东西，表现为不符合社会发展的、没有相应地表现这一发展的东西，因此表现为虚假的意识。将意识与社会整体联系起来，就能认识人们在特定生活状况中可能具有的思想、感情等。所以，卢卡奇认为，阶级意识既不是组成阶级的单个人所思想、所感觉的东西的总和，也不是它们的平均值。作为总体的阶级在历史上的重要行动归根结底就是由阶级意识，而不是由个别人的思想所决定的。这是对社会与个人生成关系的一种辩证理解。

【执行编辑：任帅军】

# 评价论研究

Research on Evaluation Theory

# 论人工智能从事评价活动的不可能性与可能性*

张艳芬**

【摘　要】人工智能在语言上与智能或者说人类智能相关，进而与评价相关。对于图灵测试的质疑使得机器是否具有思维这个问题难以得到令人满意的回答。这是因为，即便机器可以通过图灵测试，语词之于人和之于机器还是有不同的，并且正是这个不同使得人和机器在智能上区分开来。这个不同就是，机器只执行规则，而不理解意义；而智能恰恰要从对于语词意义的理解来加以考虑。意义在解决问题的过程中发展和形成起来，而评价活动正是在解决问题的时候发生的。然而，如果从工具对人的器官的塑造作用出发，那么会发现思维乃是思维的工具即逻辑对大脑进行塑造的结果，而人工智能意味着向来一直塑造大脑的逻辑现在开始塑造机器了。这表明，由以解决问题和发生评价的智能在逻辑工具上与人工智能是一致的。相应地，人工智能从事评价活动的可能性可以从逻辑工具来加以指认。

【关键词】评价；人工智能；语言；意义；逻辑

“人工智能是否可能从事评价活动？”这个问题很大程度上被误解了，即误以为这个问题是要询问人工智能是否可以作为一种技术手段被运用到评价活动之中。然而，如果我们考虑到智能与评价之间的内在关联，那么，这个问题所问的毋宁是，智能与人工智能这两个都被称作智能的东西，彼此之间有什么差异，以及，这个差异如何使得与前者相关的评价问题无关乎或者相关乎后者。而之所以

* 本文为国家社科规划项目"评价活动在微时代的形态及其意义研究"（项目编号：20BZX015）的阶段性成果。
** 张艳芬，上海大学哲学系副教授，研究方向为西方哲学、国外马克思主义、评价论等。

说智能与评价关联，乃是因为评价活动由之而出的主体需要，[①]并不是人的短视的和非理性的欲求，而是理智的欲求。比如，在杜威看来，"如果欲求是有智能的，且目标并非短视的和非理性的，那么评价—命题的**必要性**就得到了证明"[②]。当然，这很大程度上只是给出了切入问题的视角，而真正的讨论还是必须从关于人工智能本身的研究开始。

## 一、规则与意义

关于人工智能的研究，从一开始就走上了一条正确的道路，即从语言入手。当然，走上正确的道路并不意味着事情就变得简单了，恰恰相反，语言甚至引起了更为深刻、激烈而复杂的争论。而我们正是要在这些争论中思考，人工智能是否在语言上与智能或者说人类智能相关，进而与评价相关。

早在图灵那里，关于智能的检验标准就已经是从语言出发来加以设计的了。对于智能的检验以及检验标准之所以作为一个问题或者说一项任务被提出来，是因为"机器能够思维吗？"作为一个问题被提了出来，也就是说，人工智能是否可能的问题逼迫我们去思考智能或者说思维的本性。图灵从这个问题出发并给出了他的方案。正如我们所知，这个方案是他所设想的"模仿游戏"。他说："游戏由三个人来做，一个男人（A），一个女人（B），还有一个提问者（C），性别不限。提问者待在一间与另两人分开的房子里。提问者在游戏中的目标是，确定另外两人中哪一个是男性，哪一个是女性。他以标号 X 和 Y 称呼他们，在游戏结束时，他可能说'X 是 A，Y 是 B'，也可能说'X 是 B，Y 是 A'……现在我们要问的是：'如果在这个游戏中用一台机器代替 A，会出现什么情况？'在这种情况下做游戏时，提问者作出错误判断的次数，和他同一个男人和一个女人做这一游戏时一样多吗？这些问题替代了原来的问题：'机器能够思维吗？'"[③]在图灵

---

① 陈新汉：《权威评价论》，"引论"，上海人民出版社 2006 年，第 3 页。

② John Dewey, "Theory of Valuation", in *The Later Works, 1925—1953*, Volume 13: 1938—1939, Edited by Jo Ann Boydston, with an Introduction by Steven M. Cahn, Carbondale and Edwardsville: Southern Illinois University Press, 1988, pp. 237—238.

③ 图灵：《计算机器与智能》，见［英］玛格丽特·博登编著：《人工智能哲学》，刘西瑞、王汉琦译，上海译文出版社 2001 年，第 56—57 页。

的方案中，那个重要的然而却又几乎无从下手的问题即"机器能够思维吗？"获得了可操作并且可检验的表达方式。这种方式意味着，是否能够思维或者说是否拥有智能，要从外在的可观察的、可量化的结果来看。也就是说，从游戏结果来看，如果提问者面对一台机器和面对一个人所做出的错误判断的次数是一样多的，那么，我们就得考虑，机器是以什么方式做到这一点的，使得提问者同它的游戏显得就像提问者同人的游戏那样？图灵提示我们，机器做到这一点的方式就是它的思维，或者说智能。

如果能够通过图灵测试就表明机器具有智能的话，那么对于我们的讨论而言，事情一下子就变得简单了。然而，事实并非如此，而这恰恰是由于语言的缘故。在图灵测试中，机器以语词来回答提问者的问题；并且，通过测试的标准就是，机器以语词做出的回答和人以语词做出的回答使提问者做出错误判断的次数一样。然而，塞尔发现，即便机器可以通过图灵测试，语词之于人和之于机器还是有不同的，并且正是这个不同使得人和机器在智能上区分开来；而不是，像在图灵的方案中，人与机器由于游戏结果的相同而在智能上一致起来。这个不同就是理解意义，尽管从结果来看，机器以语词所做的事情似乎和人以语词所做的事情是一样的，但是，前者并不理解语词的意义，而后者理解——智能恰恰要从对语词的意义的理解来加以考虑。塞尔在他设计并多次提及的一个思想实验中表明了这一点，他说："假设你被关在一间屋子里，屋内有满满几筐汉语符号，假如你（与我一样）对汉语一字不识，但给你一本用英语写的用来处理这些汉语符号的规则……假设这时又有另外一些汉语符号被送进屋来，你根据相应的规则将汉语符号送出屋外。假如你根本就不知道送进屋来的这些符号就是屋外人的'问题'，你也不知道你送出屋外的那些符号就是所谓'问题的答案'。此外，假设那些程序设计家们善于设计程序，而且你又善于处理符号，这样，你的答案就同一个地道的中国人作出的回答没有什么不同。你被这样关在屋子里，将你的汉字符号移来移去，用送出去的汉字符号回答送进来的汉字符号。按照我描绘的这种情况，你仅仅是摆弄这些形式符号，不可能学到哪怕一丁点儿汉语。"[1] 不难发现，

---

[1] ［美］约翰·塞尔:《心、脑与科学》，杨音莱译，上海译文出版社1991年，第23—24页。

图灵的"模仿游戏"中的机器就如同塞尔设想的这个汉语屋子中的人，后者就像前者执行程序那样摆弄那些汉字符号，而前者就像后者不懂汉字符号那样不懂那些语词。而智能意味着理解语言，即那些按照程序来执行的形式符号，对于执行者来说同时也是有意义的。对此，塞尔通过一个比较给出了进一步的说明："我们再假设，如果你同我一样不懂汉语而懂英语，那么这种不同就是显而易见的。你之所以理解英语的问题，是因为这些问题是用你能理解其意义的符号表达出来的。同样，当你用英语作回答，你也就给出了对你具有意义的符号。而当你用汉语处理问题时，则全然不是这么回事。在这种情况下，你不过是在按照一套计算机程序处理着形式的符号，你不会给任何因素添上任何意义。"① 在这个比较中，英语之所以是一种得到理解的语言，更为根本地不是在于它被用来回答问题，而是在于它是具有意义的符号。

简而言之，塞尔带来的启发是，我们有必要从意义而不是规则以及执行规则的结果出发来考虑机器的思维问题，或者说，人工智能的问题。对此，我们可以继续用塞尔的一个例子出发来考虑。这个例子是这样的："我要重复一遍，计算机只有句法，而没有语义。因此，如果你在计算机上敲入'2 加 2 等于几?'，它就打出'4'，但它根本不知道'4'意味着 4，或是意味着其他任何东西。"② 计算机是通过执行规则或者说句法而在我们敲入"2 加 2 等于几?"时打出"4"的，而不是通过意义或语义。这一点我们刚才已经谈过了。所以，在这里，更为重要的问题是，"2 加 2 等于 4"的意义是什么? 这个问题必须通过回答另一个问题来回答，即"2 加 2 等于 4"的意义是怎么形成的? 之所以这么说是因为，意义就是意义的形成，否则很有可能又落入单纯处理形式符号的规则之中。对于第二个问题，我们来看杜威提供的一个关于计数的例子，他说："人们开始计算和度量事物，就如同开始捣碎和燃烧事物。一样东西，正如常言所道，导致另一样东西。某些方法成功了——不仅在即时实践的意义上，而且在触发兴趣、引起注意、激起改善的尝试的意义上。当今的数理逻辑学家或许会把数学的结构说成是

---

① ［美］约翰·塞尔:《心、脑与科学》，杨音莱译，上海译文出版社 1991 年，第 25 页。

② ［美］约翰·塞尔:《心灵、大脑与程序》，见［英］玛格丽特·博登编著:《人工智能哲学》，刘西瑞、王汉琦译，上海译文出版社 2001 年，第 116 页。

仿佛突然从宙斯的大脑中跳出来那般，而且这个大脑的解剖构造是纯粹逻辑的。但是，尽管如此，这个结构却是长期历史发展的产物……一段基于经验的成功和失败而不断地对材料和方法进行选择和改良的历史。所谓先天规范的数学的结构实际上乃是多年辛苦经验所得的结果。"①杜威这里说的作为长期历史和辛苦经验的产物的计算，为塞尔的例子"2 加 2 等于 4"给出了说明，这就是，这个式子里的加法规则并不是像杜威批评的那样，从宙斯大脑中跳出来的先天规则，而是有着从实践和尝试中发展出来的意义——事实上，这个规则正是源自这个意义。然而，对于计算机而言，它就是这样的先天规则，因为它，就像塞尔说的，"根本不知道'4'意味着4，或是意味着其他任何东西"。当然，更为重要的是，这个形成意义的历史也正是解决问题的历史，正如捣碎和燃烧事物是解决问题那样，诸如加法规则这样的规则也是为了解决问题，并且这个解决问题的规则随着它的成功和失败而得到改善。这样一来，第一个问题也就得到了回答，即"2 加 2 等于 4"的意义就是能够解决问题。而我们知道，评价正是同解决问题有关，比如杜威直接就说"……评价只发生在出问题的时候；需要去除麻烦的时候，需要改善短缺、匮乏或者困顿的时候，需要通过改变既存的条件来解决各种倾向的冲突的时候。"②

进一步地，如果说规则源自意义，而意义是在解决问题的过程中发展和形成起来的，那么，失去了意义的规则及其执行所取得的结果就不意味着问题的解决，就像汉语屋子中的那个人将汉字符号移来移去并不意味着问题的回答——那里根本就没有问题。这意味着，没有意义的或者说没有问题的规则，归根到底也就无法成其为规则。关于这一点，克里普克在讨论维特根斯坦的"遵守规则"悖论时给出的那个例子，即"68 加 57 等于 5"，③可以被看作是对此的一个说明。

---

① John Dewey, "Reconstruction in Philosophy", in *The Middle Works 1899—1924*, Volume 12: 1920, Edited by Jo Ann Boydston, with an Introduction by Ralph Ross, Carbondale and Edwardsville: Southern Illinois University Press, 1982, p. 159.

② John Dewey, "Theory of Valuation", in *The Later Works, 1925—1953*, Volume 13: 1938—1939, Edited by Jo Ann Boydston, with an Introduction by Steven M. Cahn, Carbondale and Edwardsville: Southern Illinois University Press, 1988, p. 221.

③ cf. Saul A. Kripke, *Wittgenstein on Rules and Private Language*, Cambridge: Harvard University Press, 1982, pp. 8—9.

这个例子表明，如果我们愿意对规则做出解释，那么随着"＋"这个规则得到不同的解释，"68 加 57"可以等于不同的数字，以至可以等于任何数字，这样一来，作为规则的"＋"实际上也就被取消了。换句话说，对于规则的这些不同解释使得规则失去了意义并且没有了问题，作为结果，规则不再成为其规则。事实上，维特根斯坦在考虑规则时，恰恰注意到了意义和问题。他举了一个下棋的例子，并说："如果规定在每走一步棋之前要把棋子转三圈……看到某种棋戏有这样的规定，我们准会很惊奇，会琢磨这条规则的目的何在。（'这条规定是要防止随手行棋吧？'）"① 括号里的表述提醒我们，规则是有意义的，是为了解决问题的，这在下棋这件事情中就是，下棋是一件需要深思熟虑的事情，"每走一步棋之前要把棋子转三圈"这条规则的意义就是由此来考虑的，即防止或者说解决不深思熟虑而随手行棋的问题。也就是说，如果说规则是形式，那么意义则是这样的形式由以给出的事情特别是其中的问题，而事情及其问题是处在规则本身无法触及的更为整体性的东西之中。比如，塞尔描述的"在计算机上敲入'2 加 2 等于几？'，它就打出'4'"就是一条计算规则，而杜威则通过描述计算由以产生的事情和背景而道明了计算及其规则的意义。我们可以在塞尔的另一个例子中看到与更为整体的情境联系在一起的意义，这个例子是这样的："人类理解故事的能力具有这样的特点：在回答有关故事的问题时，即使所给信息从未在故事中直接提到，他们也有能力回答。举例来说，假如你听到这样一个故事：'一个人走进一家餐馆，要了一份汉堡包。汉堡包送上来时，已被烤焦，这个人生气地冲出餐馆，没有付账，也没有留下小费。'现在，如果问你：'这个人吃汉堡包了吗？'你会根据推测回答：'不，他没有吃。'"② 如果说对于这里最后的问题"这个人吃汉堡包了吗？"的回答存在着规则，那么这个规则不是外在地或者说形式地运用到这个问题上，而是从这个故事的意义中产生出来的。

故事的意义，正如塞尔所说，远远超出了直接给出的信息，因为它涉及一个整体性的背景或者情境。在其中，这里说的餐馆、汉堡包、烤焦、生气等都是有

---

① ［奥］维特根斯坦：《哲学研究》，陈嘉映译，上海人民出版社 2005 年，第 179 页。

② ［美］约翰·塞尔：《心灵、大脑与程序》，见［英］玛格丽特·博登编著：《人工智能哲学》，刘西瑞、王汉琦译，上海译文出版社 2001 年，第 93 页。

意义的，并且形成了意义整体，这意味着它们不是简单地由规则所连接起来。这在塞尔后面的分析中就是"理解英文的子系统（假定我们可以暂时使用'子系统'这个行话来谈论）知道那些故事是关于餐馆和吃汉堡包的，也知道自己正在接受关于餐馆的提问，并且正在根据故事的内容做各种推理，尽力而为地回答问题，等等。但是中文系统对此一无所知。英文系统知道'汉堡包'表示汉堡包，而中文子系统只知道'甲'的后面是'乙'"①。而意义之所以是整体，乃是因为有待解决的问题是整体，这不仅是指，在这里，餐馆作为故事的背景关联于意义整体，而且是指这整个的故事本身置于更大的背景之中，比如餐馆之于消费系统，汉堡包之于解除饥饿。并且，更为重要的是，这样的意义整体或者说问题整体先于在某一物、某一事上所表达的意义和问题。

## 二、判断情境与发现问题

如果是这样的话，那么，问题就不是直接给予我们的东西，而是我们在情境中发现的东西。相应地，意义就是我们在解决我们所发现的问题的过程中形成的。这意味着，我们首先要对我们置身于其中的情境做出选择和判断，以便发现问题。这样的选择和判断既然是先于意义的，那么就更是先于规则的。当然，就我们一直密切结合评价于其中得以发生的解决问题、去除麻烦来展开讨论而言，这里的必须对之做出选择和判断的情境，无疑最为显著地指向道德情境。比如，杜威说："道德情境是我们在采取公开行动之前需要加以判断和选择的情境。情境的实际意义——即，为了满足它所需采取的行动——并非是自明的。它是必须加以寻找的。存在着彼此冲突的欲求和貌似互不相容的善。需要做的事情是找到正确的行动路线，正确的善。因此，探究是必须的……这个探究就是智能。"② 智能作为探究，之所以首先要做的事情是判断和选择情境，是因为直接给予我们的

① ［美］约翰·塞尔：《心灵、大脑与程序》，见［英］玛格丽特·博登编著：《人工智能哲学》，刘西瑞、王汉琦译，上海译文出版社 2001 年，第 100 页。

② John Dewey, "Reconstruction in Philosophy", in *The Middle Works 1899—1924*, Volume 12: 1920, Edited by Jo Ann Boydston, with an Introduction by Ralph Ross, Carbondale and Edwardsville: Southern Illinois University Press, 1982, p. 173.

情境充满着冲突与不容，以致它的实际意义，即实际需要解决的问题，并非自明的，而是需要寻找或者说发现的。

与此同时，如果我们考虑到这个寻找情境实际意义的探究，就其为智能活动而言，又总是表现为一定的意识和心理的状态，那么我们会发现，这样的意识和心理的状态同样也并非自明的，而是同样有待判断和选择。后者的重要性在于，它更为明确地提醒我们，即便是某些看起来一样的情境，实际上也是不同的，也就是说，需要我们做出判断和选择即重新思考它。这一点在詹姆斯那里得到了这样的指出："我们的心理状态从来也不是完全一样的，这一点明显而且清楚。严格地说，我们关于一个给定事实的每一个思想，都是独一无二的，它与我们关于这同一个事实的其他思想，只是在性质上有类同之处。当同一个事实再次发生时，我们必须以一种全新的方式思考它，以多少有些不同的角度来看它，在与上次它出现于其中的不同的关系中理解它。而我们由以认识它的思想，是关于处于这些关系之中的它（it—in—those—relations）的思想，这思想充满着关于那整个模糊语境的意识。"① 可以说，这里提到的关系背景正是前面讨论的情境，只不过，现在它是从另一个角度即心理状态的角度来讨论的。就此而言，詹姆斯的想法其实为前面杜威所说的判断情境给出了一个补充，这就是，当我们像杜威所说的那样，去从事"观察情境的详细组成"之类的探究工作时，还需要注意到，这样的探究之所以成为可能很大程度上在于智能或者说思想本身总是重新工作。从这一点出发，我们也能更好地理解前面所讨论的规则与意义的不同，即，规则就其为某种被设计出来的程序而言总是重复运作，而意义就其出于情境的判断和选择而言总是重新生成。

接下来的问题是，这样的意义是如何随着思想的重新工作而重新生成的？这个问题差不多等于，杜威所说的探究是如何随着思想的重新工作来判断情境的？对此，詹姆斯是这么考虑的。他说："在思想时，它总是对其对象的一个部分比对另一个部分更感兴趣，并且始终在迎接和排斥，或者说选择。"② 不难发现，詹姆斯这里说的思想或者说意识的工作，与前面杜威讲的判断环境形成了一种呼

---

① ［美］威廉·詹姆斯:《心理学原理》上卷，田平译，中国城市出版社2010年，第151页。
② ［美］威廉·詹姆斯:《心理学原理》上卷，田平译，中国城市出版社2010年，第178页。

应，这就是，它们都跟选择有关系，只不过一个更多的是从内在的方面来考虑的，另一个更多的是外在的方面来考虑的。那么，这样的迎接、排斥或者选择是怎么做出的？詹姆斯首先从我们的感觉器官入手，他说："让我们从最基本之处开始，我们的感官自身不是选择器官又是什么呢？在运动（物理学告诉我们外部世界就是由此组成的）的无限混乱之中，每一个感觉器官都挑选出某种速度范围之内的运动。它对这些运动做出反应，却完全忽略其他运动，就好像它们根本不存在一样。"[①] 也就是说，当我们去感觉某样东西或者某个情境的时候，就已经对对象做出了选择，即选择了对象可以被我们感觉的方面，而忽略了对象无法被我们感觉的方面。尽管由我们的感觉器官选择所得到的对象并不是对象本身，但是唯其如此，它才是我们的对象，即对于我们来说有意义的对象，或者说，与解决问题和去除麻烦有关的对象。

当然，感觉只是基本的，更为重要的东西是我们一直讨论的思想或者说智能，后者对前者所选择的东西进行再次选择。詹姆斯说："心灵再次进行选择。它选择某些感觉来*最真实地*表征那个事物，并且将其他感觉看作是那个事物为那一时刻的条件所改变的现象……心灵选择了自己做主，它决定将哪种特殊感觉看得比所有其他感觉更为真实有效。因此知觉涉及双重选择。在所有当下的感觉中，我们主要注意能够对未出现的感觉有所表明的东西；在这些感觉所提示的所有未出现的联系中，我们又挑选出非常少的一些，来表示典型的客观实在。我们没有比这更精美的选择活动的例子了。"[②] 较之前面说的感觉的选择来说，心灵的选择无疑是更为自主的，它不仅注意到了所选择的东西，而且注意到了所选择的东西与未出现的东西的联系——事实上，正是后者决定了前者。这意味着，那些未出现的或者说不在场东西与这些出现的东西一起构成了得到判断的情境。这一点，要是考虑到心灵的这种选择中未出现的感觉和联系与前面塞尔的那个汉堡包例子中未直接提到的信息之间存在着某种呼应，就更清楚了。最后，对于心灵的选择，詹姆斯得出结论说："我们看到，心灵在每个阶段都是一个同时存在多种可能性的剧场。意识就表现为将这些可能性相互比较，通过注意力的强化和抑制

---

① ［美］威廉·詹姆斯：《心理学原理》上卷，田平译，中国城市出版社 2010 年，第 179 页。

② ［美］威廉·詹姆斯：《心理学原理》上卷，田平译，中国城市出版社 2010 年，第 180 页。

作用，选择一些可能性，抑制其他可能性……总之，心灵致力于它接收的资料，非常像一个雕塑家致力于他的石块。在某种意义上，雕像永恒地矗立在那里。但是，除了它之外还有上千个不同的雕像，这尊雕像能够从其他雕像中脱颖而出，这只能归功于雕塑家。"①可以看出，不管在哪个阶段，这样的选择都旨在通过注意力的强化和抑制使得某些可能性呈现出来并成为实际的东西，就像某一个可能的雕像从石块里上千个不同的可能的雕像中脱颖而出——这里说的上千个不同的雕像正是杜威说的彼此冲突和互不相容。同样地，判断情境正是使得情境的实际意义从上千种不同的可能性中脱颖而出，而这个脱颖而出的意义正是我们的注意力强化并集中于其上的问题。

那么，更为具体的，对于我们这里讨论的道德情境的判断和选择，詹姆斯所说的心灵的选择是怎么展开的呢？我们注意到，詹姆斯在得出他的结论之前，对心灵的选择的四个阶段即经验、理性、审美、伦理分别展开了分析，并将伦理的阶段视为最高的阶段。他这样说道："进一步上升，我们就到达了伦理学的高度，在这里，众所周知，选择是最高的统治。只有当一个行动是从一些具有同等可能性的行动中选择出来的时候，这个行为才有伦理的性质……典型的伦理力量必须走得更远，必须要在一些具有同等强制性的兴趣中，选择出哪个兴趣将要成为至高的。这里讨论的是一个最为意义深长的问题，因为它决定着一个人的整个生涯。"②在伦理阶段，詹姆斯说的心灵的自己做主得到了根本的阐明。之所以这么说是因为，在这里真正的选择得到了阐明。在之前阶段的选择中，可以说，注意力的强化关联于那些更能引起兴趣的东西，而抑制则关联于与之相反的东西。而在伦理阶段，面对同等可能性的行为及其背后的具有同等强制性的兴趣，必须选择其中的某个兴趣作为更高的兴趣，以便根据这个选择所得到的更高兴趣来做出选择。也就是说，在这个阶段，必须选择决定选择的东西。这样的选择，就其没有已然存在的兴趣的等级差别可作依循而言，必须是自主的选择——在这个意义上，它是真正的选择。这样的真正的选择，如詹姆斯所说，成为了最高的统治，因为它不是选择别的东西，而是选择"一个人的整个生涯"。这回过头来为杜威

①② ［美］威廉·詹姆斯：《心理学原理》上卷，田平译，中国城市出版社2010年，第181页。

说的道德情境的判断和选择给出了进一步的说明。这就是，那些"彼此冲突的欲求和貌似互不相容的善"正是有着这里所说的同等的可能性和强制性，因此，必须选择以便找到"正确的善"。但是，就这里的同等性而言，并没有什么"正确的善"现成地存在在那里等待着我们去选择，恰恰相反，我们的或者说心灵自己做主的选择决定了什么是"正确的善"，并进而决定了从这个"正确的善"出发的选择；这整个的选择过程就是做出选择的人的成长的过程，即杜威说的"成长本身才是唯一的道德'目的'"①——这句话正与詹姆斯关于伦理阶段说的"一个人的整个生涯"形成了呼应。只不过在杜威那里，这个选择的过程更为明确地被指认为智能的探究过程。

到这里，机器或者说人工智能似乎正在远离我们关心的评价问题，因为它不仅像塞尔指出的那样，不具有像人的大脑那样可以理解意义的智能，而且根据詹姆斯的心理学，也似乎并不具有对哪怕同一个事实做出重新思考的心理状态。然而，如果我们从另一个角度来对前面讨论的解决问题、去除麻烦做出思考的话，就会发现事情并不这么简单。这是因为，无论是詹姆斯说的心灵所致力于接收的资料，还是杜威说的要对之加以判断和选择的情境，都不是直接被给予我们的，而是通过某种中介。这个中介一直是工具，而现在它更多的是机器，特别是智能机器或者说人工智能。

## 三、工具的塑造作用

人往往并不直接地而总是通过技术包括归诸技术的工具来与对象发生关系，这几乎已经成为一个不被怀疑的事实。麦克卢汉甚至认为，我们的器官、肢体乃至大脑在技术及其工具上获得了延伸。然而，问题的另一个方面是，技术和工具反过来重塑了我们的器官、肢体乃至大脑。甚至不能说是重塑，因为我们，就我们是人而言，我们的器官、肢体和大脑从一开始就是被技术和工具塑造的。只不

---

① John Dewey, "Reconstruction in Philosophy", in *The Middle Works 1899—1924*, Volume 12: 1920, Edited by Jo Ann Boydston, with an Introduction by Ralph Ross, Carbondale and Edwardsville: Southern Illinois University Press, 1982, p. 181.

过，我们容易忽视这一点，而是更多地像麦克卢汉那样考虑。但是现在，人工智能使得这一点无法被忽视了。这主要不是指它可以像人脑一样甚或比人脑更好地执行智能工作，而是指，它把人脑塑造得适应于它。而人工智能，恐怕也正是可以在人的智能适应于它的意义上成为人的智能。

当然，对此我们有必要展开更为详细的考察。我们可能非常熟悉恩格斯的一句话，即"首先是劳动，然后是语言和劳动一起，成了两个最主要的推动力，在它们的影响下，猿脑就逐渐地过渡到人脑……"①。劳动，在恩格斯的追溯中，乃是与工具联系在一起的，确切地说，首先是与持有工具的手联系在一起。这种联系不仅是指手持工具的劳动者以工具来塑造他的对象，而且是指工具以它的这种被持在手的劳动来塑造劳动者的手。而手的塑造又从来不仅仅是手这一器官本身的塑造，它意味着整个机体的塑造，尤其意味着大脑的塑造。对于这个过程，恩格斯是这么说的："……人用手把第一块石头做成石刀……具有决定意义的一步迈出了：手变得自由了，并能不断掌握新的技能……所以，手不仅是劳动的器官，它还是劳动的产物……但是手并不是单独存在的。它只是整个具有极其复杂的结构的机体的一个肢体。凡是有益于手的，也有益于手所服务的整个身体，而且这是以二重的方式发生的。"② 手把第一块石头做成石刀之所以是具有决定意义的一步，不仅是因为对象从此可以在石刀这一工具之下得到塑造，而且是因为手从此可以在石刀这一工具的使用中得到塑造。而手的自由正是在于这一点，即它可以得到塑造；反过来，无法得到塑造的东西是不自由的，因为它总是被它的既定状态束缚着。进一步地，尽管手只是"整个具有极其复杂的结构的机体"一个部分，但是劳动使得它成为这个机体的极为重要的一个部分。这种重要性在于，工具在劳动中对它进行塑造进而发展为对整个机体进行塑造，因为"手并不是单独存在的"。这一点，如果我们考虑到恩格斯说的使"猿脑就逐渐地过渡到人脑"的另一个推动力即语言也正是从劳动来的，那么就更清楚了。对此，恩格斯是这么说的："……劳动的发展必然促使社会成员更紧密地互相结合起来……一句话，这些正在生成中的人，已经达到彼此间不得不说些什么的地步了。需要也就造成

---

① 《马克思恩格斯选集》第3卷，人民出版社2012年，第992页。

② 《马克思恩格斯选集》第3卷，人民出版社2012年，第990页。

了自己的器官：猿类的不发达的喉头，由于音调的抑扬顿挫的不断加多，缓慢地然而肯定无疑地得到改造，而口部的器官也逐渐学会发出一个接一个的清晰的音节。语言是从劳动中并和劳动一起产生出来的……"①恩格斯这里所透露的关于语言起源的思考，很大程度上印证了我们前面的考虑，即语言不在于摆弄形式符号，而在于解决问题；另外，这个问题也不是外在的，而是随着人的生成而生成的。

如果是这样的话，即如果说人的生成或者说塑造是从劳动工具对手的塑造开始的，那么人的大脑的塑造就是第二性的。斯蒂格勒明确地指出了这一点，对此，他像恩格斯那样从追溯到直立姿态行走来做出阐释："……'大脑的发展从某种意义上说是第二性的'。直立的姿态决定了上半身两个极点间的关系的新型机制：手从爬行的功能中解放出来，面部从攫取的功能中解放出来。手必不可免地要制造工具——可代换的器官，手中的工具必不可免地要导致面部语言的产生。诚然，大脑在这一层关系中自有其作用，但并不是决定性的作用：它仅仅是整个身体机制中的一个部分，尽管这个机制的进化导致大脑皮层的形成。"②也就是说，随着脚这个器官的改变即变为直立行走，整个机体获得了改变或者说塑造的机制。而这首先就是手和面部：前者摆脱爬行和制造工具，导致了后者摆脱攫取和产生语言。如果考虑到爬行与攫取乃是以给定之物为对象的，那么可以说，这样的改变和塑造的实质就是，手和面部或者说语言以非给定之物为自己的对象。简单来说，这里发生的事情就是，"'双脚行走'带来了一系列和技术密切相关的变化……两手做事——即变爪为手——就意味着操作，而被手操作的就是工具或器具，手之为手就在于它打开了技艺、人为、技术之门"③。不过，斯蒂格勒并没有止步于这个结论。他试图从中发掘更为根本性的东西，而这就是我们前面提到的，工具对人的塑造或者说发明。他是这样说的："……由此，人类的出现实际上就是技术的出现……在勒鲁瓦—古兰看来，工具——即技术——发明了人，而非相反，人发明工具。换言之：人在发明工具的同时在技术中自我发明——自我

---

① 《马克思恩格斯选集》第3卷，人民出版社2012年，第991页。
② ［法］贝尔纳·斯蒂格勒：《技术与时间：1. 爱比米修斯的过失》，裴程译，译林出版社2022年，第156—157页。
③ ［法］贝尔纳·斯蒂格勒：《技术与时间：1. 爱比米修斯的过失》，裴程译，译林出版社2022年，第122页。

实现技术化的'外在化'。因此，人就是'发明者'：由内向外的外在化运动是不存在的。尽管如此，这个'外在化'的运动却发明了内在，所以内在不可能先于外在而存在。内在和外在都在同一个运动中构成，这个运动同时发明了内在和外在两个方面……内在和外在是同一的，在内也即在外，因为人（内在）本质上是由工具（外在）确定的。"① 在这里，斯蒂格勒明确表达了这个想法，即工具发明了人，人由工具所确定。

由此，我们对大脑也就获得了一种思考。这就是，如果说人本质上是由工具确定的，那么，正如手以适应于对它有所确定的工具来劳动那样，大脑以适应于对它有所确定的工具来思考。这一点不会因为大脑以及它适应于其工具的思维——较之于手以及它适应于其工具的操作，或者，眼睛以及它适应于其眼镜的视看来说——看起来更多的是内在的而有所不同。事实上，这一点也正是斯蒂格勒那段引文着力澄清的东西，即，如果说大脑的思维是内在的，那么恰恰是外在化的运动发明了这个内在。这一点，某种意义上可以说，已经在恩格斯说的促使猿脑向人脑逐渐过渡的劳动和语言上得到了体现。不过，否认内在先于外在，不等于承认外在先于内在，而是说，它们互为表里地处在同一个运动之中，或者正如斯蒂格勒说的"内在和外在是同一的，在内也即在外"。较之于这个内在和外在的问题，另一个与之相关的问题可能更为重要，这就是，对大脑有所确定而大脑又适应于其的工具究竟是什么呢？如果考虑到大脑的工作是思维，那么这个问题可能至少从亚里士多德开始就已经得到了回答——亚里士多德的《工具论》中所讨论的逻辑，正可以被看作是思维的工具。当然，正如劳动的工具不是天然被给定的，思维的工具也不是天然被给定的。这不仅是指，这些工具本身不是固定不变的，比如后来的培根在《新工具》中做出与亚里士多德很不同的表述；而且是指，工具的制造和这个被制造的工具对人的塑造或者说确定，是在发现和解决问题的过程中展开的。这一点在杜威那里得到了较为明确的说明。杜威是从思维入手来考虑逻辑的问题。他首先指出，思维是由困难所引起的，具体来说就是"思维的**起源**表明，逻辑学是对经验进行智能指导的一种方法……人们，在

---

① ［法］贝尔纳·斯蒂格勒：《技术与时间：1. 爱比米修斯的过失》，裴程译，译林出版社 2022 年，第 153 页。

他们的自然状态中，当他们没有麻烦需要对付、没有困难需要克服时，是不会去思维……人们，当他们陷于困难时的行动是被权威所命令时，往往也不会去思维……只有当思维是必要的或紧急的出路时，只有当思维是被指出的通向解决的道路时，困难才引起思维"①。也就是说，当人们在经验中面对困难并且必须自己去克服时，就需要运用思维去分析、发现和解决其中的问题，而这样的思维遵循或者说必须遵循逻辑。之所以如此是因为，也就是杜威指出的另一点，逻辑是系统有效的思维。他说："如果思维是审慎的经验重组得到确保的方式，那么逻辑就是思维进程的一种明朗化和系统化的表达方式，从而使得所欲求的改造可以更为经济地和有效地进行。"② 这两点，大致可以被视为是对逻辑为何以及如何是思维的工具的说明。

到这里，如果我们把以上关于思维的讨论与前面图灵的问题"机器能够思维吗？"结合起来，或许事情就比较清楚了。这就是，无论机器是能还是——像塞尔认为的那样——不能思维或者说具有强人工智能，有一件事情是确定的，即大脑是以适应于逻辑这一对它有所确定的工具来思维的。这意味着，一方面，逻辑是大脑在思维活动中所发展和形成的；另一方面，逻辑作为思维的工具又对大脑进行了塑造。套用恩格斯的句式就是，大脑不仅是思维的器官，它还是思维的产物。只不过，一直以来，与各种各样劳动工具对手的塑造不同，逻辑对大脑的塑造是内在的——前者的外在性既表现在工具本身方面，也表现在可在解剖学上得到证实的肌肉、韧带和骨骼方面，而后者在这两方面似乎都极其不充分。并且，当这样的内在表现为外在时，我们也无法根据这样的外在即——用维特根斯坦的话来说——语言界线内的思维③ 来辨析逻辑对大脑的塑造。而现在，人工智能技

---

① John Dewey, "Reconstruction in Philosophy", in *The Middle Works 1899—1924*, Volume 12: 1920, Edited by Jo Ann Boydston, with an Introduction by Ralph Ross, Carbondale and Edwardsville: Southern Illinois University Press, 1982, pp. 159—160.

② John Dewey, "Reconstruction in Philosophy", in *The Middle Works 1899—1924*, Volume 12: 1920, Edited by Jo Ann Boydston, with an Introduction by Ralph Ross, Carbondale and Edwardsville: Southern Illinois University Press, 1982, p. 157.

③ 维特根斯坦说："……要划定思维的界线，我必须能从这个界线的两方面来思考（因此我们必须能够思考不能思考的事情）。因此，这种界线只能在语言中划分，而在界线那一方面的事情，就简直是毫无意思的。"（[奥] 维特根斯坦：《逻辑哲学论》，郭英译，商务印书馆 1985 年，第 20 页）

术使得这种情况发生了根本的改变，即自古以来一直塑造大脑的逻辑现在开始塑造机器了。这样的塑造使得这种机器与其他的工具似乎产生了很大的不同，并使我们产生了困扰，因为就其为工具而言它又反过来，如前所述，把人的大脑塑造得适应于它。不过，无论如何，如果考虑到塑造机器或者人工智能的与塑造大脑的乃是同一个东西，那么我们或许正是可以从这个进行塑造的工具来指认人工智能从事评价活动的可能性。

【执行编辑：任帅军】

# 文化与价值研究

Research on Culture and Value

# 人类社会现代化的历史命运与
# 中国生活世界的历史重建[*]

鹿　林[**]

【摘　要】现代化是人类社会发展不可逆转的历史趋势，是任何民族、国家和个人无法回避的历史命运。"现代化"虽然脱胎于年代学，但本质上是一个历史文化价值概念。从任何生活世界本质上都是一定的生活主体——人历史地形成和建构的生存世界来说，现代化意味着作为主体的人拥有了超越启蒙理性的完善、成熟的理性，实现了以生产力迅速提高为标志的经济、政治、社会、文化的全面发展，达到了生活世界的规范、制度和秩序的完善与合理，确立了自身在生活世界里的主体地位，享有了自由权能，实现了身心和谐与心灵自由。任何民族、国家或个人要想实现现代化，必须牢固确立自己的主体地位，着眼于自身生活世界重建的历史使命，走自己的现代化道路。中国实现现代化实质上意味着中国生活世界的历史重建，中国人民和中华民族作为自身生活世界的主体、主人，必须而且只能走中国式现代化道路。对中国人民和中华民族来说，现代化依然是一项未完成的历史任务。

【关键词】现代化；生活世界；中国式现代化

---

* 本文为 2024 年度河南省高校人文社会科学研究一般项目"中华优秀传统文化与科学社会主义核心价值观主张的高度契合性研究"（项目编号：2024-ZDJH-732）的阶段性成果、河南农业大学马克思主义学院 2022 年度科研创新团队项目"新时代公民道德建设背景下中华优秀传统伦理道德创造性转化研究"（项目编号：KYTD 2022-K04）的阶段性成果。

** 鹿林，河南农业大学马克思主义学院副教授，研究方向为马克思主义哲学、文化与价值。

现代化成为人类社会发展不可逆转的历史趋势，是任何民族、国家或个人都无法彻底回避的客观遭遇，也是必须选择的发展道路。可以说，无论哪一个民族、国家或者个人，只要客观地存在于这个地球上，就不可避免地会被抛入人类社会历史现代化的洪流之中，就会被现代化的浪潮卷入各种复杂的现代问题之中。诚如赵汀阳所说："人们能够批判现代性，但是无法回避现代化，因为现代化已经物化为存在的命运。关于现代的批判与其说是对历史的重述，还不如说是关于未来可能生活的想象。"[1] 这说明，任何民族、国家或者个人，都必须自觉地立足于世界历史发展的高度，突破地域或自身的局限性看待现代化，正确地理解和把握自身在人类现代化历史发展洪流中的命运，更加自觉地选择最适合自己的现代化道路。从生活世界重建的角度来说，中国正经历着从传统生活世界向现代生活世界的历史转变，现代化是中国人民和中华民族重建自身生活世界不可推卸的根本任务，而中国式现代化是中国实现现代化的必由之路。

## 一、生活世界重建中的现代与现代化概念

究竟什么是现代化？现代化是否一定比传统优越，因而注定是划分先进与落后、文明与野蛮、开放与封闭的标志？现代化是否就是经济现代化、工业化、都市化、世俗化，甚至以欧美为典范、标准或取向的西方化？可以说，凡是涉及现代化研究的学者无不就这些问题进行过认真的思考与梳理。只有澄清概念，把握了问题的精神实质，才能展开有效的研究，才能形成比较合理的推断和结论。这一点已经成为学者们的共识。

就目前而言，尽管学者们在一些问题上还存在着分歧，但也在一定程度上澄清了一些问题。例如，"现代"是相对"传统"而言的，它绝非一个年代学意义上的概念，而是一个历史文化价值概念。作为这样的概念，"现代"实际上涵盖着"近代""现代""当代"等年代学概念，而且注定持续地延展到未来的某个节

---

① 赵汀阳：《从中国经验到中国理念》，赵汀阳主编，《现代性与中国》，广东教育出版社 2000 年，第 1 页。

点才有望结束；"现代化"本质上是一个动词，关键在于"化"，即它是一种社会形态演化的过程，是传统社会向现代社会的演化或转化；"现代化"往往意味着改变传统，实现创新，但"新的"却不一定比"传统的"更好或更优越；"现代化"虽然从某种程度上能够划分先进与落后、文明与野蛮、开放与封闭，但实际情形往往非常复杂，无法用单一的线性思维进行评判，它既不是命定的，也不是直线式的进化；经济现代化、工业化、都市化、世俗化无疑是迄今为止西方欧美国家现代化的主要表现，但并不意味着它们就是现代化的必然趋势或目的论归宿。尤其是，欧美率先实现了现代化，但现代化实际上存在着多种可能道路，并不等于欧美化或西化，或者说，欧美发达国家现代化模式并不是广大第三世界发展中国家实现现代化必须参照的范式或最终归宿。每一个民族、国家完全可以根据自己的情况、历史和条件，自主选择最适合自己的现代化道路。自 2008 年以来，北美西欧国家陷入严重的金融、经济危机，至今难以恢复元气，它们的发展模式和发展道路并非无懈可击，曾经取得的成功和自豪如今不堪自夸，更难以普遍适用于全世界。

客观而言，由于"现代"一词毕竟是脱胎于年代学意义上的概念，再加上各个民族、国家在自己的历史发展过程中存在着不同的时代界定或历史分期，各自的历史、国情、发展目标和任务千差万别，"现代"及"现代化"造成的思想混乱和理论分歧不会在短时间内消除。但对上述问题的澄清，为人们进一步深入探讨现代化问题，更好地实现现代化，规避西方欧美现代化过程出现的弊病，即各种现代性问题，提供了必要的基础。

事实上，作为一个历史文化价值概念，"现代"理应蕴涵着以下内容：

第一，完善、成熟的理性。尽管"理性"或"启蒙理性""纯粹理性""实证理性""工具理性"受到了后现代主义者的诟病和猛烈的批判，但"现代"社会本质上就是由理性开启的。毋庸置疑，后现代主义者对理性的诟病和批判起到纠偏作用，只可能更好地促进理性的发展、完善和成熟，消除启蒙理性、纯粹理性、实证理性或工具理性造成的偏颇和弊病。相反，绝不能因为看到启蒙理性存在问题就全面地否定和拒绝。吉登斯指出："由于生态方面的危机，对科学产生敌对态度，甚至进一步对其他的理性思想也采取敌视的态度。这种态度显然是不可取的。"①区别于启蒙理性，真正完善和成熟的理性，只可能是有限的、相对的理性，是充分考虑和尊重主客体间相互关系、主体间关系的辩证理性、实践理性、生活理性。它不再将客体绝对化，而是在主体、客体相互作用的过程中动态地理解和把握客体，不再将他人排斥开来作抽象的思辨，而是基于与他人的生活实践和社会交往而具体地分析和解决现实生活问题。进而，以它为基础的任何科学，不再是脱离人的生存、生活和发展的客观需要而对客观事物或客体作所谓纯粹客观描述的实证科学；相反，它彰显着人文关怀，蕴涵着丰富的人文精神。与此相应，技术也不再以控制和驾驭客体或世界为目的，而是侧重于如何规范和协调人与客体或世界之间的关系，以实现整个生活世界的自由和谐。

第二，以生产力迅速提高为标志的经济、政治、社会、文化的全面发展。尽管近代意义上的科学、知识和技术存在着理念上的偏差，造成现代社会不同的问题，其在改造生产工具，解决和发展生产力方面所做出的巨大贡献依然不容低估。创造现实生活世界基础的物质生产，永远是影响和支配人类其他一切活动的根本性活动，其中生产力的解放和发展具有决定意义。只有不断地解放和发展生产力，才能彻底改变和改善人类的生存状况。因此，在科学技术创新发展基础上的生产力发展、经济发展是整个生活世界发展的引擎。现代化首先表现为科学技术现代化，正是科学技术现代化带动了生产的现代化，如工业化、信息化、数字化，而经济现代化、政治现代化、社会现代化、文化现代化等则是其逻辑的必然展开。总之，现代化以科学技术现代化以及经济现代化为先导，但绝不仅仅局限于此，特别是不局限于经济现代化，它是一个涵盖整个生活世界各个领域的整体性质变过程。

第三，生活世界的规范、制度和秩序的合理与完善。当前人类面对的现代社会存在着诸多的矛盾、冲突和混乱，甚至还产生了威胁着整个人类生存和发展安全的灾难性危机，无疑说明人类所塑造的社会伦理道德规范、制度和秩序的确存在着严重的问题和隐患。但由此就武断地抵制和否定任何规范、制度和秩序，无疑又走向了另一个极端。鲍曼强调："假如说，自由（Freiheit）被早期现代对秩

---

① ［英］安东尼·吉登斯：《失控的世界》，周红云译，江西人民出版社 2001 年，第 31 页。

序的稳定、安全和确定的探寻搞得不堪一击，那么，安全（Sicherheit）是个人自由的晚期现代进程的主要牺牲品。"① 客观而言，追求高效率、高效益的现代社会生产管理制度、社会管理制度、行政管理制度等，最初的目的无可厚非。但它们之所以最终演变成了备受指摘的科层制，造成一系列的社会弊病或新问题，归根结底在于规范、制度或秩序的设计忽视了真正的人性关怀，违反了规范、制度和秩序最终为人服务的宗旨。因此，随着现代化的日益合理化，人类对生活世界规范、制度和秩序的设计将不再仅仅关注经济上的高效率、高效益。人们将在注重效率、效益的同时真正地关心人的生存、生活和发展，以更好地实现人与自然、人与社会、人与人以及人与自身等一切生活关系的自由和谐。

第四，人的主体地位的确立与自由权能的实现。现代化有多种多样的典型特征或表现，但最能彰显现代精神或体现现代化实质的恰恰是人的现代化。对于人的现代化，学者们亦有不同的理解，如思想开放能够与时俱进，乐于接触、接受新事物、新思想、新观念、新生活方式；能够尊重不同意见和看法；善于学习新知识、新技术，能够顺应时代发展潮流等，都被认为是现代人必须具备的品质，但无疑这些都是外在的。实际上，作为一个现代人，最为核心的品质理应是拥有主体地位和自由权能。实现现代化的主体毕竟是现实的人，没有人的现代化不仅不可能，而且无法想象。人要想实现现代化，就必须拥有自己的主体地位和自由权能。这意味着，在任何情况下，人都应当成为自己生活的真正主体、主人，能够根据自己的生存、生活和发展的客观需要规划自己的前程，牢牢地把握和驾驭自己的命运，能够自觉地、积极地、主动地创造、壮大和提升自己。特别是，人能够主动地为自己的前途和命运承担风险和责任，实现责、权、利的统一。为此，人必须打破各种生活关系的束缚，抛弃各种制度枷锁、精神枷锁。无论宗教意义上的神或上帝，还是宗法意义上的最高统治者、氏族首领或家长族长，都必须在理性批判的基础上予以扬弃。人要确立起真正理性意义上的精神信仰、自由信仰。人只有超越了血缘关系、地缘关系、宗法关系、金钱关系等一切关系的束缚，才能真正地成为自身生活世界里的主体、主人。当然，作为实现现代化的主

---

① ［英］齐格蒙特·鲍曼：《全球化——人类的后果》，郭国良、徐建华译，商务印书馆2001年，第114页。

体的现实的人，实际上存在着不同的层次，民族、国家、地区或个人，都是其具体的表现。一般而言，国家常常被视为现代化的主体，然而事实上，民族、国家、个人都理应是现代化的主体，而且在一定意义上，"地区"也可以视为以地缘为纽带的特殊人群。因此，对于每个民族、每个国家、每个地区来说，现代化意味着它们都能够拥有自己的主体地位，完全按照自己的历史、现实自主地实现自己的现代化，有权力和资格选择适合自己的现代化道路。它们能够自觉地担当起民族、国家、地区发展的历史责任，推动民族、国家、地区融入整个人类历史发展的洪流，使自身历史转变为世界历史。对个人而言，任何人都能够彻底地摆脱血缘关系、地缘关系、宗法关系、金钱关系等一切关系的束缚，真正地成为世界历史性的个人。

第五，人的身心和谐与心灵自由。客观而言，西方欧美国家所实现的现代化只是有限的或狭隘意义上的现代化。它旨在征服自然，旨在极大地促进经济增长，旨在追逐外在物质财富和物质享受，而忽视了人自身的身心和谐，致使人缺失了心灵自由。弗洛姆曾说："现代社会结构在两个方面同时影响了人。它使人越来越独立自主、富有批判精神，同时又使他越来越孤立、孤独、恐惧。"[1]如果现代化最终忽视了人的身心和谐，取消了心灵自由，它注定根本上迷失了方向。事实上，现代化的根本宗旨理应是为人的自由全面发展奠定必要而坚实的物质基础，使人有能力彻底地从各种束缚人的生活关系中解放出来，特别是使人能够回归自身，实现身心的和谐与心灵的自由。心灵自由的人是理性成熟的人，他不仅能够在生活实践基础上全面、正确地认识和把握自然客体，塑造人与自然之间的和谐关系，而且能够通过广泛而丰富的社会实践正确地认识社会和他人，塑造人与社会、人与他人、人与自身之间的和谐关系。归根结底，身心的和谐与心灵的自由，是现代人理应具有的品质或特征。

事实上，无论承认与否，现代化是整个人类社会发展不可遏制的历史发展趋势；也无论自觉与否，现代化的历史洪流终将推动整个人类社会不断向前发展。当今人类生活世界实际上是前现代社会、现代社会与后现代社会交错并存的社

---

[1] ［美］弗洛姆：《逃避自由》，刘林海译，上海译文出版社 2015 年，第 69 页。

会，全球各个民族、国家和地区存在着极大的差别，不同民族、国家和地区（更不要说个人）存在着鲜明的多样性特征。因此，现代化注定对不同的民族、国家或地区具有根本不同的意义。对于处于后现代状态的发达资本主义国家而言，现代化已成事实，它们不存在走什么样现代化道路的问题；相反，它们需要考虑的则是如何解决由现代化导致的各种现代性社会问题。对于处于现代化道路上的发展中民族、国家或地区而言，究竟选择走什么样的现代化道路，如何应对现代化过程中的各种困难和风险，尽可能地避免和减少发达国家在现代化过程中遇到的困难和问题，则是它们考虑的重点。而对于处于前现代发展阶段的民族、国家或地区而言，现代化还没有成为它们考虑的问题，或者说，现代化还是它们遥不可及的美好梦想。客观来说，就整个人类社会而言，现代化所导致的诸多问题，如人口爆炸、资源枯竭、生态破坏、气候变暖、环境恶化、物种灭绝等，已经严重地威胁着整个人类的存在和发展，可以说，这些问题都是目前现代化自身难以解决甚至无法解决的问题。在这种形势和前景下，无论是处于现代化门口或门外的前现代社会，还是奔走在现代化探索道路上的发展中民族、国家或地区，都需要全面认真地思考自己的前途和命运。无疑，无论是义无反顾地下定决心走现代化道路，还是摇摆不定，都不可避免地承担风险。因为，义无反顾地走现代化道路，如果走错了大方向，现代化很可能是一条自我毁灭的道路；而摇摆不定或迟疑不决，则很可能丧失发展的机遇和环境，最终同样导致可怕的毁灭。总之，现代化已经成为世界各个民族、国家或地区乃至个人无法逃避的时代境遇和命运，是理应积极面对的时代课题。

客观而言，当前的社会现状与上述所述"现代"的内容还存在着冲突，还不完全符合"现代"的应然状态。这也说明，实现"现代"的"现代化"在当前还存在着这样那样的问题，甚至与现代化的最终目标相违背。相反，根据上述对"现代"的理解，所谓现代化，归根结底是指人类扬弃自然生活世界走向自由生活世界的过程；是全面地实现人与自然、人与社会、人与人、人与自身等一切生活关系自由和谐的过程；是经济、政治、社会、文化全面发展、建设和创新的过程；是生活世界的规范、制度、秩序全面更新、完善和合理化的过程；是人超越血缘关系、地缘关系、宗法关系、金钱关系等一切关系束缚，真正地成为自身生活世界的主体、主人的过程；是推动和促进每个人成为世界历史性个人，从而实现自由全面发展的过程；是人不断地超越自我而实现身心和谐与心灵自由的过程。根据这一说法，实际上每个民族、国家、地区或个人所面对的现代化任务和目标是根本不同的，也不可能完全相同，因而根本不存在唯一的现代化道路，也根本不存在确定不移的现代化归宿。欧美发达资本主义国家既不是广大第三世界国家实现现代化的典范，也无权强制要求其他民族、国家和地区按照自己的模式和道路发展现代化。无疑，对于"现代化"这一历史文化价值概念只能作相对抽象的表述，它只意味着对一些基本价值的实现。相反，一旦将它具体化、模式化，只可能陷入狭隘性思维，只可能导致这样那样的问题。

当今的人类生活世界呈现出很强的多样性和鲜明的差异性，在实现现代化的问题上，不同的民族、国家和地区面对着不同的任务、困难和挑战。如何根据自身的历史和特点解决好传统与现代之间的矛盾是最为核心的问题。罗荣渠指出："传统与现代性是现代化过程中生生不断的'连续体'，背弃了传统的现代化是殖民地或半殖民地化，而背向现代化的传统则是自取灭亡的传统。适应现代世界发展趋势而不断革新，是现代化的本质，但成功的现代化运动不但在善于克服传统因素对革新的阻力，而尤其在善于利用传统因素作为革新的助力。"[①]他概括说："成功的现代化是一个双向运动过程，传统因素与现代因素相反相成。失败或不太成功的现代化则是单向运动过程，现代因素简单地摧毁传统因素，或被传统因素摧毁。"[②]事实上，正如金耀基所指出的："到今天为止，虽然有些国家已顺遂地获得了'现代化'的果实，跻身于现代国家之林，但是大多数的国家对现代的境界却一直是可望而不可即，犹如镜中花、水中月，始终摸不着、捞不到，伤苦到了极地，传统的社会是消逝了，但'现代社会'却渺无踪影，大多数的国家长期地停留在转型期社会中挣扎，而不得进入'现代'之境。其结果是旧的已去，新的未来，'满怀希望的革命'变成了'满怀挫伤的革命'，'现代化'远比一般人所想象的要来得艰巨。"[③]因此，对于大多数民族、国家或地区来说，的确存在着于当前形势下如何根据自身的历史和特点选择现代化道路的问题。王治河强

---

①② 罗荣渠：《现代化新论——世界与中国的现代化进程》( 增订本 )，商务印书馆 2004 年，第 400 页。

③ 金耀基：《从传统到现代》，法律出版社 2010 年，第 104 页。

调："能不能找到第三条路：既实现现代化，又成功地避免现代化的弊端？这就是后现代主义向我们第三世界国家提出的问题。由于西方国家在某种意义上已经实现了现代化，因此，相对说来，这一问题对它们更多的只有历史意义，没有多大现实意义。对于我们则更多的是现实意义，因为我们尚未实现现代化，可以借鉴的前车之鉴，少走弯路，以免重蹈覆辙。"[1] 实际上，"从某种意义上说，现代化正是个自我否定的过程"[2]，它通过自我否定而辩证地发展着，第三世界国家完全能够在充分地吸收西方发达国家现代化成功经验并汲取其教训的基础上，实现更高程度上、更具合理性的现代化。

然而，不管怎样说，任何民族、国家、地区或个人，都必须全面而深刻地理解和把握现代化的精神实质，从而在当前复杂多变的世界局势之下实现自身的现代化，彻底地改变自身的前途和命运，最大程度地实现自身生活世界的自由和谐。

## 二、中国生活世界的历史重建

任何民族的生活世界归根结底都是该民族繁衍生息的天地，它是该民族广大人民群众在与大自然长期打交道的过程中，通过辛勤劳动创造物质财富积累起来的，是人们通过全面地梳理和协调人与自然、人与社会、人与人以及人与自身之间的一切生活关系而塑造起来的。因此，生活世界是一个内蕴着物质基础、制度秩序、精神价值、意义世界等多重意蕴的世界。显然，对于中国生活世界的重建，绝不能局限于日常生活世界的重建。实际上，要从多个角度全方位地解决中国自身的问题：一是为中华民族创造和奠定坚实的物质基础，全面地改造中国人日常的生活方式和生活习惯，以形成稳定的日常生活结构；二是为中华民族建立科学、合理的社会伦理道德规范、政治法律制度，塑造自由和谐的秩序；三是丰富和提升中华儿女的精神生活，确立和巩固中华民族安身立命之本和维系生活意义的价值支柱。

---

① 王治河：《后现代化主义（代前言）》，王治河主编，《后现代主义辞典》，中央编译出版社 2005 年，第 12 页。

② 赵汀阳：《从中国经验到中国理念》，赵汀阳主编，《现代性与中国》，广东教育出版社 2000 年，第 1 页。

毋庸置疑，新中国的成立为中华民族生活世界的重建奠定了必要的政治基础和制度前提，确立了中华民族重建生活世界的主体地位。确切地说，中华人民共和国成为中华民族重建生活世界的实践主体，而中华民族则是中华民族生活世界重建最终的价值主体。赵汀阳指出："民国学者们提出的'中华民族'概念，确实与西方的游戏规则有一定关系。现代中国加入了西方主导的现代游戏，自然就要采用现代游戏规则，中国以清朝之遗产而改制成为现代主权国家，而当时的现代国家理论以民族国家为准，于是当时的中国学者必须解释其多民族一体的问题。'中华民族'是一个典型的折中概念，它既承认中国是民族国家，又试图消解狭义的民族概念，不失为一个可行概念。"[1] 众所周知，正如"中华民族"这一概念的最早提出者梁启超所言："现今之中华民族自始本非一族，实由多民族混合而成。"[2] 从根本上来说，中华民族是以华夏族或汉族为基础而形成的多民族融合体，尤其在近代受到帝国主义殖民侵略时逐渐地凝聚成一个命运共同体，因而"中华民族"既成为一个民族学、文化学意义上的概念，也成为一个政治学意义上的概念。孙中山在领导辛亥革命的过程中，就逐渐地接受了"中华民族"这一概念，并将中华民族与政治意义上的国家统一起来。在他看来，中国问题的真正解决在于推翻清朝政府，"以一个新的、开明的、进步的政府来代替旧政府"，"把过时的满清君主政体改变为'中华民国'"。[3] 孙中山在后来提出的"三民主义"中又特别提醒"民族主义"不是简单地"排满"，而是旨在通过革命手段推翻清政府的腐败统治，改变清政府一贯执行的民族歧视和民族压迫政策，实现整个中华民族的独立，即建立民族独立的国家。因此，从根本上来说，正是在近代抗击帝国主义殖民侵略和掠夺的过程中，繁衍生息在中华大地上以汉族或华夏族为主体的多民族最终融合成一个统一的中华民族。实际上，中华民族最终成为具有悠久民族文化传统且兼具政治主体与价值主体意义的命运共同体。毛泽东在论述中国革命问题时，首先将"中华民族"作为论述的主题，其用意就在于此。他满怀深情地说："我们中国是世界上最大国家之一，它的领土和整个欧洲的面积

① 赵汀阳：《没有答案：多种可能世界》，江苏凤凰文艺出版社 2020 年，第 284—285 页。
② 梁启超：《历史上中国民族之观察》，《饮冰室合集》第 8 卷，《饮冰室专集之四十一》，中华书局 1989 年，第 4 页。
③ 孙中山：《中国问题的真解决》，《孙中山全集》第 1 卷，中华书局 1981 年，第 254 页。

差不多相等。在这个广大的领土之上，有广大的肥田沃地，给我们以衣食之源；有纵横全国的大小山脉，给我们生长了广大的森林，贮藏了丰富的矿产；有很多的江河湖泽，给我们以舟楫和灌溉之利；有很长的海岸线，给我们以交通海外各民族的方便。从很早的古代起，我们中华民族的祖先就劳动、生息、繁殖在这块广大的土地之上。"[1] 在他看来，中华民族理所当然是中国革命的实践主体，也是中国革命的价值主体，中国革命既是对外推翻帝国主义压迫的民族革命，也是对内推翻封建地主压迫的民主革命，其目标就是实现和维护中华民族的根本利益，就是使中华民族自立于世界民族之林。因此，毛泽东强调："我们中华民族有同自己的敌人血战到底的气概，有在自力更生的基础上光复旧物的决心，有自立于世界民族之林的能力。"[2] 历史证明，中华民族经过一百多年艰苦卓绝、不屈不挠的斗争，最终取得了伟大的胜利，再次屹立于世界民族之林。

不仅如此，历史最终选择了中国共产党，中国共产党成为领导中国革命、建设和改革的核心领导力量。众所周知，辛亥革命推翻清政府之后，虽然建立了中华民国，然而先是以袁世凯为代表的北洋军阀，后是以蒋介石为代表的新军阀攫取了政权，其政府并不代表广大人民群众的利益，而是代表封建地主豪绅买办阶级的利益。相反，毛泽东说："总括工农及其他人民的全部利益，就构成了中华民族的利益。买办阶级和地主阶级虽然也住在中国的土地上，可是他们是不顾民族利益的，他们的利益是同多数人的利益相冲突的。我们仅仅离开他们这些少数人，仅仅同他们这些少数人相冲突，所以我们有权利称我们自己是代表全民族的。"[3] 蒋介石的"中华民国国民政府"，利用"国民"这一名词隐瞒了资产阶级的阶级地位，实现了资产阶级专政的实际目的，事实上仅仅代表官僚资产阶级，并不代表老百姓，并不把老百姓放在所谓"国民"之列。毛泽东强调："我们现在虽有中华民国之名，尚无中华民国之实，循名责实，这就是今天的工作。"[4] 因此，对中国共产党来说，不仅要完成资产阶级民主主义性质的革命（新民主主义

---

① 《毛泽东选集》第 2 卷，人民出版社 1991 年，第 621 页。

② 《毛泽东选集》第 1 卷，人民出版社 1991 年，第 161 页。

③ 《毛泽东选集》第 1 卷，人民出版社 1991 年，第 159 页。

④ 《毛泽东选集》第 2 卷，人民出版社 1991 年，第 677 页。

革命），而且还要认准中国革命的终极前途，即社会主义和共产主义，并在一切条件具备的时候把民主主义革命转变到无产阶级社会主义革命的阶段上。毛泽东说："这两重革命任务的领导，都是担负在中国无产阶级的政党——中国共产党的双肩之上，离开了中国共产党的领导，任何革命都不能成功。"① 中华人民共和国的成立，标志着新民主主义革命的彻底胜利。毛泽东说："新民主主义的政治、新民主主义的经济和新民主主义的文化相结合，这就是新民主主义共和国，这就是名副其实的中华民国，这就是我们要造成的新中国。"② 《中共中央关于党的百年奋斗重大成就和历史经验的决议》强调："实践充分说明，历史和人民选择了中国共产党，没有中国共产党领导，民族独立、人民解放是不可能实现的。中国共产党和中国人民以英勇顽强的奋斗向世界庄严宣告，中国人民从此站起来了，中华民族任人宰割、饱受欺凌的时代一去不复返了，中国发展从此开启了新纪元。"③ 无可否认，正是中国共产党使中华民族重新自立于世界自由民族之林，使中华民族成为中华民族生活世界真正意义上的主体、主人。而中国共产党之所以能够取得革命胜利，就在于它深刻地认识了中国革命的根本性质和根本任务，自觉地肩负起中国革命的领导重任，为实现和维护中华民族的根本利益而奋斗。如果说党的七大在党章里首次写入"中国共产党代表中国民族和中国人民的根本利益"已经比较准确地阐明了自己与中华民族的内在联系，那么，57 年之后，党的十六大新修订的党章里则直接明确地阐明了中国共产党的性质，即"中国共产党是中国工人阶级的先锋队，同时是中国人民和中华民族的先锋队，是中国特色社会主义事业的领导核心，代表中国先进生产力的发展要求，代表中国先进文化的前进方向，代表中国最广大人民的根本利益"。之后的历次党章修改均沿用此表述。可以说，这是中国共产党对自己与中华民族之间的关系最清楚明白的阐明，即它不仅是中国工人阶级的先锋队，同时是中国人民和中华民族的先锋队。这一性质定位，是完全符合中国革命、建设和改革的历史的。

新中国成立后，中国共产党把马克思主义的普遍真理同中国的具体实际结合

---

① 《毛泽东选集》第 2 卷，人民出版社 1991 年，第 651 页。
② 《毛泽东选集》第 2 卷，人民出版社 1991 年，第 709 页。
③ 《中共中央关于党的百年奋斗重大成就和历史经验的决议》，人民出版社 2021 年，第 8—9 页。

起来，不断解放思想、实事求是、与时俱进，历经艰难曲折，坚持独立自主走自己的道路，探索和开拓出了一条中国特色社会主义道路。新中国成立之初，中华民族面对的是多年战争遗留下来的满目疮痍，中国共产党白手起家，带领全党全国各族人民迅速医治战争创伤，大力发展工业，恢复国民经济，并创造性地进行了社会主义改造，建立起了社会主义基本制度。毛泽东曾自信地说："中国人民有志气，有能力，一定要在不远的将来，赶上和超过世界先进水平。"[1]新中国成立七十多年来的历史证明，中国共产党不仅领导中国各族人民成功地取得了新民主主义革命，使中华民族成为自身生活世界重建的主体、主人，而且顺利地实现了社会主义革命，从经济、政治、文化等各个方面建立和完善了中国社会主义制度，巩固了中国社会主义事业的经济基础、政治基础和文化基础。在党的十九大报告中，习近平总书记曾指出："站立在九百六十多万平方公里的广袤土地上，吸吮着五千多年中华民族漫长奋斗积累的文化养分，拥有十三亿多中国人民聚合的磅礴之力，我们走中国特色社会主义道路，具有无比广阔的时代舞台，具有无比深厚的历史底蕴，具有无比强大的前进定力。"[2]党的十九大以来，我们又经历了"极不寻常、极不平凡"的五年，然而中国共产党团结带领全党全军全国各族人民有效地应对了世界百年未有之大变局下"更加严峻复杂的国际形势和接踵而至的巨大风险挑战，以奋发有为的精神把新时代中国特色社会主义不断推向前进"[3]。

客观而言，中国生活世界的重建是一项极为复杂的系统工程。它不仅需要广大人民群众通过勤奋的劳动创造生活世界坚实的物质基础，需要在党的领导下不断地改革和完善社会主义制度，塑造人民安定团结、安居乐业的社会生活秩序，而且还必须根据中华优秀传统文化培育和完善中华民族的精神文化秩序、心灵秩序。对于一个国家来说，经济秩序、政治秩序、社会秩序的稳定至关重要，因为只有建立和巩固了这些秩序，人们才能做到安居乐业。但精神文化秩序，特别是

① 《增产节约的潜力能不断挖掘吗?》，《人民日报》1966 年 1 月 26 日。

② 习近平：《决胜全面建成小康社会　夺取新时代中国特色社会主义伟大胜利——在中国共产党第十九次全国代表大会上的报告》，人民出版社 2017 年，第 70 页。

③ 习近平：《高举中国特色社会主义伟大旗帜　为全面建设社会主义现代化国家而团结奋斗——在中国共产党第二十次全国代表大会上的报告》，人民出版社 2022 年，第 2 页。

心灵秩序，却具有更为深刻的价值，因为它关乎每个人的精神生活、心灵生活或心灵安顿问题。从根本上说，从近代以来，中华民族现实的经济生活世界、政治生活世界、日常生活世界不仅受到了严重的冲击和破坏，而且精神生活世界、心灵生活世界也遭受了严重的打击，中国人甚至一度完全迷失了自己，丧失了文化自信。因此，对于中国生活世界的重建，绝不能仅仅着眼于经济生活世界、政治生活世界甚至日常生活世界，还必须自觉地重视中华民族自身的精神生活世界、心灵生活世界重建。正如杨威所说："生活世界不仅是一个各种生活形式相互交织、水乳交融的关系世界，而且也是一个共在的总体性世界，生活世界可以看作是日常生活世界与非日常生活世界的结合与统一。尽管日常生活与非日常生活分属于人类生活总体的不同方面，但在人的生活世界中却是不可分割的。"① 事实上，发现和阐明日常生活世界对整个社会现代化的阻滞是日常生活世界理论文化批判的突出贡献，但简单地将生活世界区分为日常生活世界和非日常生活世界，进而过多地强调日常生活世界重建，显然是不妥当的。李恒威亦指出："人并不单独在某一世界中生存，而是生活在两个世界中——一个私人的世界和一个公共的世界，一个理想的世界和一个现实的世界，一个道德（伦理）的世界和一个政治的世界，并且实质上根本没有纯粹独立分开的两个世界的可能性，我们唯一的世界在于这两极张力所孕育的一个起伏不定的、纽结在一起的动态世界——这才是唯一真实经验到的世界。"② 因此，一方面，我们要为现实的经济生活、政治生活、伦理道德生活、日常生活建立规范和秩序，以确保人们能够进行正常的生产、分配、交换和消费，享受现实生活的幸福与快乐；另一方面，我们必须建立和完善精神生活秩序、心灵生活秩序，为中华民族提供维系生命价值和生活意义的精神支柱和基石。梁漱溟曾强调："中国今日适当其数千年文化一大转变途中，社会机构有待从新建造；这是必须认识清楚，随你谈到任一问题都不要忘记的。"③ 实际上，梁漱溟所说的"社会机构"，不只是经济、政治及日常生活层面的机构，也是从文化角度而言的，它蕴涵着规范和协调人们精神生活、心灵生活

---

① 杨威：《中国传统日常生活世界的文化透视》，人民出版社2005年，第331页。

② 李恒威：《"生活世界"复杂性及其认知动力模式》，中国社会科学出版社2007年，第241—242页。

③ 梁漱溟：《〈欧洲民众教育概观〉序言》，《梁漱溟全集》第5卷，山东人民出版社2005年，第839页。

的机制。客观而言，在革命时期，无论是孙中山试图把中国建造成一个新世界的三民主义这一工具，还是中国共产党重新观察中国问题和中华民族命运的马克思主义这一工具，都有意无意地忽略了对中华民族精神生活世界、心灵生活世界的重建和完善问题。从根本上说，中国共产党对中国革命和中国问题的思考，其最初的着眼点是纯粹的社会经济问题、政治问题，而不是人们内心深处的精神信仰问题、心灵问题或终极关怀问题。马克思主义者是无神论者，马克思主义否认在现实世界之外或之上存在着任何超验的神秘事物，认为无论上帝或鬼神都是人们幻想出来的东西，相信自然和社会存在着不以人的意志为转移的客观规律，人们能够通过认识世界而改造世界，最终按照人类社会历史发展的客观规律实现共产主义社会。客观而言，马克思主义无神论思想指引中国人破除了中国传统文化中的封建鬼神迷信思想，引导人们运用科学和理性从事生产和生活。然而无论在什么时候，人们也从没有停止过内心的精神生活和心灵生活，不可避免地去超越现实世界而进行形而上的精神探索。因此，对中国人来说，心灵或灵魂上的信仰问题，始终是一个抹不去的存在。事实上，任何一个民族，都应有自己特殊的精神生活世界、心灵生活世界，人们都需要在自己的精神生活世界或心灵生活世界里找到自己心灵安顿的处所，获得心灵的慰藉。

因此，中国生活世界的重建，严格地说理应是中华民族生活世界的重建，其最终的目的不仅在于为中华民族的生存、生活和发展奠定坚实的物质基础，建立和完善科学合理的经济制度、政治制度、社会制度或者一切世俗生活的秩序，而且还在于立足中华文化传统铸造中华民族安身立命的精神支柱，以维系精神生活、生命价值和生活意义，建构科学的精神生活、心灵生活秩序。

## 三、现代化：中国生活世界重建的历史任务

如果说西方国家生活世界的重建是因现代性问题的困扰而被迫做出的选择，那么，近代以来的中国生活世界重建则起因于西方列强的侵略和西方文明的冲击。虽然东西方都是被动接受，但其性质却根本不同。与西方发达资本主义国家不同，中国没有遵循自身生活世界辩证发展的规律从农耕时代顺利地过渡到现代

工业时代，而是因为受到西方资本主义工业文明的严重冲击而在封建、半封建、半殖民地的社会状态中追赶世界发展浪潮。"中国社会过去沉重的传统与沉重的日常生活结构遥相呼应，无形中成为阻碍中国人走向现代化的关卡。"[①] 因此，对于西方发达资本主义国家来说，现代化已经成为事实，而对中国来说，迄今现代化还是一项未完成的事业，还有漫长的道路要走。中国不仅不可以无视现代化，放弃现代化，而且现代化就是实现中华民族伟大复兴、重建中国生活世界不可回避、不可推卸的历史任务。特别是，中国要想实现现代化，必须走既最适合自身国情和历史文化传统，又最能反映中国人价值追求和中华民族伟大复兴中国梦的中国式现代化道路。

客观而言，重建中国生活世界，自觉地走现代化道路，是每个具有世界眼光、历史眼光和高度觉悟的中国人的普遍选择。人类生活世界始终处于运动、变化和发展之中，而随着科学技术的发展，整个社会生产力、社会生产关系以及整个社会形态、世界面貌都将发生根本性改变。从传统生活世界向现代生活世界的转型变化，是任何一个国家和民族都不可回避的历史趋势。然而，遗憾的是，近代中国却对此没有清醒的意识，以致在遭受西方资本主义列强侵略、欺凌和殖民的时候，才逐渐认识到实现现代化的必要性。冯友兰曾说："我们近百年来之所以到处吃亏，并不是因为我们的文化是中国底，而是因为我们的文化是中古底。这一个觉悟是很大底。"[②] 这是突破纯粹的经济、政治、科技等表层因素深入文化这一根本因素来揭示我们之所以遭受侵略而吃亏的深度自觉。实际上，没有整个民族文化上的觉醒，就不可能意识到实现现代化的必要性和迫切性。张岱年指出："现代化的关键在于民族的觉醒，在于民族正确地认识自己。"[③] 一个民族要想清醒地、正确地认识自己，就必须站在整个人类社会历史发展的高度，从整个世界发展大势着眼，将自己的国家和民族置入世界民族之林中，全面地认识和评价自己。季羡林曾强调："应该让中国人民从上到下都能真正了解自己，了解历史，了解世界大势，真正了解我们民族的过去和现在，看待一切问题，都要有

---

① 杨威:《中国传统日常生活世界的文化透视》,人民出版社 2005 年,第 332 页。

② 冯友兰:《新事论》,《贞元六书》,中华书局 2014 年,第 250 页。

③ 张岱年:《文化与哲学》,中国人民大学出版社 2009 年,第 63 页。

历史眼光。"[1] 从世界眼光和历史眼光来看，实现现代化是整个人类社会发展的时代潮流，而这一潮流已经在世界上涌动了二百多年，可以说，它不仅强有力地将世界上几乎所有国家卷入其中，而且是任何一个民族、国家或地区超越传统自然生活世界状态而走向自由生活世界状态的必然选择。现代化不仅不可回避，而且只有顺应其规律，才能实现自己的发展目标。冯友兰对中国的现代化充满期待，他说："我经常想起儒家经典《诗经》中的两句话：'周虽旧邦，其命维新。'就现在来说，中国就是旧邦而有新命，新命就是现代化。"[2] 他又强调："将来中国的现代化成功，它将成为世界上最古也是最新的国家。这就增强了我的'旧邦新命'的信心。"[3] 因此，要想重建中国生活世界，就必须走现代化道路，只有全体中国人民和中华民族都具有这种立足整个人类生活世界发展趋势的世界眼光和历史眼光，才能更加自觉地认清自己所处时代的发展态势、所面对的严峻挑战，从而做出自己及时的、明智的选择。

西方国家和民族从传统的农业文明向现代工业文明的转型和过渡是其自身社会历史发展自然而然的逻辑展开，中国和中华民族的现代化因为肇始于西方列强的侵略、压迫和殖民，面临着更多更复杂的情形。罗荣渠曾对百年来特别是五四运动以来中国现代化思想启蒙运动所经历的艰苦历程和现代化思潮的总趋势概述说："最早是儒学一统天下的天朝传统被打破，提出'中体西用论'，在保中'体'的前提下采西洋的器用，这样就形成了顽固派（或称正宗儒学派）与体用派（或称儒学修正派，即折衷派）的斗争。及至五四运动前后，对外全面开放，新思潮大量涌入，西化派才异军突起，彻底批判中国传统的旧文化，于是引起了'孔化'和'西化'的大辩论。西化派随之一分为二，形成了'西化'与'俄化'两大派的斗争。从孔化派中也分化出现代化的新儒学。到30年代，从'中体西用'引申出'中国本位'，从'西化'发展而为'全盘西化'，又引起新的论争。在这些对立面的斗争中，初步形成了'现代化'的概念和新的'中国化'概念，最后达到一种朦胧的中国式的现代化的认识。关于中国式的现代化问题的讨论被

① 季羡林：《季羡林谈人生》，当代中国出版社 2006 年，第 92 页。

② 冯友兰：《三松堂自序》，《三松堂全集》第 1 卷，河南人民出版社 2001 年，第 311 页。

③ 冯友兰：《三松堂自序》，《三松堂全集》第 1 卷，河南人民出版社 2001 年，第 313 页。

抗日战争所打断，没有继续下去，到 40 年代后期，更被解放战争的洪流所压倒，这时中国向何处去的理论斗争的焦点开始转向如何完成新民主主义革命这个新问题上去了。"[①] 在他看来，"总体来说，从清末以来的大半个世纪中，中国现代化思想的演变经历了一个螺旋式的上升过程"，它反映了中国知识分子在"文化层次"上不断地深化对"中国出路问题"的探讨，证明了中国百年的现代化过程是"从被动适应世界现代化到逐步主动迎接挑战的过程"，是中国人民和中华民族克服自身"传统与现代性的矛盾"，不断"总结历史教训"，"积极探讨具有中国特色的现代化道路"的过程。[②]

如今，与其他东方民族国家超越传统、实现现代化不同，中国的现代化具有自己独有的特征。那就是，中国既是一个古老的大国，又是一个中国人民和中华民族在中国共产党领导下经过长期艰苦卓绝的斗争而建立起来的社会主义国家；中华民族既是一个曾经创造过辉煌文明的古老民族，又是一个近代遭受磨难、几近灭种但又重新以崭新的姿态自立于世界民族之林的伟大民族；中国的现代化是一种特殊的现代化，即社会主义现代化，我们只能在中国共产党的领导下走社会主义道路。然而，中国的社会主义脱胎于半封建、半殖民地社会，是在一穷二白的背景下建设起来的，尽管新中国已经成立七十多年，但我们的现代化建设依然是一项未完成的事业。新中国成立后，中国共产党提出了过渡时期的总路线，即在一个相当长的时期内逐步实现国家的社会主义工业化，并逐步实现国家对农业、手工业和资本主义工商业的社会主义改造。党的八大进一步提出了努力把我国逐步建设成为一个具有现代农业、现代工业、现代国防和现代科学技术的社会主义强国的战略路线。但遗憾的是，党的八大形成的正确路线未能完全彻底地坚持下去，我们在社会主义现代化建设探索的道路上经历了严重的曲折，先后出现的"大跃进"运动、人民公社化运动、反右斗争扩大化以及长达十年的"文化大革命"，使国民经济遭受重创，使党、国家和人民遭到严重的损失。就我们在新中国成立后在推进现代化的过程中出现这样严重的失误和挫折，罗荣渠强调，这是过度重视文化而忽视经济发展思想方式影响的结果。他指出："40 年代初，毛

① 罗荣渠:《现代化新论——世界与中国的现代化进程》(增订本)，商务印书馆 2004 年，第 395 页。
② 罗荣渠:《现代化新论——世界与中国的现代化进程》(增订本)，商务印书馆 2004 年，第 395—403 页。

泽东的《新民主主义论》也是作为说明中国政治和中国文化的动向问题而提出来的，文中以很大篇幅论述中国的文化革命问题，相对来说却较少提到中国的经济问题。一直到建国以后，也还没有完全摆脱这种思想方式的影响，思想文化领域里的斗争连接不断，并一直被提高到发展道路的高度。"①事实上，对现代化问题的认识，一方面只有深入到文化层次才能从根本上彻底地改变国民性；另一方面，思想文化上的变革必须以经济基础的历史变革为前提，只有实现经济现代化才能根本上改变中国的面貌。对于中国来说，传统与现代的冲突已经呈现出全新的问题，罗荣渠强调："新的问题是经济现代化所采取的手段和它的目标取向是以一种非精神力量在无情地摧毁一切旧传统，这是正在进行现代化和已经实现现代化的国家都共同面临的新问题。"②众所周知，"文化大革命"结束后，党和国家结束了"以阶级斗争为纲"的思想政治路线，继续探索中国建设社会主义的正确道路，明确了我国社会的主要矛盾是人民日益增长的物质文化需要同落后的社会生产之间的矛盾。由此，党和国家将工作重心转移到经济建设上，着重解放和发展社会生产力，开启了改革开放和社会主义现代化建设新时期，开辟了中国特色社会主义道路。党提出了小康社会目标，为了实现这一目标，党和国家恢复并制定了一系列正确政策，调整国民经济政策，推进经济体制改革，推进政治、文化、社会等各领域体制改革，不断制定和发展符合当代中国国情、充满生机活力的体制，最终实现了从高度集中的计划经济体制到充满活力的社会主义市场经济体制、从封闭半封闭到全方位开放的历史性转变。中国社会这一伟大转型意义深远，全方位地改变了人们的思想观念和行为，充分调动了人们生产、生活积极性，激活了整个社会发展的活力。经过四十多年始终不渝的坚持，中国社会发生了前所未有的、天翻地覆的变化，彻底改变了旧中国贫穷落后的面貌，不仅消除了绝对贫困，而且实现了全面小康，中华民族实现了从站起来、富起来到强起来的伟大飞跃，整个社会变得更加和谐，人民的生活更加富裕，整个中华大地更加美丽。党的十九届六中全会通过的《中共中央关于党的百年奋斗重大成就和历史经验的决议》这样总结说："中国从四分五裂、一盘散沙到高度统一、民族团结，

① 罗荣渠：《现代化新论——世界与中国的现代化进程》（增订本），商务印书馆2004年，第397页。
② 罗荣渠：《现代化新论——世界与中国的现代化进程》（增订本），商务印书馆2004年，第402页。

从积贫积弱、一穷二白到全面小康、繁荣富强，从被动挨打、饱受欺凌到独立自主、坚定自信，仅用几十年时间就走完发达国家几百年走过的工业化历程，创造了经济快速发展和社会长期稳定两大奇迹。今天，中华民族向世界展现的是一派欣欣向荣的气象，巍然屹立在世界东方。"[1]

如今，经过长期的探索和实践，我们已经走出了一条真正适合中国国情和发展要求的现代化道路，即中国式现代化道路。党的二十大报告指出："中国式现代化，是中国共产党领导的社会主义现代化，既有各国现代化的共同特征，更有基于自己国情的中国特色。"[2] 中国式现代化所具有的"中国特色"体现在以下五个方面：一是人口规模巨大，超过现有发达国家人口的总和，艰巨性和复杂性前所未有；二是旨在实现全体人民共同富裕，着力维护和推进社会公平正义，坚持把实现人民对美好生活的向往作为现代化建设的出发点和落脚点；三是追求物质文明和精神文明协调发展，保障全体人民物质富足、精神富有；四是追求人与自然和谐共生，坚定不移走生产发展、生活富裕、生态良好的文明发展道路，实现中华民族永续发展；五是坚定站在历史正确的一边、站在人类文明进步的一边，走和平发展道路，并以自身的发展维护世界和平与发展。[3]《报告》强调："中国式现代化的本质要求是：坚持中国共产党领导，坚持中国特色社会主义，实现高质量发展，发展全过程人民民主，丰富人民精神世界，实现全体人民共同富裕，促进人与自然和谐共生，推动构建人类命运共同体，创造人类文明新形态。"[4] 显然，我们通过中国式现代化对中国生活世界的重建是全方位的。经济基础的巩固、各种制度的完善、精神生活的丰富、人与自然关系的和谐，注定推进着中华民族日益自由和谐的生活世界重建。

但我们也必须清醒地认识到，尽管我们已经成功地推进和拓展了中国式现代

---

① 《中共中央关于党的百年奋斗重大成就和历史经验的决议》，人民出版社 2021 年，第 63 页。

② 习近平：《高举中国特色社会主义伟大旗帜　为全面建设社会主义现代化国家而团结奋斗——在中国共产党第二十次全国代表大会上的报告》，人民出版社 2022 年，第 22 页。

③ 习近平：《高举中国特色社会主义伟大旗帜　为全面建设社会主义现代化国家而团结奋斗——在中国共产党第二十次全国代表大会上的报告》，人民出版社 2022 年，第 22—23 页。

④ 习近平：《高举中国特色社会主义伟大旗帜　为全面建设社会主义现代化国家而团结奋斗——在中国共产党第二十次全国代表大会上的报告》，人民出版社 2022 年，第 23—24 页。

化，但我们的现代化依然是一项未完成的事业。党的十九届六中全会通过的《决议》强调："党的十九大对实现第二个百年奋斗目标作出分两个阶段推进的战略安排。从二〇二〇年到二〇三五年基本实现社会主义现代化，从二〇三五年到本世纪中叶把我国建成社会主义现代化强国。到那时，我们物质文明、政治文明、精神文明、社会文明、生态文明将全面提升，实现国家治理体系和治理能力现代化，成为综合国力和国际影响力领先的国家，全体人民共同富裕基本实现，我国人民将享有更加幸福安康的生活，中华民族将以更加昂扬的姿态屹立于世界民族之林。"[1] 党的二十大报告进一步明确："全面建成社会主义现代化强国，总的战略安排是分两步走：从二〇二〇年到二〇三五年基本实现社会主义现代化；从二〇三五年到本世纪中叶把我国建成富强民主文明和谐美丽的社会主义现代化强国。"[2] 可以说，我们的奋斗目标和战略安排已经非常明确，只要坚持中国共产党的领导，坚持走中国式现代化道路，始终不渝地推进既定战略安排，就能够全面完成中华民族生活世界重建的历史任务。

【责任编辑：任帅军】

---

[1] 《中共中央关于党的百年奋斗重大成就和历史经验的决议》，人民出版社 2021 年，第 71—72 页。

[2] 习近平：《高举中国特色社会主义伟大旗帜　为全面建设社会主义现代化国家而团结奋斗——在中国共产党第二十次全国代表大会上的报告》，人民出版社 2022 年，第 24 页。

# 中国式法治文化建设的价值选择

张晶晶[*]

【摘　要】中国式法治现代化作为中国法治建设的过程，其最深厚持久的力量和根基无疑是中国特色社会主义法治文化即中国式法治文化。中国式法治文化建设是国家总体文化发展战略的重要部分，也是对法治建设予以文化观照的重要任务。由象征符号体系构成的法治文化是从法治行为对人的意义来看待的。中国式法治文化建设的正当性表现为基于事实判断的政治合法性和基于价值判断的文化正当性。法治文化蕴含着多元的法治价值，在理论与实践中，不仅法治价值本身会有冲突，也会面临法治价值与其他价值之间的冲突。充分发挥价值的主体性，以公共利益和引领未来的社会效果为基本原则，在多元价值中予以审慎的衡量与选择，建设法治文化体系、达成法治文化认同、坚定法治文化自信是中国式法治文化建设的必由之路。

【关键词】中国式法治文化建设；价值选择；正当性；文化认同

"中国式现代化的理论逻辑就其根本来讲有两大支点：'中国特色'和'社会主义'"[①]，那么，法治作为社会主义核心价值观，是中国式现代化的本质要求之一，也就是中国式法治现代化。党的二十大报告指出："全面建设社会主义现代化国家，必须坚持中国特色社会主义文化发展道路，增强文化自信。"[②]中国式法治现代化，其最深厚持久的力量和根基无疑就是中国特色社会主义法治文化。因

---

[*] 张晶晶，中国政法大学博士研究生，研究方向为价值论。

[①] 辛鸣：《中国式现代化的中国逻辑》，《中国社会科学报》2023年2月13日。

[②] 习近平：《高举中国特色社会主义伟大旗帜　为全面建设社会主义现代化国家而团结奋斗——在中国共产党第二十次全国代表大会上的报告》，人民出版社2022年，第42—43页。

此，"把建设社会主义法治文化作为建设中国特色社会主义法治体系、建设社会主义法治国家的战略性、基础性工作和建设社会主义文化强国的重要内容，切实提高全民族法治素养和道德素质，着力建设面向现代化、面向世界、面向未来的，民族的科学的大众的社会主义法治文化"①。这既是从国家战略和顶层设计上对法治建设予以文化观照的结果，也对中国式法治的文化研究提出了更高的要求。其中，为什么要开展中国式法治文化建设及其建设过程中的价值选择，应是学界首先要论证、阐释和予以学理支撑的基础问题。

## 一、中国式法治文化建设何以可能

文化研究追求的是理解人类社会行为，诊断人的意义。文化是指由历史传递的、体现在象征符号中的意义模式，它是由各种象征性形式表达的概念系统，人们借助这些系统来交流、维持并发展有关生活的知识以及对待生活的态度。法是一种文化现象，是社会生活实践的产物和人性的实现及对象化。作为文化之一种，法律是被创造出来的，本质上是一种符号，富有表达意义的性质。法治是有关这一符号特定的文化选择和意向的表现。作为社会生活实践之一的法治实践，是由人类行动尤其是符号行动和特定的协同行动建构的。正如詹姆斯·凯瑞所说："我们先是用符号创造了世界，然后我们又栖息在自己所创造的世界里。"②人类的符号行动表现为象征符，象征符体系构成了包括法治文化在内的文化的表现形式。

根据美国文化人类学家克莱德·克鲁克洪对文化的分类方法，法治文化可分为显型法治文化和隐型法治文化。显型法治文化包括法律规范、法律制度和法律设施；隐型法治文化包括公众的法律心理、法律意识和法律思想，是法治社会呈现出来的一种文化状态和精神风貌。在我国，一般认为，法治文化可包括三个层面：一是物化的法治文化即"法律设施"，比如法官制服、法庭布置等"硬件"，

---

① 《关于加强社会主义法治文化建设的意见》，中华人民共和国中央人民政府网，https://www.gov.cn/zhengce/2021-04/05/content_5597861.htm。

② Carey, *Communication as Culture: Essays on Media and Society*, Boston: Unwin Hyman. 1989: 25.

具有显著的文化符号意义；二是法律规范和法律制度，比如我国的人民代表大会制度、司法制度等最直接、最重要的外观形式；三是作为个体的人对法治的感知、认识、态度等，即社会公众的法治观念与行为方式。后两者都可以看作是法治的"软件"。[1]"法治国家和法治社会必然要有自己的法治文化，法治本身就意味着一种特定的社会文化类型、文化体系，即以市场经济为基础，以法治为核心，以民主为实质的社会文化体系。"[2]现代法治精神的渊源主要有三：古希腊文化、基督教文化和中国传统文化。[3]

中国式法治文化无疑是蕴含着中国优秀传统文化的。中国特色社会主义的法治文化，是指以依法治国为原则、以建设社会主义法治国家为目标的法治理念，在社会生活各个领域、各个层面得到充分贯彻，以法治为特征的物质文化、政治文化、精神文化的全面生成。文化是意义的架构，卢梭曾说过，一切法律中最重要的法律，既不是刻在大理石上，也不是刻在铜表上，而是铭刻在公民的内心里，正是法治文化。当法治成为一种常识，成为人际交往和相互沟通联系的一种评价标准、心理预期，就是一种文化了。法治文化是从法治行为对人的意义来看待的。一个社会的法治文化是法治观念、法治精神、法治体系等产生与存在的"土壤"，土壤的肥沃程度，直接影响着法治文化的成长与建设。因此，"需要全社会法治观念增强，必须在全社会弘扬社会主义法治精神，建设社会主义法治文化"[4]。

## 二、中国式法治文化建设的正当性

正当性是一个社会学概念，与法学中的合法性既有联系又有区别。合法性认为，一个政策或一种行为只要符合法律程序和法律规定即是合法的、正当的，着重的是事实判断；而正当性认为，一个政策或一种行为只有被大家认可和接受

---

[1] 荆龙：《"社交式"传播——培育当代法治文化的优选路径》，《人民法院报》2018年6月22日，第7版。

[2] 李德顺：《法治文化论纲》，《中国政法大学学报》2007年第1期。

[3] 鄢晓实：《中国传统法治文化的再认识及其当代价值》，中国政法大学出版社2021年，第237页。

[4] 《习近平著作选读》第1卷，人民出版社2023年，第305页。

才是正当的，着重价值判断。因此，在法为良法的前提下，合法的即应被认为是正当的，而正当的也应是合法的。所以，正当性应是事实判断与价值判断的统一整体，可以说，正当性即合理合法的需求，具备正当性应是法治文化建设的基础。

### 1. 基于事实判断的政治合法性

百余年前，梁启超先生在《欧游心影录》中描述英国时曾写道，他们的法律一经制定，便神圣不可侵犯，非经一定程序改废之后，是有绝对效力，无论何人都要服从；反观中国，觉得中国人法律神圣的观念，连根芽都还没有。70多年前，随着中华人民共和国的成立，《中华人民共和国婚姻法》《中华人民共和国土地改革法》等一批法律法规相继诞生，尤其是改革开放以来，从"1978年12月13日邓小平同志在中央工作会议闭幕会上的讲话中明确提出'有法可依，有法必依，执法必严，违法必究'的'十六字方针'，以及随之而来的'一日七法'、《中华人民共和国民法通则》、《行政诉讼法》等一系列法律的陆续制定"①，到党的十八大报告正式提出"科学立法、严格执法、公正司法、全民守法"的"新十六字方针"，我国法治建设一路走来，取得了巨大成就，中国特色社会主义法律体系已经形成。但"规章只不过是穹隆顶上的拱梁，而唯有慢慢诞生的风尚才最后构成那个穹隆顶上的不可动摇的拱心石"②。于是，党的十八届四中全会通过《关于全面推进依法治国若干重大问题的决定》，鲜明提出建设社会主义法治文化，这是针对现阶段我国法律制度相对比较完善，但法治实践中还存在权力本位、人情本位、依法行政能力不足、尊法守法用法意识不强的事实所做出的战略和政策指导。

从法律知识到法治意识、法治精神，再到法治文化，法治建设在国家主导下不断推进，党的十八大以来，作为治国理政基本方式的法治更是被纳入了社会主义核心价值观，成为国家治理体系和治理能力的重要内容。法治能力成为执政能力的标志，执政者推动法治不力，就意味着国家治理能力的不足。而"文化

---

① 张晶晶：《传播主体与中国法治传播实践的变迁》，《政法论丛》2021年第6期。

② 习近平：《弘扬法治精神，形成法治风尚》，《之江新语》，浙江人民出版社2007年，第205页。

主治是国家治理的必然规律"①，国家治理能力的要求决定了法治文化建设的正当性。"礼乐刑政，其极一也，所以同民心而出治道也。"（《礼记·乐记》）法治文化建设的原则之一是坚持以人民为中心，为了人民、依靠人民，不断满足人民日益增长的对民主、法治、公平、正义的需要，顺应民心是正当性的根本。因此，我国法治文化建设是执政主体的主动行为，人民性又是执政主体和法治文化建设的核心性质，满足国家需求、社会需求、人民需求的法治文化建设于是具备了基于事实判断的政治合法性。所以，"要在全社会树立法律权威，使人民认识到法律既是保障自身权利的有力武器，也是必须遵守的行为规范，培育社会成员办事依法、遇事找法、解决问题靠法的良好环境，自觉抵制违法行为，自觉维护法治权威"②。

## 2. 基于价值判断的文化正当性

党的十九大、二十大报告均高频率提到"文化"，将文化看作是一个国家和民族富有生命力的"灵魂"，这就提醒着我们从文化正当性的角度考察法治文化建设。

法治文化，作为一种社会思想文化，相对于法治的内部规则或法律规范而言，它属于其外部边界。"思想文化的演进，有因有革，有连续有损益。相较于西方而言，中国思想和文化的发展，更偏重于这'因'或'连续'的一面……这也是中国思想文化所以能够生生日新，延续数千年而不中绝，始终保持自身内在生命活力的原因所在。"③源于民族经验的法治文化，有极深的历史文化渊源。以和为贵、民为邦本、礼法并用、明德慎罚、执法如山等中华传统法律文化精华奠定了中国式法治文化的基础，道统文化、贤能理政、制度法律三位一体的儒家德政、仁爱秩序之下的法治秩序、以人为本、无对思维、道义诚信原则等都在影响着中国式法治文化。中国特色社会主义的依法治国与以德治国相结合，也与中国古代道德的法律化与法律的道德化有很多的相通之处。人是文化的动物，法也是

---

① 郵晓实：《中国传统法治文化的再认识及其当代价值》，中国政法大学出版社 2021 年，第 226 页。

② 《习近平著作选读》第 1 卷，人民出版社 2023 年，第 305 页。

③ 李德顺：《"和而不同"的应然与实然》，《人民论坛》2013 年 6 月上。

文化的产物。美国政治学家亨廷顿认为："文化是指一个社会中的价值观、态度、信念、取向以及人们普遍持有的见解。"④ 中国式法治文化融合了大众的价值观与情感基因，形成了"你中有我，我中有你"的紧密格局与关系。"中国特色法治体系正是以情感理性为主轴，将大众情感欲求转化为法律实践理性的理论、文化和制度实践过程，表征着法律治理对精英理性、共同情感和大众欲望的均衡意义。"⑤ "失去文化意义上的判断，我们就根本无法找到法治所倡导的各种价值的应然性来源。"⑥ 由此，中国式法治文化建设以其对文化—人的尊重获得基于价值判断的文化正当性，也随之带来了建设过程中的价值选择与价值衡量问题。

## 三、中国式法治文化建设中的价值选择

中国式法治文化建设的正当性蕴含着事实基础上的价值判断，而法治文化建设的过程是法治价值观传播的过程，也是其被更广泛地了解、更深入地理解、更自觉地接受与认同的过程。如果说价值观是人们关于基本价值的信念、信仰、理想等的思想观念，⑦ 那么，法治价值观就是人们关于法治的基本信念、信仰、理想等的思想观念。这些思想观念并非单一的，有时还是复杂的，因此，在法治文化建设过程中和法治价值观传播的过程中，总会面临价值选择和价值衡量的情形。

### 1. 法治文化体系建设

法治文化是"以市场经济为基础，以法治为核心，以民主为实质的社会文化体系"⑧。因此，法治文化不是单一的，它存在于社会生活各个领域、各个层面，法治文化建设即是要建设以法治为特征的综合法治文化体系，其精神实质是法治精神、法治理念。"法治精神是法治的灵魂。人们没有法治精神、社会没有法治风

---

④ ［美］塞缪尔·亨廷顿、劳伦斯·哈里森：《文化的重要作用——价值观如何影响人类进步》，程克雄译，新华出版社2010年，第68页。

⑤ 廖奕：《中国特色社会主义法治体系的话语生成与思想内涵》，《苏州大学学报》2021年第1期。

⑥ 鄢晓实：《中国传统法治文化的再认识及其当代价值》，中国政法大学出版社2021年，第45页。

⑦ 李德顺：《新价值论》，研究出版社2022年，第266页。

⑧ 李德顺：《法治文化论纲》，《中国政法大学学报》2007年第1期。

尚，法治只能是无本之木、无根之花、无源之水。古人所说'国皆有法，而无使法必行之法'，讲的就是这个道理。其实，使法必行之法就是法治精神。"①

具体而言，中国式法治文化体系包括自由、和谐、民主、公平、正义、秩序、规则、权益等价值要素。基于价值判断的文化正当性基础上的法治文化建设，其目标即是这些价值要素在立法、司法、执法、守法等各个方面及政治、经济与社会生活等各个领域全面体现。以其中的"公平、正义"为例，习近平总书记指出："要把促进社会公平正义、增进人民福祉作为一面镜子，审视我们各方面体制机制和政策规定，哪里有不符合促进社会公平正义的问题，哪里就需要改革；哪个领域哪个环节问题突出，哪个领域哪个环节就是改革的重点。"② 如此不断地在全领域全方位培育、积累法治文化，建设法治文化体系是法治文化建设价值选择与衡量的坚实深厚的土壤和基础。

### 2. 法治价值冲突与衡量

法治文化的多元蕴含着法治价值的多元，那么，在这些多元的价值中，孰高孰低、孰大孰小、孰先孰后？有没有哪种价值是应该得到无限承认和绝对保护的？如一般说来，生命权大于财产权，在为获得亲属遗赠而将亲属杀死的案件中，显然生命的价值是高于获得遗产的财产权益价值的，可要是按照这样的价值排序做出选择，判决当事人不能获得被害人的遗赠，是否又违背了遗赠遵循的自愿原则呢？这是法治价值本身之间可能出现的冲突。有时还会面临法治价值与其他价值之间的冲突。如发生在山东聊城的"于欢案"，从生命权的价值角度来看，于欢故意伤人致人死亡是对他人生命权的故意剥夺，是应受到刑法的严厉惩罚的；但其行为是被当时的特定情境所激发，即其母在现场受到了被害人的极端侮辱，这就又涉及中国传统文化中的"孝"的价值观。该案一审判决结果之所以受到舆论强烈关注和不满，主要就在于该判决只强调了生命价值，而完全忽视了"孝"的价值，因而不具公平和正义。这些看似都是个案中的冲突，却有着强烈

---

① 习近平：《弘扬法治精神，形成法治风尚》，《之江新语》，浙江人民出版社 2007 年，第 205 页。

② 习近平：《切实把思想统一到党的十八届三中全会精神上来》，《十八大以来重要文献选编》（上），中央文献出版社 2014 年，第 553 页。

的示范意义，既关系到类似案件的司法审判，又影响社会公众的法治理念、法治信仰，是法治文化建设需要重点关注的。

那么，面对可能出现的诸多的价值冲突，该如何做出最优选择呢？拉斯韦尔、麦克杜格尔等人在关于法律的政策科学（a policy-science of the law）研究中有过相关的论述，他们研究法律的进路所代表的是一种价值理论，不只是一种对社会事实的描述。他们承认的价值包括权力、财富、幸福、启蒙、技能、情爱、正直、尊重，认为法律是一种权力价值，是社会中权力决策的总和。他们提出，社会成员应当参与价值的分配和分享，即法律调整和审判的目的就是使人们更为广泛地分享价值；认为法律判决应当被看成对社会进程中价值变化的突然事件的回应，应当对所选择的解决方案给整个社会模式所可能产生的影响进行"目标思考"和功能考虑，并用之代替对定义和规则的强调。有关决策过程的未来取向方法比那种机械地操纵传统原则的方法要优越得多。由此可见，对未来的引导及其社会效果是拉斯韦尔等在面对价值变化或冲突时选择的依据。而社会效果通常是建立在多数人认同的基础上的，因此，"事关整体利益、公众利益和共同是非的价值评定，就要由相关的大多数人来表决，少数服从多数。这就是在价值问题上，也只有在价值问题上才需要实行的'民主原则'，这个原则也是包括了要保护少数个体的、与整体无关或不损害整体利益的选择"①。可见，从法治文化建设的角度而言，面对价值冲突，需要在充分沟通、交流和讨论的基础上做出民主的选择。

### 3. 法治价值选择的主体性

任何价值和价值观都离不开人，离不开人的主体性，"价值就是以人的主体性为尺度的一种关系"②。主体性也是价值观的内在基本属性之一。一切对于法治的信念、观点、原则等都是作为主体的特定的人的信念、观点、原则。由此，在法治文化建设中，面对价值冲突做出的价值选择也一定是主体的选择。

从实践来看，中国式法治文化建设价值选择主体的构成如同法治价值本身一

① 李德顺：《新价值论》，研究出版社 2022 年，第 224 页。

② 李德顺：《新价值论》，研究出版社 2022 年，第 116 页。

样是多元的，如法治职业共同体、大众媒体、社会公众等面对案件、涉法事件，会做出或相同或相异的价值选择。但各主体的社会身份、职业归属、专业领域等并不相同，在法治建设中的角色也各有差异，主体的多元并不意味着主体间的势均力敌。其中，法治职业共同体因其专有、专业和专职的特点，在法治文化建设和法治价值选择中居于核心和主导的位置。公众对涉法事实、法治议题的最终期待或定纷止争的众望所归均会指向法治职业共同体，尤其是各级各类法治机构。"谁执法谁普法"在赋予法治机构普法责任的同时，也增加了其法治文化建设主体和法治价值选择主体的分量。大众媒体，作为公众知情权、表达权一定意义上的代理机构，享有采访报道立法、执法、司法、尊法守法用法的状况和传播涉法事实、进行舆论监督的权利，因此，"今天的《纽约时报》会第一时间报道某个法院的判决，那里是美国老百姓了解法律的主要地方"①。而大众媒体报道什么、如何报道，其中就蕴含着法治价值选择的问题。大众媒体在法治文化建设中承担着及时向公众传播涉法信息的角色，是连接法治职业共同体与公众的桥梁与纽带，属于媒介主体。但社会公众在法治文化建设中却并非处于被动接受的角色，无论理论还是实践都越来越让我们认识到，没有舆论支持的法治几乎是毫无力量的。

中国式法治文化建设及价值选择各主体间的关系也是"法民关系"的一种表现。凌斌在《当代中国法治实践中的"法民关系"》中提到法民关系有消极的法民关系与积极的法民关系。就法治文化建设而言，消极的法民关系是建立在法治职业共同体主体与其他主体相互信任的基础上的，这样法治职业共同体就能把一切关系转换成法律关系。美国联邦最高法院布雷耶大法官认为"美国的官员和人民，已逐步接受最高法院的判决和宪法解释。民众已形成一种习惯，哪怕内心极不认同，也能遵循最高法院的宪法解释。今天，尊重最高法院的判决，已经和呼吸一样，成为一种生活常态"②。因此，当前，对美国的司法实践和法学研究而言，重要的是如何维护和保持人们对法院的这种尊敬，法治职业共同体在执业过程中需关注法律背后的社会关系与社会深层次矛盾。我国当前的法治建设状况积极的法民关系表现较为明显。因此，无论是宏观的法治公信力、法治文化建

---

① 强世功：《司法独立与美国法院的权威》，《法律人的城邦》，上海三联书店2004年，第70页。

② ［美］斯蒂芬·布雷耶：《法官能为民主做什么》，何帆译，法律出版社2012年，第98页。

设，还是微观的个案公正，都需要各主体的参与和建设，尤其是法治职业共同体的依法履职、司法公正、执法公正，行使公权力的同时依法承担责任，如近年来实行的"终身负责制"即是对司法人员"责任"的要求。因此，主体意识的有无在很大程度上影响着法治职业共同体的价值选择行为。明确的主体意识会让其在执业过程中更加自觉地履行科学立法、严格执法、公正司法及遵循相关价值衡量与选择的原则，因为，法治职业共同体执业的过程就是法治价值选择和法治文化传播的过程。英国哲学家培根的名言："一次不公正的审判，其恶果甚至超过十次犯罪。因为犯罪虽是无视法律——好比污染了水流，而不公正的审判则毁坏法律——好比污染了水源。"① 这句话不断地提醒着以法律为职业的共同体成员，法治公信力的高低有无取决于其执业行为。专业人员的权威与专业是相对的，如果其行为或话语与公众常识和朴素价值观、生活价值观相背离，是值得反思的。马克思在《〈黑格尔法哲学批判〉导言》中指出："理论只要说服人［ad hominem］，就能掌握群众；而理论只要彻底，就能说服人［ad hominem］。所谓彻底，就是抓住事物的根本。而人的根本就是人本身。"② 作为法治价值选择核心主体的法治职业共同体需在确立主体意识的基础上，在科学、公正的执业行为中审慎进行法治价值衡量，提升法治公信力。

## 四、基于价值选择与传播基础上的法治文化认同

《关于加强社会主义法治文化建设的意见》指出："到 2035 年，基本形成与法治国家、法治政府、法治社会相适应，与中国特色社会主义法治体系相适应的社会主义法治文化，基本形成全社会办事依法、遇事找法、解决问题用法、化解矛盾靠法的法治环境。"法治文化与法治环境相辅相成，以法治职业共同体为基础和核心的法治文化建设各主体间在不断地沟通交流中审慎地进行价值衡量与选择，并广泛传播，进而达成普遍的法治文化认同，是中国式法治文化建设的客观要求。

---

① ［英］弗兰西斯·培根：《人生论》，何新译，湖南人民出版社 1987 年，第 219 页。
② 《马克思恩格斯文集》第 1 卷，人民出版社 2009 年，第 11 页。

### 1．达成法治文化认同

"法治虽然看起来是由国家主导，但是，法治秩序的形成并非国家的单向度作用。法治建设也不能仅从国家的角度来思考和推进。"[①] 正如习近平总书记所说："我们社会生活中发生的许多问题，有的是因为立法不够、规范无据，但更多是因为有法不依、失于规制乃至以权谋私、徇私枉法、破坏法治。"[②] 领导干部及国家机关工作人员尊法守法用法即依法行政是法治建设的关键部分，社会环境则是法治建设的重心，而能从根本上将国家、政府、社会连接起来的唯有文化。从这一角度而言，法治文化建设对于法治国家、法治政府、法治社会统筹发展的全面依法治国有着核心意义和引领作用。

"法治社会建设，最终成果体现在全民法治观念的增强，懂法守法成为日常生活习惯。"[③] "'2020 年全国社会心态调查综合分析报告'显示：当自己或家人遇到不公平事情时，选择'通过法律渠道解决'的居第一位，比 2016 年提升 3.7 个百分点；选择'托关系、找熟人'的比例明显下降。'遇事讲法、遇事找法'逐步成为全社会普遍共识。"[④] 经过长期的法治实践，"人们对法律知识、法律制度的了解程度明显提升。但从认知到行动、从知法到守法，还有一段路要走，即心理和态度层面的认可与认同，也是社会法治意识、法治观念逐渐产生并逐渐被认同的过程。法治的真谛，在于全体人民的真诚信仰和忠实践行"[⑤]。"只有达成理解和认同，即大众对法治的认可与认同，才能更好地实现尊法与守法。"[⑥] 因为"法律要发挥作用，需要全社会信仰法律"[⑦]。达成法治文化认同和共识不仅需要详细的指令，更需要指令背后的经验与基准。"法律的生命从来都不是逻辑而是经验。"[⑧] 法治文化不仅仅是法学的问题，也是社会学、人类学、哲学的问题，是对法律现象的经验描述，也包含了具有法律功能的伦理、乡规民俗等，还有人

---

① 王启梁：《法治的社会基础——兼对"本土资源论"的新阐释》，《学术月刊》2019 年第 10 期。

② 习近平：《在十八届中央政治局第四次集体学习时的讲话》，中共中央文献研究室编，《习近平关于全面依法治国论述摘编》，中央文献出版社 2015 年，第 57 页。

③ 陈柏峰：《中国法治社会的结构及其运行机制》，《中国社会科学》2019 年第 1 期。

④ 汪洋：《学习宣传贯彻习近平法治思想是新时代普法工作的首要政治任务》，《中国人大》2021 年第 6 期。

⑤⑥ 张晶晶：《传播主体与中国法治传播实践的变迁》，《政法论丛》2021 年第 6 期。

⑦ 习近平：《严格执法，公正司法》，《十八大以来重要文献选编》（上），中央文献出版社 2014 年，第 721 页。

⑧ Homes, *The Commons Law*. New York: Free Press. 1963: 5.

们的价值观。经验经过累积、阐释、分享，并逐步打破行政话语依赖，充分利用媒体话语和公众话语，使法治意识、法治精神扎根于公众的日常行为和生活中，才能凝结共识，成为一种集体情感、价值取向、生活方式和文化样式。"遇事讲法、遇事找法"，自觉用法治规范和约束行为，使法治成为自觉的思维方式、行为方式、话语方式，进而成为全社会的文化自觉。在法律生活中，习惯一直有着非常重要的分量。例如公共场合排队习惯的养成，这对于社会秩序、社会规范的维护有很大的助益和引导。虽然习惯不是出于文化，但会成为文化的一部分。

## 2. 坚定法治文化自信

党的二十大报告指出："全面建设社会主义现代化国家，必须坚持中国特色社会主义文化发展道路，增强文化自信，围绕举旗帜、聚民心、育新人、兴文化、展形象建设社会主义文化强国，发展面向现代化、面向世界、面向未来的，民族的科学的大众的社会主义文化，激发全民族文化创新创造活力，增强实现中华民族伟大复兴的精神力量。"[1] 文化是国家和社会发展的深厚持久力量，是道路自信、理论自信和制度自信的题中应有之义。法治文化作为国家总体文化发展战略的重要组成部分，是全面依法治国的根基和灵魂，也是法治国家、法治政府、法治社会建设的题中应有之义。以中国式法治文化建设为核心，在价值衡量基础上做出价值选择并加以传播，可以极大地促进形成平等和谐的社会法治样态与高效的法治系统。同时，文化又是有化人作用的，它在潜移默化中影响着社会的方方面面和每一个人。建设中国特色社会主义法治文化，传承中华法系的优秀思想，让民主、自由、公平、正义等法治精神、法治理念渗透到社会的每一个角落、每一个人，成为社会的文化自觉，才能有持久的生命力、影响力，方能以法治文化之力坚定文化自信。

---

① 习近平:《高举中国特色社会主义伟大旗帜 为全面建设社会主义现代化国家而团结奋斗——在中国共产党第二十次全国代表大会上的报告》，人民出版社 2022 年，第 42—43 页。

# 结语：以中国式法治文化建设促法治文明发展

梁启超说，法治是文明的基本标志。[①] 文明涵盖了人与人、人与社会、人与自然之间的关系。文明与文化有关，但不同于文化，文化是一种存在方式，而文明是一种社会进步状态。按照法国文明史家基佐所说："文明由两大事实组成人类社会的发展和人自身的发展。一方面是政治和社会的发展，另一方面是人内在的和道德的发展。"[②] 政治和社会的发展需要维护公众利益和公共秩序，是法治文明的表现；人内在的和道德的发展即人的自由是法治文明的终极追求。因此，无论政治、社会还是人的发展，都离不开法治文明，而中国式法治文化建设作为当代中国特色社会主义主流文化建设的一部分，是以人民为主体的，以人民为主体在立法、司法、执法中做出价值选择，可为促进法治文明提供持久的生命力和支持力。

【执行编辑：陈新汉】

---

① 梁启超：《变法通议（续前）》，吴松等点校：《饮冰室文集点校》（第一集），云南教育出版社 2001 年，第 592 页。
② ［法］基佐：《欧洲文明史》，程洪逵等译，商务印书馆 1998 年，第 29 页。

# 元宇宙时代网络意识形态领域挑战与机遇研究

何 丽[*]

【摘　要】作为数字技术时代的高阶产物，元宇宙以区块链、人工智能、虚拟现实和数字孪生技术为依托来搭建自身的运行体系，实现了虚拟世界与现实世界的深度融合。元宇宙大大提升了用户的沉浸感、真实感和临场感，推动了人们社交模式和商业模式的发展与创新，也给网络意识形态治理开拓了新空间，有利于强化网络主流意识形态传播的感染力、渗透力、沟通力和解释力。元宇宙的空间性、映射性和人机性，亦可诱发虚拟社会中历史虚无主义、民粹主义、极端主义和自由主义思潮，从而给网络意识形态治理带来新的挑战。因此，同传统的互联网一样，元宇宙同样有着不可忽视的意识形态属性。面对元宇宙来势汹汹的技术环境，网络意识形态治理主体决不能消极被动或听之任之，应积极通过形成理念发展机制、引导协作机制、配套管理机制、绩效评估机制和人才培养机制进行提前布局，牢牢把握网络意识形态治理的领导权和主动权。

【关键词】元宇宙；网络意识形态；意识形态治理；机制探构

不断提升网络意识形态治理能力，着力维护我国的网络意识形态安全，是做好意识形态工作和网信工作的重要组成部分，也是新时代奋力开创国家安全工作新局面的核心要义。习近平总书记指出："在互联网这个战场上，我们能否顶得住、打得赢，直接关系我国意识形态安全和政权安全。"[①]"网络空间是

---

[*] 何丽，老挝国立大学国际学院国际政治专业博士研究生，研究方向为当代中国政治发展。
[①] 《习近平新闻思想讲义》，人民出版社、学习出版社2018年，第28页。

亿万民众共同的精神家园",必须"用社会主义核心价值观和人类优秀文明成果滋养人心、滋养社会","为广大网民特别是青少年营造一个风清气正的网络空间"。① 这些表述为新时代网络意识形态治理的科学发展指明了前进的方向。近年来,随着全球网络信息科技的迭代更新,网络虚拟空间的交往模式也不断推陈出新,尤其是在区块链、人工智能、虚拟现实和数字孪生等数字技术加持下,作为数字化和智能化时代科技新形态的元宇宙开始走上历史前台,成为当下网络信息传播领域的又一个"新形态"。元宇宙的崛起不仅在网络科技和数字经济发展领域掀起了一股新热潮,也给社会主义主流意识形态的网络传播塑造了新空间。面对元宇宙来势汹汹的发展势头,网络意识形态治理如何才能做到因势而谋和应势而动,这已成当下不得不进行思考的一个理论与现实问题。本文探讨了元宇宙给网络主流意识形态建设带来的新境遇,并论述了在元宇宙背景下网络意识形态治理的机制创新路径,以期在网络信息技术高速发展的背景下,为建设具有强大引领力与凝聚力的社会主义意识形态提供有价值的借鉴。

## 一、借势运力:元宇宙塑造网络主流意识形态传播新空间

### 1. 何谓"元宇宙"?

元宇宙(metaverse)是一个舶来品,在英语世界中,是由作为前缀的"meta—"(意为"元的"或"超越的")和作为词根的"verse"(代表着"空间""宇宙")构成的合成词汇,可译为超越现实宇宙之外的另一个不同的宇宙。作为一个新网络术语,其概念界定还存在诸多争议。如在《牛津英语词典》新收录的词汇中,元宇宙被释义为"一个虚拟现实空间,用户可在其中与电脑生成的环境和其他人交互"②。马克·扎克伯格则认为,元宇宙并非一处地方,而是一个"奇点时刻",在其中,沉浸式的数字世界成为我们生活和消磨时光的主要方

---

① 习近平:《在网络安全和信息化工作座谈会上的讲话》,人民出版社2016年,第9页。

② 胡乐乐:《论元宇宙与高等教育改革创新》,《福建师范大学学报(社会科学版)》2022年第2期,第157页;译自 https://www.oed.com/dictionary/metaverse_n?tab=meaning_and_use#130112796。

式。① 一些国内学者认为，元宇宙即 3D 数字化的虚拟社会，通过为用户创造一个开放式和不受束缚的数字社交环境，让用户在感官上突破空间与时间障碍，进而达到增强用户交互感、存在感和真实感的目标。② 综合已有研究可知，所谓的元宇宙，本质上是一个虚拟的、立体式的和不断演进的电子社交空间。作为网络社交模式的一种崭新样态，元宇宙的发展既源于现实又高于现实，其不仅在感官层面上打破了现实世界的时空界限，而且赋予了人们以多元数字化身的形式进行参与的权利，借助于虚拟身份，人们可在其中展开各式各样的社交互动与工作生活，因而带给了人们一种全新的沉浸式体验。由此，元宇宙也被科技界视为下一代互联网发展的重要目标。

作为数字化时代的又一个高阶产物，元宇宙的建构绝非一种或几种技术就可完成，而是需要通过对多种不同技术进行整合嵌入方能实现。从元宇宙的具体运行过程来看，其所依托的体系框架就包含了底层基础技术、具体操作系统、元宇宙驱动引擎、信息交互方式与内容应用、顶层共识规则等若干要件。其中底层技术是构成元宇宙的"基石"和"底盘"，所需的技术要求也最为苛刻。为了形成复杂条件下达成目标的能力，就必须嵌入人工智能技术；为了实现参与者之间的点对点交互，就必须嵌入区块链技术；为了更好地提升观感体现，就必须嵌入以 VR 和 AR 等为支撑的虚拟现实与扩展现实技术；为了能将现实世界的镜像投射到虚拟世界，就必须嵌入数字孪生技术。此外，还包括以 5G 为代表的现代通信技术和云计算技术等。这些不同层面的技术在元宇宙内部发挥不同功用。操作系统和元宇宙驱动引擎是构成元宇宙的基本躯干，支撑着元宇宙的运行，影响并制约着元宇宙的运行效率及其演化发展。信息交互方式与内容应用、顶层共识规则共同构成了元宇宙的内在生态和运行模式，交互方式在于打破元宇宙同现实世界的次元壁，以实现现实与虚拟世界的交互，内容应用构成了元宇宙的场景塑造和动态展开，而顶层的共识规则决定了元宇宙的运行边界及其参与者的基本权限等命题。可见，元宇宙的建构本身是一项系统性工程，绝非一朝一夕就可实现。但

---

① ［美］扎克伯格：《元宇宙不是一处地方，而是一个"奇点时刻"》，卜淑情译，《华尔街见闻》2022 年 3 月 1 日，https://wallstreetcn.com/articles/3653064。

② 参见程金华：《元宇宙治理的法治原则》，《东方法学》2022 年第 2 期，第 20—30 页。

值得注意的是，随着近年来区块链、虚拟现实和人工智能等技术的不断发展，网络虚拟世界实现迭代升维，与现实世界的联系也日益紧密，这些都为元宇宙的发展夯实了根基。

### 2. 应明确元宇宙对网络主流意识形态传播的价值

不断加强网络意识形态建设，维护我国网络意识形态安全，是确保党和国家长治久安的重要前提，也是中华民族实现伟大复兴的基础和保障。元宇宙的崛起，显然在现实中为网络主流意识形态的建构与传播塑造了一个全新的态势，为提升网络主流意识形态传播效果构建了新的技术保障体系。概言之，元宇宙对网络主流意识形态传播的积极价值主要彰显在四个强化上。

第一，元宇宙有助于推动网络主流意识形态传播感染力的强化。

感染力，即能引起他人产生相同或相似思想与情感的能力。感染力建设是意识形态工作的重要一环，也是考量网络主流意识形态传播效果的关键变量。一般而言，意识形态工作的感染力主要源于两方面，一是在主体层面做到真情实意，以达到"以情感人"；二是在场景和方式上谋求突破创新，以尽可能实现"以景动人"。显然，在互联网这个虚拟场景中，主流意识形态传播感染力的形成更多依赖于后者。在传统互联网环境下，文字、图片及影像是信息传播的主要媒介，在这种二维表达情景中，主流意识形态传播的感染力极为有限，且极易走向审美疲态化。元宇宙的诞生为提升网络主流意识形态传播感染力提供了全新的技术支撑，其中最为直观的就是3D视觉技术应用。元宇宙已不仅是一个网页或一张图片等形式的简单运作，而是一个包含多重要素的立体化数字生活空间，元宇宙的几乎所有内容都建立在3D建模基础之上。3D建模即利用三维软件，通过虚拟三维空间来搭建出具有三维数据的人物及场景，既包括了二维捕捉基础上的实体生成，也涵盖了对图像本身的3D渲染等多个技术环节。在3D视觉技术的帮助下，网络信息传播就可实现从传统的二维平面表达向元宇宙背景下的三维立体展示的转型升级。因此，在元宇宙中嵌入主流意识形态，无论是内容生成还是表达方法上，相较以往都有了质的飞越，有助于激发参与者的求知欲和想象力，为增强网络主流意识形态传播感染力开辟了新路。

在元宇宙中，如果说3D建模为主流意识形态传播搭建了新的"舞台"，那么，VR技术的嵌入应用就在打开元宇宙准入通道的同时，为参与者提供更加保真的视觉盛宴。VR（Virtual Reality）技术，即虚拟现实技术或人工环境技术。作为"3D的互联网"，元宇宙本身不会给参与者自动带来全新的观感体验，VR是构成打开元宇宙的基本入口。元宇宙作为空间的核心在于不断的创造与完善，而VR则向参与者提供了有关视觉、听觉和触觉等层面的感官模拟，为全方位展现元宇宙创造了丰富手段。在VR头显设备的帮助下，参与者得以在元宇宙塑造的三维空间实现自由翱翔，进而带来极致的沉浸式体验，这种沉浸式体验可帮助参与者达到现实中肉眼无法企及的广阔领域并形成超级奇观效果，还能全方位调动参与者的听觉、视觉甚至触觉，并促其实现从感官体验向哲理体验进行升级。因此，推动元宇宙同主流意识形态传播的紧密结合，必然有助于强化意识形态内容立体化、灵动化，增强主流意识形态的代入感和吸引力，这对于提升网络主流意识形态传播的感染力，进而弘扬主旋律是有积极意义的。

第二，元宇宙有助于推动网络主流意识形态传播渗透力的强化。

渗透，原为物理学术语，意指物质在透过半透膜时产生的迁移现象。对于意识形态工作主体而言，要真正确保主流意识形态能够打动人心，就不仅要做到"入眼""入耳"，更要直抵心灵深处，不断触及人的内在灵魂，由此才能"入脑""入心"，并引发人们的思想共鸣。在意识形态工作实践中，渗透力建设较之感染力建设而言是更为深层次的范畴。对于网络空间主流意识形态传播而言，其渗透力建设的关键同样在于突破传播主体与接收对象的"半透膜"，进而达至意识形态内容的逐步"迁移化"。元宇宙可为实现这一迁移过程提供两方面的支撑。一是主体功能拓展。元宇宙是多彩的空间，也是赋予参与者自主性的空间。在元宇宙中，无论是人的身体形态还是肌体功能都会得到数字化的重塑与延展，通过智能设备的数据采集、追踪监测和系统上传，参与者便可在元宇宙获得专属的"数字化身"（avatar）。借助这一化身，不仅主流意识形态的传播主体实现了功能强化，参与者亦可通过元宇宙模拟的触觉和味觉，实现对各种意识形态要素的直观接触，从而提升用户对主流意识形态的切身感悟能力。二是叙事逻辑转化。

在传统的意识形态传播实践中，作为主体与对象的人的二元对立是其基本样态，而在元宇宙中，除了人的虚拟化身外，赛博格、各式各样的虚拟人（NPC）以及各类智能设备等共同构成了信息传播的重要主体，各类主体相互交融，围绕主流意识形态展开平等对话并获得内在统一。正是在此过程中，人的精神世界被彻底打开，主流意识形态的建构也将获得更多的情感支持，并推动传播效果实现纵深化发展。

第三，元宇宙有助于推动网络主流意识形态传播沟通力的强化。

作为人际关系得以建立的中间桥梁，沟通是人类进行情感交流的基本纽带，也是意识形态工作的根本着力点。意识形态作为观念体系，其价值目标就在于维护和实现阶级统治，要确保其为对象所接受，实现主体与对象之间的有效沟通是基本要件，如果"自说自话"，其实效性必将无从谈起。元宇宙通过自由场景塑造和打破时空界限，为进一步强化网络主流意识形态传播的沟通力提供了新的可能性。一方面，有效沟通的前提是创设良好的沟通环境，不同于传统互联网模式下的二维社交网络，元宇宙提供的是一个三维动态空间世界，不仅具有立体性还具有发展性和转换性。在人工智能、移动设备、传感器和定位系统等相关技术的支持下，元宇宙可基于主观意志为用户设计、创造和调用不同的交流背景，以契合用户主观诉求和交流需要。同相对固定的现实沟通环境相比，元宇宙为用户提供了一种自由的场景式交流模式，显然，这对提升用户的交流体验和强化沟通效果是有利的。另一方面，有效沟通也有赖于良好时机的塑造，元宇宙实现了交流与沟通的空间自主化，在一定程度上超越了时间的界限。通过三维建模，元宇宙可塑造出现实时间维度中难以实现的场景单元，在其中，用户可以同古人把酒言欢，可领略革命先辈为国为民的大无畏精神，并始终以一种主体"在场"的模式介入其中，这种沟通让主流意识形态传播的信息在"编码"及"解码"的过程中保持了"原汁原味"，因此最接近于沟通的内在本质，有助于网络主流意识形态传播获得文化层面上的高度认同。

第四，元宇宙有助于推动网络主流意识形态传播解释力的强化。

作为观念的上层建筑，意识形态本身是一整套理论构成的思想体系。伽达默尔认为，理论"对于我们来说并不是立刻就能理解的，因而要求做出解释的努力"①。意识形态要为社会大多数人所接受，必须形成强大的解释力。在互联网的特殊场域中，切实提升主流意识形态传播的解释力，根本上取决于意识形态内容本身的科学性和彻底性，同时也与网络信息传播的真实性密切相关。元宇宙最大的发展性和前瞻性，就在于其告别了传统互联网空间一味脱离甚至逃避现实的虚构体态，而是通过数字孪生技术，开启了一个虚实共生的数字平行世界。数字孪生（digital twin），即充分利用模型、传感器等带来的数据信息，通过集成多尺度、多概率和多物理量的仿真过程，在虚拟空间中完成映射，并反映其相对应现实的全生命周期过程。利用数字孪生技术，网络主流意识形态的传播不仅可以更好地映照现实，实现网上网下协同互动，而且在5G、6G通信技术支持下，还可达至虚拟仿真与实践发展的同步运行，由此为主流意识形态的传播提供"虚实一体"的阐释通道。

不仅如此，对于主流意识形态传播的解释力强化而言，元宇宙的价值还在于其通过区块链技术，提供了一个相关内容可追溯且精准化的学习与探讨机制。区块链，即一个个信息区块构成的动态链条，其中每个区块中均保存了一定的数据内涵，并按照各自产生的时间序列展开运作。区块链技术的核心特点在去中心化以及数据的非篡改性。在元宇宙的运行中，正是通过区块链技术来搭建经济社会体系，才有效实现了虚拟世界和现实世界各层面的紧密融合，并在此基础上为每个参与者提供了内容生产和进行数据信息编辑的基本权利。利用元宇宙中纵横交错的区块链，便可构建出主流意识形态传播更为精细化的解释路径。如基于区块链的分布式账本记录，元宇宙中的主流意识形态传播主体和接收主体，便可对其中的有用数据展开加工和进行追踪，从而更好地掌握数据传递中内蕴的意识形态因素。基于区块链的共识机制，元宇宙可有效提升主流意识形态传播的透明度与可信度，而基于区块链的点对点传输模式，亦可推动主流意识形态的内容在用户之间实现对等与自由传播。显然，这对实现理论与实践的更好衔接是有积极意义的。在元宇宙中融入主流意识形态，可构建虚实共生的"价值空间"，进而为强化理论的解释力夯实技术根基。

---

① ［德］汉斯—格奥尔格·伽达默尔：《哲学解释学》，夏镇平、宋建平译，上海译文出版社2004年，第2页。

## 二、不可不防：警惕元宇宙打开网络意识形态风险新魔盒

作为互联网的"下一站"，元宇宙在提升视觉体验、建构虚实协同和强化社交互动等方面有其积极性的一面，但元宇宙本质上依然还是人类创造的一种网络信息技术，同样有其不确定性的一面，尤其是元宇宙强调的自由自主和人的虚拟再生及其背后隐藏的资本动机等，这些都有可能给网络主流意识形态建设带来新的风险与危机，进而造成对国家主权和人的理性的破坏。

### 1. 元宇宙可以为网络为历史虚无主义塑造"新动因"

历史虚无主义是近年来广泛传播且影响深远的一种社会思潮。元宇宙的诞生为人们的交流互动开辟了新的空间，但也正是在此过程中，为历史虚无主义思潮的再生塑造了新的动因。具言之，这种动因主要通过两种内在途径加以实现。一是通过消解国家主权加以实现。从纯粹技术视角看，元宇宙的发展大致可划分为准元宇宙（Quasi Metaverse）、区域元宇宙（Territorial Metaverse）和全球元宇宙（Global Metaverse）三大历史阶段，在不同的发展阶段，元宇宙规模及其数据运行均存在较大差异性。随着元宇宙系统的逐步拓展，元宇宙的数据流动对国家主权独立性带来冲击的可能性也就越大。虽然，元宇宙的相关基础设施仍停留在现实世界中，但虚拟空间中的信息流动却难以受到国界的限制。换言之，在全球元宇宙的形态中，数字主权就很难像传统主权那样确保自主性，数字虚拟世界对国家主权的模糊性亦越发强烈，由此将剥离个体同民族国家的内在联系，并不断加剧二者之间的情感疏离，从而"造成历史虚无化和意义世界的坍塌"。[1] 二是通过人的自我异化加以实现。正如兰登·温纳所言，人们创造出了技术，但人本身也受到了技术的改造。[2] 正是在 3D 建模、人工智能等相关技术的奠基下，元宇宙提供了一个光怪陆离的全新世界，人们感受着现实世界中不存在的一切，往往沉溺其中难以自拔且丧失自我人格，进而导致个体滑入自我异化的深渊。由此，现实

---

[1] 高奇琦、隋晓周：《元宇宙的政治社会风险及其防治》，《新疆师范大学学报（社会科学版）》2022 年第 4 期，第 133 页。

[2] ［美］兰登·温纳：《自主性技术》，杨海燕译，北京大学出版社 2014 年，第 198 页。

世界中的家国情怀和认同意识也被不断丢弃。因此，较之于传统二维互联网，元宇宙更易为网络历史虚无主义的孕生提供"沃土"。

元宇宙不仅在内部的虚拟世界中构成了历史虚无主义潜藏的载体和动能，同时也通过资本逻辑的外在场域，为历史虚无主义的产生提供不可忽视的现实驱动因素。作为人类技术发展重要驱动要素的资本，遵循的是自身独特的运行逻辑。资本"将全部主要的生命活动统一到一个由价值规律及其所伴随的金钱权力所统治的单一的有机系统中"①，首先带来的就是人与物之间关系的颠倒和价值的虚无主义，价值虚无主义渗透到对待历史的态度上，就有可能导致对历史的认知偏离主流意识形态方向。在元宇宙概念引发的一股股热潮中，不难发现，其背后所折射的绝不仅仅是技术发展，更是资本市场的一场场盛宴与狂欢。纽约大学商学院教授斯科特·加洛韦认为，互联网公司作为技术的实际掌控者，极有可能以意识形态为切入点布局自身的数字帝国，为此，他呼吁对数字寡头企业背后隐藏的政治权力予以充分的关注。② 从国内发展情境看，自元宇宙的概念爆发以来，其背后隐藏的资本力量亦不鲜见。因此，在推动元宇宙发展过程中，如何实现超越资本逻辑，并在驾驭资本的基础上实现对元宇宙的科学引导，从外部堵上网络历史虚无主义传播漏洞，是当下意识形态工作中不得不考虑的现实问题。

## 2. 元宇宙可以为网络民粹主义提供"新温床"

同历史虚无主义一样，民粹主义近年来也在网络空间大行其道。作为一种社会思潮，网络民粹主义强调所谓的"平民"至上性，实则是一种非理性道德批判，亦会构成对主流意识形态话语权和引导力的消解与破坏。元宇宙赋予了参与者更多的自主性，实现了网络参与范围和参与形式的拓展与深化，但同样在此进程中，为网络民粹主义的爆发提供了新的温床。概而言之，元宇宙对网络民粹主义的这种"助推"效应，主要源于两方面。一是源于元宇宙去中心化的叙事风格。同传统的互联网运行模式不同，元宇宙是基于"去中心化"技术理念搭建的

---

① 朱培：《美国著名学者奥尔曼论马克思的辩证方法》，《国外理论动态》2004 年第 4 期，第 30 页。

② Scott Galloway, *The Four: The Hidden DNA of Amazon, Apple, Facebook, and Google*. New York: Portfolio, 2017, pp. 1—12.

数字生态系统。巴斯祖克将"多元化""低延迟"和"随时随地"等视为元宇宙交往的重要特征。① 元宇宙的这一叙事架构有效提升了用户的所有权和选择权，但在缺乏外在监管前提下，这种所谓的"去中心化"运行模式不仅难以带来真正的多元化，甚至会导致个体走入"去化别人的、传统的中心，而确立自己的中心"②的理念误区，进而给网络主流意识形态的权威塑造及其有效传播带来更大的障碍。二是源于元宇宙参与角色的模糊化。在传统的互联网环境下，网络交往的间接性、匿名性等特征，已然在客观上带来了参与者定位的模糊性。而在元宇宙中，通过计算机图形学技术（即 CG 技术），创造出同人类形象接近的数字化形象，参与者可选择"3D 卡通"和"3D 写实"等不同类型作为化身参与其中，扮演不同角色展开交流，在这种情况下，网络参与主体的角色定位将进一步走向模糊化，进而造成个体权利和义务的失调。由此，元宇宙极有可能沦为个体发泄情绪的绝佳场所，并带来一场又一场网络民粹主义的"狂欢"，对此必须引起高度警惕。

### 3. 元宇宙可能会是打开网络极端主义的"新场所"

极端主义是一种更为激进的社会思潮，也是互联网领域一股不容忽视的邪恶势力。在中国的互联网情境中，网络极端主义以煽动和颠覆党和国家政权、制造民族分裂等为目标，其行为不仅损害党和政府形象，威胁党和国家的政治安全和政权安全，同时通过削弱马克思主义的指导地位，以及侵蚀中国特色社会主义的价值认同等途径，给我国意识形态安全带来巨大冲击。元宇宙的虚拟现实架构，推动了网络交往模式的发展与创新，但也"团结了一批充满'激情'的极端信徒"，在"进一步放大身份认同和集体行动阴暗面的过程中"，为"极端主义意识形态宣传提供新空间"。③ 元宇宙中网络极端主义的生成主要通过主客观两种途径实现。从参与者的主观层面看，元宇宙实现并强化了人们的信息共享能力，但其

---

① 方光照、田鹏：《元宇宙：从架构到落地》，《国际金融》2022 年第 3 期，第 9 页。

② 徐勇：《防范化解区块链给意识形态安全带来的风险挑战》，《党政干部论坛》2020 年第 6 期，第 9 页。

③ 高奇琦、隋晓周：《元宇宙的政治社会风险及其防治》，《新疆师范大学学报（社会科学版）》2022 年第 4 期，第134 页。

在技术上对虚拟空间的革命性重塑，尤其是其丰富的内容生态与超越时空的社交体系，却也在不知不觉中消解着人与人之间的物理距离。当现实不再成为构建个体关系的重要维度，那么，个体的身份认同乃至集体记忆也将在虚拟的时空中走向消解和割裂，由此导致个体责任的流失与人际关系的疏离。正如勒庞所言，个体的情感狂暴、偏执、专横会因其责任感的消失而得到强化。①事实上，这亦构成了网络极端主义的主观原因。

从技术架构的客观层面看，元宇宙不同于以往的二维网络空间，而是一个更为立体和动态的虚拟世界，对网络极端主义思潮有着"助推"效应。一方面元宇宙为强化教唆提供了更为丰富的空间场景。教唆即以劝说、引诱、怂恿和威胁等方法，将自身犯罪意图灌输给他人，进而使其决意实施犯罪并达到犯罪目的的行为和过程。元宇宙充裕的数据资源和丰富想象力，为极端主义甚至恐怖主义势力散布极端思想，进而引诱和教唆他人追随提供了更好的技术平台。譬如，在美国的 Meta 和 Twitter 平台，恐怖主义、极端主义势力展开意识形态宣传就已不鲜见，这些势力充分利用网络空间的多彩画面，不断向外界展示乌托邦式的理想图景，为其极端主义思潮的合理性作出辩护，进而达到引诱、教唆他人追随、参与。②另一方面元宇宙导致了全新维度的信息安全问题。维护信息安全是应对网络极端主义思潮的基本前提。作为数字技术的结晶，元宇宙的诞生也意味着信息安全问题的外延新拓展。以数字孪生技术为例，这一技术的嵌入实现了元宇宙虚拟场景与现实世界的共生发展，但这一技术若缺乏有效监管，则可能被各类极端分子钳制和利用，成为其传播理念、进行要挟控制的工具和手段，显然这对极端主义思潮的形成与强化是有影响和驱动效应的，对此亦不应忽视。

### 4. 元宇宙可能会导致网络自由主义的"新裂变"

相较于上述几种社会思潮，自由主义则是在当代中国流行最久、影响最大的一种非主流意识形态，也一直都是西方国家对我国进行意识形态渗透与输出的重

---

① ［法］古斯塔夫·勒庞：《乌合之众：群体心理研究》，亦言译，中国友谊出版社 2019 年，第 44 页。

② David Mair. *Westgate: A Case Study: How al—Shabaab Used Twitter During an Ongoing Attack.* Studies in Conflict & Terrorism, 2017(1), pp.23—43.

要武器。在互联网环境下，网络空间自由主义思潮的传播同样不鲜见，其或强调"网络中立"，或宣扬所谓的"网络自由"，根本目标同样为传播资本主义价值观进行服务。元宇宙的崛起为人们在虚拟世界中的自由互动开辟了新的天地，同时也可能成为网络自由主义思潮不断"裂变"的催化剂。元宇宙之所以能产生这一效应，一方面源于其独特的理念内涵。元宇宙赋予了个体自主交往的权利，在这个人造的"异托邦"幻境中，人们不仅可基于自身喜好实现对公共空间的系统性重构，而且在数字技术加持下，亦可实现在虚拟世界的自由翱翔。正是在此过程中，个体的自我价值被无限放大，无拘束的自由被抬升到极高的位置。借用一个或几个虚拟"化身"，人们不仅使游戏成为个体"成长必不可少的环节"，而且推动游戏本身"成为自愿自由的事情"，人类交往应有的严肃被"远远甩在下面"。[①] 显然在这种情景下，网络自由主义传播是有其内在理念诱因的。另一方面则源于元宇宙的技术基础受西方国家把控。作为元宇宙技术"底盘"的相关基础设施，目前主要掌握在西方国家手中。譬如网络数据领域的 13 个根服务器，其中就有 10 个分布在美国。[②] 以此为基础搭建的元宇宙，很难不受西方自由主义价值体系的影响和左右。随着元宇宙的体系架构从区域性向全球性拓展，西方自由主义价值观亦将获得更大传播空间，进而给我国主流意识形态话语权带来更大的挑战。

## 三、机制探构：元宇宙背景下网络意识形态治理的提前布局

元宇宙的崛起，给网络意识形态治理带来了新的挑战。近期以来，国内部分地区已展开对元宇宙发展的政策布局工作。如 2021 年 12 月，上海市经济和信息化委员会印发的《上海市电子信息产业发展"十四五"规划》，就明确提出要加强元宇宙底层核心技术研发，探索和推动元宇宙的行业应用，使其不断融入经济社会发展各领域。2022 年 1 月，浙江省数字经济发展领导小组办公室发布的《关于浙江省未来产业先导区建设的指导意见》，其中亦将元宇宙列为未来产业技术

---

① 王海东：《元宇宙论：新牢笼抑或新世界》，《国外社会科学前沿》2022 年第 3 期，第 18—19 页。

② 李超民：《新时代提升网络思想政治教育话语权研究》，人民出版社 2019 年，第 129 页。

发展的重点方向。<sup>①</sup>但遗憾的是，目前相关政策主要还是面向技术与产业发展层面，网络意识形态治理层面的批判分析和政策嵌入还未有效展开。面对数字技术时代元宇宙渐行渐近的发展态势，网络意识形态治理绝不能有所轻视和放松警惕，应通过相关机制的探索建构来实现提前布局，切实做到因势而谋、应势而动和顺势而为，由此才能为打造我国的科技竞争新优势和有效保障国家安全夯实理念根基。基于上文的分析，笔者认为，应重点做好以下五个方面的前瞻性工作：

## 1. 积极形成理念与认知的发展机制，确保网络意识形态治理能够及时跟上元宇宙发展步伐

理念乃是行动先导，也是行动有效展开的基本前提。习近平总书记指出："发展理念是战略性、纲领性、引领性的东西……发展理念搞对了，目标任务就好定了，政策举措跟着也就好定了。"<sup>②</sup>面对数字信息技术日新月异和元宇宙不断崛起的客观背景，要确保网络意识形态治理不落伍、不滞后，并确保网络主流意识形态主导权话语权的持续提升，意识形态工作主体首先就要把推进自身的认知发展和理念创新摆在核心位置上。对此，要着力做好两方面工作。一是要积极形成网络意识形态治理同元宇宙相结合的理念引领机制。近年来，党中央积极推动数字信息技术的发展和应用，同时又对维护网络安全给予高度重视，这为强化网络意识形态治理指明了方向。元宇宙的崛起实现了网络信息技术的跃进升级，必然呼唤网络意识形态治理理念的跟进创新，其中最核心的是要形成元宇宙意识形态治理的新理念。这里的元宇宙意识形态治理，即意识形态工作主体运用正式和非正式治理模式，对元宇宙空间进行的意识形态治理，其作为网络意识形态治理从二维互联网向三维元宇宙的拓展和升级，是意识形态治理的元宇宙化表征，其目标在于巩固马克思主义指导地位，维护元宇宙空间的主流意识形态安全。当前应积极通过政策和机制建构，推动意识形态工作主体实现理念转型，既促其形成对元宇宙的科学认知，又使其正视元宇宙带来的意识形态风险，由此才能在强化

① 王运武、王永忠、王藤藤等：《元宇宙的起源、发展及教育意蕴》，《中国医学教育技术》2022年第2期，第127页。

② 《以新的发展理念引领发展，夺取全面建成小康社会决胜阶段的伟大胜利》，《十八大以来重要文献选编》(中)，中央文献出版社2016年，第825页。

主观能动性的基础上，为推进网络意识形态治理的深化拓展提供理念根基。二是要积极形成针对网络意识形态治理主体的素养培育机制。元宇宙作为数字技术的前瞻产物，相较于传统的互联网有着更为丰富和复杂的网络技术根底，要提升元宇宙内部网络意识形态治理的效能，就必须形成更为前瞻的科技素养。为此，需要及时通过教育和宣传等途径，对网络意识形态治理主体展开有关元宇宙科技知识及其应用的普及培训工作，提升其元宇宙的参与建构和风险防范能力，为元宇宙意识形态治理的推进做好准备。

### 2. 积极形成引导协作机制，推动实现元宇宙背景下网络意识形态治理的政企协同

科技企业是元宇宙相关技术发展和应用的重要驱动力。众所周知，技术本身并无对错，但对技术的不同利用则会带来不同的社会后果。在《资本论》中，马克思指出"矛盾和对抗不是从机器本身产生的，而是从机器的资本主义应用产生"[①]，并对其内在实质做出深刻阐释。因此，要实现元宇宙空间网络意识形态治理的创新升级，尤其是要防范元宇宙背后的资本逻辑带来的意识形态风险，网络意识形态治理主体不仅要善于运用现代数字技术，更要确保数字技术本身契合网络意识形态治理要求，由此才能确保自身立于不败之地。近年来，除脸谱网（Facebook）更名为元（Meta）以正式聚焦和布局元宇宙外，其他国际科技巨头包括 Google、微软和苹果等亦开始介入其中。与此同时，国内部分科技企业包括百度、腾讯和科大讯飞等也相继展开了相关领域的研发工作。在这种情况下，党和政府作为网络意识形态治理的主体，要确保元宇宙背景下的网络意识形态安全，就必须通过机制建构同各类科技企业形成紧密互动。对此，一方面，要着力形成对各类科技企业在元宇宙发展中的方向引导机制，以杜绝元宇宙背景下网络意识形态治理可能产生的"技术异化"。对一些国际科技巨头面向国内市场推出的元宇宙相关技术服务，要着力引导其遵守中国宪法和法律，符合中国国情和文化背景。对国内科技企业在开发元宇宙相关产品的过程中，也要积极引导其

---

[①] ［德］马克思:《资本论》第 1 卷，人民出版社 2004 年，第 508 页。

自觉践行社会主义核心价值观，注重经济效益和社会效益的紧密统一。另一方面也要借助科技企业优势，进一步形成元宇宙背景下网络意识形态治理的技术孵化机制。元宇宙作为数字技术的高阶产物，在不同场域中具有不同的关联技术，要确保其同网络意识形态治理实现高度融合，也必须结合网络意识形态治理要求打造出专业性的技术载体。对此，党和政府亦可通过对外承包技术研发，将相关任务转交给科技企业，促其打造出更加契合元宇宙环境网络意识形态治理要求的相关硬件和软件，从而在强化网络意识形态治理中形成更为前瞻和积极的技术支撑效应。

### 3. 建构形成相关的配套管理机制，推进元宇宙背景下网络意识形态建设的宏观管理先行

元宇宙在网络意识形态建设中彰显出的二重性，足以表明元宇宙虽实现了技术层面的创新与飞越；但其同传统的互联网一样，同样有着不可忽视的意识形态属性，这决定了元宇宙的开发和科学应用亦离不开相关配套管理举措的系统保障。基于上文有关新挑战的分析，网络意识形态治理主体在面对元宇宙不断崛起的背景下，有必要在宏观监管层面提前布局并做好以下三方面工作。一是提前建构专业性领导机制。网络意识形态治理能否跟上元宇宙发展步伐，关键在于意识形态治理主体的业务能力。要推动元宇宙为网络主流意识形态传播作出积极贡献，就需要各级党政机构及时更新与完善干部选拔机制，提前形成一支兼具元宇宙技术素养和网络意识形态治理经验的新型领导干部队伍，并使其在未来的网络意识形态治理中发挥积极作用，确保元宇宙的发展不偏离社会主义主流意识形态轨道。二是推动形成更为精细化的监管机制。元宇宙内部可能产生各种极端思潮和违法行为，对网络意识形态建设提出了新的挑战，要确保未来我国元宇宙的开发和应用始终处在党和政府的领导之下，避免落入不法分子手中，就必须与时俱进地细化监管机制，其中既要杜绝元宇宙空间发展的思想自由化、历史虚无化和过度娱乐化等问题，也要对元宇宙应用中的底层数据安全进行动态监管，在切实维护元宇宙技术安全的大前提下，促使其同网络主流意识形态传播紧密融合，推动元宇宙为提升网络意识形态治理效能作出积极贡献。三是推动形成虚实同体的

意识形态工作互动机制。元宇宙是虚实共生的空间，在利用元宇宙进行意识形态建设的过程中，相关主体亦应通过互动机制的建构，把虚拟和现实空间的意识形态工作紧密结合起来。唯有形成虚实同体的意识形态工作互动新格局，才能更好地发挥元宇宙在网络主流意识形态建设中的积极效用。

**4. 积极引入绩效评估机制，对元宇宙背景下网络意识形态建设状况作出微观分析与评价**

元宇宙的虚拟性、实时性、兼容性、可连接性和可创造性等特征，决定了要促其实现科学建构且更好地服务于人类，就必须对其技术发展和具体应用过程作出细致规划。对于元宇宙与网络主流意识形态传播的融合而言，亦是如此。要达到这一目标，除了要提前布局宏观层面的配套管理外，基于元宇宙微观角度展开网络意识形态治理的绩效评估亦至关重要。这里的绩效评估，即网络意识形态治理主体利用科学的评价方法及标准，对元宇宙背景下网络意识形态治理的基本态势、内在融合以及由此彰显出来的能力与水平等做出的分析、考量和论证，以判定是否进一步发展、创新或者选择终止。对于网络意识形态治理主体而言，积极推进绩效评估是进一步落实网络意识形态和网络安全工作责任制的题中应有之义。近年来，互联网空间信息传播中暴露出的一些现实问题，如泛娱乐化、网络暴力及隐私泄露等，已在客观上提出了治理评估的需要。元宇宙是更加动态和多元的空间，要进一步强化网络意识形态治理效能，更应及时布局并推进绩效评估工作。具言之，这一机制应着重从两方面展开。在具体展开上，应以元宇宙的特性及其同网络意识形态治理的内在融合为核心，既要对元宇宙的相关设备和程序，包括底层智能计算平台、数字孪生技术和区块链体系等的安全性做出全面分析和评价，并以此作为相关层面技术完善的参考，也要对元宇宙对网络主流意识形态传播的信息输出状况做出动态评估，在确保元宇宙运行安全合规的前提下，促其为网络意识形态建设不断赋能。在主体介入上，为确保上述评估过程的科学展开，作为网络意识形态治理主体的各级党政机构在坚持内部评估的同时，亦应积极引入第三方主体的参与，如相关科技企业的技术性评估、元宇宙参与用户的体验性评估等，尽可能提升评估过程的科学性，为网络意识形态治理提供更加坚实的保障。

## 5. 进一步完善人才培养机制，为建设元宇宙背景下网络意识形态治理的强大队伍做好准备

人才因素具有根本性和决定性意义。无论是元宇宙的开发、管理还是应用，最终都要依靠人才资源的积累来加以实现。习近平总书记曾指出："网络空间的竞争，归根结底是人才竞争。建设网络强国，没有一支优秀的人才队伍，没有人才创造力迸发、活力涌流，是难以成功的。念好了人才经，才能事半功倍。"[①] 元宇宙的核心技术包括了物联网技术、区块链技术、虚拟现实技术、人工智能技术和数字孪生技术等多个领域，要切实促其实现有效运行，离不开智能工程师和空间系统架构师的积极参与。要实现元宇宙同主流意识形态传播的紧密融合，必然要求网络意识形态治理主体不仅要在上述技术层面形成丰富的知识储备，而且也要对党和国家的意识形态建设、公共治理和国家安全等层面的知识有足够的认知与了解。在某种程度上，人才的知识储备状况及其能力的大小，直接决定了元宇宙网络意识形态治理的广度深度。根据新浪 VR 联合猎聘近日发布的《元宇宙人才发展白皮书》，目前国内在元宇宙高端人才的分布上还存在不均匀的问题，其中北上广深等一线地区处于第一梯队，而已有的人才储备也主要是面向人机交互、3D 场景和角色原画等设计层面的，[②] 元宇宙网络意识形态治理层面的专门人才极为稀缺。在这种情况下，积极推进人才储备更新与进一步提升人才质量是当务之急。对此，各级党政机构可以通过政企协同模式形成相应的人才旋转门机制来加以破解，如聘任国内相关科技企业的研发人员担任网络意识形态治理的技术顾问，或派遣现有的网络意识形态治理主体进入相关元宇宙科技企业学习，这一举措可以在短期内为强化人才队伍提供支撑。各级党政机构还可以依托高校的知识和技术储备力量来实现政校合作，如通过学科和专业的设置，推动高校积极培养一批既具备过硬的政治作风，又熟谙元宇宙架构和技术的复合型人才，为元宇

---

① 习近平：《在网络安全和信息化工作座谈会上的讲话》，人民出版社 2016 年，第 23 页。

② 孙奇茹：《北上深广杭为元宇宙人才第一梯队，占总量六成》，《北京日报》2022 年 4 月 22 日，https://baijiahao.baidu.com/s?id=1730800960113618951&wfr=spider&for=pc。

宙背景下的网络意识形态治理提供更加宽广和扎实的人才保障。

事实上，数字技术时代，加强网络意识形态建设是强化主流意识形态引领的重要途径。"主流意识形态是国家发展的主旋律和社会进步的总基调，强化其引领地位有助于维护国家的安全和稳定、培养风清气正的社会生态，也有助于增强民众对党和国家的认同感和归属感。"[①] 中共十八大以来，党中央高度重视网络意识形态建设工作。习近平总书记曾多次强调"依法加强网络空间治理，加强网络内容建设，做强网上正面宣传"[②] 的极端重要性，在他看来，"网络安全具有很强的隐蔽性"，"没有意识到风险是最大的风险"。[③] 近年来，随着信息技术的不断发展，学界对网络意识形态治理的命题进行了一定程度的探讨，但截至目前，相关研究主要还是停留在传统的互联网技术层面上，基于元宇宙的角度展开分析还不是很多。事实上，网络信息技术无时无刻不在发生着改变和升级，尤其近两年在大数据、人工智能和区块链等新兴技术的推动和支撑下，互联网正在经历一场极为深刻的变革，其中最为突出的就是作为现代科技新形态的元宇宙初露端倪。科技界普遍认为，元宇宙的崛起已是一个不争的事实。由此，积极推进网络意识形态治理创新亦需提上研究日程。唯有确保网络意识形态治理实现提前布局，才能牢牢把握意识形态工作的领导权和主动权，也才能推动我国的网络科技沿着正确方向发展。当前，面对元宇宙不断成长的客观背景，意识形态治理主体必须做到立足高远和顺势而动，切实把握现代科技发展脉搏，不断做到化"危"为"机"，为维护我国网络意识形态安全提供坚实的支撑和保障。

【执行编辑：张艳芬】

---

① 刘焕明、范静：《新时代网络空间意识形态话语表达与建构》，《河南社会科学》2021 年第 8 期，第 64 页。

② 《习近平关于青少年和共青团工作论述摘编》，中央文献出版社 2017 年，第 36 页。

③ 习近平：《在网络安全和信息化工作座谈会上的讲话》，人民出版社 2016 年，第 17 页。

# 传统价值论研究

Research on Traditional Value Theory

# 儒家在"情境"与"变化"中的自我选择与自我革新

吴立群[*]

【摘　要】在当代社会，诸多复杂因素使得人们对人与世界及其相互关系的理解发生了深刻转变。时代发展和社会变迁中各种复杂因素以及各种复杂因素之间的相互联系所具有的变化性和不确定性特征日益凸显。对变化性和不确定特征的关注和把握是儒家"自我革新"的基本内涵。作为儒家文化在历史进程中不断"自我革新"的基本表现，"因时而变"与"行之有度"体现了儒家文化的整体性和变化性、主体性和创造性、生成性和超越性特征。儒家文化在"因时而变"与"行之有度"中应对当下挑战的可能性就在于：儒家世界观与其说是儒家对世界的认知和描绘，不如说是儒家对世界的体验和领悟。这一在生存实践中对自身生命过程和周遭世界之间内在一致性的整体性领悟是建立在对变化性和不确定性的深切洞察基础之上的，既是一种充满情感与诗意的感性直观，又具有体验式认知的理性特征。由此，儒家文化在漫长的历史进程中表现出既具有包容性和适应性，又具有持久性和稳固性的思想特征和实践内涵。儒家文化在"情境"与"变化"中的"常"与"变"反映了文化的历时性与共时性特点。儒家文化"自我革新"的过程是一个在"革故鼎新"中不断重返可能性的动态过程，这一重返可能性并非简单地回到原点，而是对可能性的激发、点燃和不断创新。

【关键词】儒家；"情境"；"变化"；"自我革新"

影响时代发展和社会变迁的诸多复杂因素既是现代社会复杂性的现实反映，也是中国社会时代特征的真实写照。如何化解人的异化和技术的异化以及人与世

---

* 吴立群，上海大学哲学系教授，研究方向为儒家哲学、传统文化与价值观教育。

界的疏离感是儒家"自我革新"的重要论题。儒家文化始终紧密围绕时代发展和社会变迁，关注时代发展和社会变迁的具体情境和变化特征，并始终跟随时代发展和社会变迁的"情境"和"变化"。

## 一、儒家思想变迁中的"常"与"变"

儒家文化的形成和发展是紧密围绕时代发展和社会变迁进行的。在儒家那里，"因时而变"与"行之有度"从来都是与整个世界乃至整个人类历史紧密联结在一起。关注时代发展和社会变迁的具体情境和变化特征并始终跟随，是儒家文化得以形成和发展的关键所在。儒家文化中的体用问题、知行问题、成人与成己、人伦与日用，以及理想政治与现实社会的关系问题等方方面面，无不与"情境"和"变化"紧密相关。

儒家对"情境"与"变化"的关注是与儒家文化的致思取向及其思维方式特征①分不开的。在很大程度上我们可以说，《周易》塑造了儒家对于世界的认知模式和基本观念，奠定了儒家文化思维方式的基础。在这一具有某种文化基因性质的思想观念中，人与世界及其相互关系是一个开放和包容的动态生成过程。《周易》以"三才"（天地人）指称整个世界，以"两之"（阴阳）指称世界的根本属性。在《周易》的世界图景中，人类社会和宇宙自然既是一个整体的存在，又是相互作用和相互联系的。在《周易》那里，天、地、人之所以是一个整体的存在，一方面是因为天、地、人具有同源性，即天、地、人均为阴阳交感而生；另一方面还在于天、地、人彼此相通和相感，天、地、人彼此之间存在着相互作用和相互联系，天、地、人是在关系中的存在。也就是说，"三才两之"揭示了"存在"的整体性和关系性特征且内在地包含着与人相关性方面的内容。基于这三方面（存在的整体性、存在的关系性、存在的与人相关性）的认识，《周

---

① 思维方式本身的复杂性和多元性决定了划分和定义诸如"存在""实在"等形而上范畴存在诸多争议，以致难以达成普遍共识。我们知道，人与世界及其相互关系的发展存在多种可能性。在多种可能性中预见并选择能够转变为现实的一种可能性需要综合考察多种因素。显然，这一预见和选择并非易事，其困难就在于多种可能性不仅状况复杂且随时发生变化，况且，影响这多种可能性并使其中一种可能性成为现实的多种因素同样不仅状况复杂且随时处于变化之中，这就使得那种固定和静止的对象化思维方式在这一预见和选择中的可操作性受到怀疑。

易》以"生生"作为对宇宙万物既具有生成性和变化性等不确定性("变")又具有相关性和融洽性等确定性("常")的整体描述。在《周易》"常"与"变"的思想观念中，人与世界的不确定性和变化性特征受到特别的关注，变化中的各种不确定性因素在现实中不期而遇的机缘巧合被视为人与世界的真实存在样态，具有实在性。在《周易》那里，"常"与"变"是一种相互作用的关系，即"常"中有"变"，"变"中有"常"。"常"非确定无疑的必然，"变"亦非随机的偶然。"常"与"变"并不是以统计概率的形式出现，而是"常"中有"变"，"变"中有"常"的相互作用。与普遍性和特殊性关系不同，"常"与"变"的相互对待并不表现为必然性和偶然性关系的特征，而是表现为在变化中不期而遇的机缘巧合。这一不期而遇的机缘巧合在现实中的呈现是具有实在性的。正是对这一变化中不期而遇的机缘巧合的特别关注形成了《周易》"常"与"变"的思想观念。

《周易》"常"与"变"的思想观念是儒家天人关系的理论根源。在儒家那里，人与世界及其相互关系都处于变化发展之中。世界本身千变万化，人自身的自由性和开放性以及无限可能性，又决定了人与世界及其相互关系也必然是自由的和开放的以及无限可能的。这样，"常"与"变"问题就不能不成为儒家对世界的探究以及对人生活的反省的一个关注焦点。儒家以天人关系表达"情境"与"变化"中的"常"与"变"。自先秦以降，历代思想家们对天人关系的思考可谓语焉而详、汗牛充栋、卷帙浩繁。

在天人关系中，"天"含义十分丰富。前辈学者十分重视"天"的含义及其意义的转变。"五四"时期，梁启超明确指出，"天"的含义经历了从主宰之天到抽象之天的演变。[①]现代新儒家熊十力认为，"天"的含义的转变显现的是学术思想的变迁。[②]现代新儒家冯友兰将"天"的含义归纳为五种：物质之天、自

---

① 梁启超说："吾先民以为宇宙间有自然之大理法，为凡人类所当率循者，而此理法实天之所命。"在夏殷之际，"天有感觉有情绪有意志，与人无殊，常直接监察或指挥人类之政治行动"，这一宗教意义上的"天"道观是"具象的且直接的天治主义"，其后"天"的含义发生了变化，"天"的含义经历了从主宰之天到抽象之天的演变。参见梁启超：《先秦政治思想史》，东方出版社，1996年，第24—25页。

② 熊十力说："天之义有四：以形气言，一也；以主宰言，二也；以虚无言，三也；以自然言，四也。后三者皆本前一引申之，而学术思想之变迁，亦于此可略识矣。"[熊十力：《心书·示韩浚》，《熊十力全集》第1卷，湖北教育出版社2001年，第6页。]

然之天、主宰之天或意志之天、命运之天、义理之天或道德之天。① 当代学者郭齐勇在《中国儒学之精神》一书中指出，"天"有超越之天（宗教意义的终极归宿）、道德之天（道德意义的秩序与法则）、自然之天（自然变化的过程与规律）、偶然命运之天等不同内涵。② 正如学者张新民在《天命与人生的互贯互通及其实践取向——儒家"天人合一"观与"知行合一"说发微》一文中所概括的那样："'天'作为政治权力正当性与合法性的本体根源，明显地具有宗教性的终极主宰的含义。从上古具有'帝'或'神'意义的'天'，到与'道'合一的半人格化的超越的'天'，再到与'天理'对应的义理化的'天'，最后演变为纯粹自然的'天'，乃是一个不断'脱魅'的世俗化过程，其中值得认真讨论的变迁环节颇多，无从详论，只好付诸阙如。"③ 就天人关系而论，现代新儒家徐复观对中国传统人性思想的历史渊源进行了分析与概括，并以天命与人性说明了天人关系的本质内容。徐复观指出，在儒家的思想传统中，一方面，人的使命就是知天并依天道而行；另一方面，作为超越的"天"与作为现实的"人"又是一个相互关联的整体。④ 现代新儒家唐君毅则着重从人的创造性来阐释天人关系，他认为"天命"和"性命"既是对人的个体生命存在的种种限制和命令，也是人的生命存在所依

---

① 冯友兰说："在中国文字中，'天'这个名词，至少有五种意义。一个意义是'物质之天'，就是指日常生活中所看见的苍苍者与地相对的天，就是我们现在所说的天空。一个含义是'主宰之天'或'意志之天'，就是指宗教中所说有人格、有意志的，至上神'。一个意义是'命运之天'，就是指旧社会中所谓运气。一个是'自然之天'，就是指唯物主义哲学家所谓自然。一个是'义理之天'或'道德之天'，就是指唯心主义哲学家所虚构的宇宙的道德法则。"（冯友兰：《中国哲学史新编》第1册，人民出版社1982年，第89页。）

② 郭齐勇在书中作了如下归纳：孔子之"天"有时指主宰之天，如"获罪于天""天厌之""欺天乎""天丧予""富贵在天"；有时指道德之天，又有自然法则之意，如"唯天为大""天生德于予""天之未丧斯文也""知我者其天乎""天何言哉"；在孔子那里，"天"有超越之天（宗教意义的终极归宿）、道德之天（道德意义的秩序与法则）、自然之天（自然变化的过程与规律）、偶然命运之天等不同内涵。他在肯定天的超越性、道德性的同时，又把天看作是自然的创化力量。（参见郭齐勇：《中国儒学之精神》，复旦大学出版社2009年，第266页。）

③ 张新民：《天命与人生的互贯互通及其实践取向——儒家"天人合一"观与"知行合一"说发微》，《天府新论》2007年第2期。

④ 徐复观说："周人虽然还保留着殷人许多杂乱的自然神，而加以祭祀；但他们政权的根源及行为的最后依据，却只诉之于最高神的天命。并且因为由忧患意识而来的'敬'的观念之光，投射给人格神的天命以合理的活动范围，使其对于人仅居于监察的地位。而监察的准据，乃是人们的行为的合理与不合理。于是天命（神意）不再是无条件地支持某一统治集团，而是根据人们的行为来作选择。这样一来，天命渐渐从它的幽暗神秘的气氛中摆脱出来，而成为人们可以通过自己的行为加以了解、把握，并作为人类合理行为的最后保障。"（徐复观：《中国人性论史（先秦篇）》，上海三联书店2001年，第22页。）徐复观还指出天命与人性的关联在《易传》和《中庸》那里就已得到说明。徐复观就天人关系多有详论，如《中国思想史论集》（上海书店出版社2004年）等书，此处不一一列举。

据的条件，人自觉地以人的活动实现天命的流行正是人的意志自由和人的创造性的体现。<sup>①</sup> 牟宗三更明确以"创造性本身"作为人性的基本特征，并以"创造实体""性体""本心"对此创造性之内涵予以说明。牟宗三认为，人的这一创造性既是宇宙秩序得以建立的根本，又是道德秩序得以实践的基础，并且人能自觉此创造性。<sup>②</sup> 简言之，"天"的内涵十分丰富，其含义的演变不仅伴随着历史发展的进程，也反映了价值观念的变迁，揭示了儒家思想的源与流。在儒家那里，作为超越的"天"与作为现实的"人"并不是两个世界，"天命"总是与"人性"联系在一起的。儒家一方面承认天道运行有其自身的规律，肯定天道威严；另一方面又肯定人的主体性和创造性，并且认为天、地、人三才之道之所以能够融贯一体，关键还在于人。在儒家天人关系中，"情境"与"变化"中的"常"与"变"所表征的是包括人自身在内的宇宙万物的真实存在境遇。

## 二、儒家世界观中的"情境"与"变化"

在儒家那里，世界并非外在于己的客观对象。"以德性观自然"是儒家世界观的基本立场。就世界观而言，大致有机械论世界观<sup>③</sup>、有机论世界

---

① 唐君毅说："人之能自觉的尽性立命者，亦望此自觉的尽性立命之事，能普遍化于其境中之一切人与物，而皆见为能自觉的尽性立命者；故于其人物之不能自觉的尽性立命者，似于情有所不忍，于意有所不安。"（唐君毅：《生命存在与心灵境界》，中国社会科学出版社 2006 年，第 733 页。）唐君毅就天人关系多有详论，如《人文精神之重建》（广西师范大学出版社 2005 年）等书，此处不一一列举。

② 牟宗三说："儒者所说之'性'即是能起道德创造之'性能'；如视为体，即是一能起道德创造之'创造实体'（creative reality），此不是一'类概念'，它有绝对的普遍性（性体无外、心体无外），惟在人而特显耳，故即以此体为人之'性'。自其有绝对普遍性而言，则与天命实体通而为一。故就统天地万物而为其体言，曰形而上的实体（道体 metaphysical reality），此则是能起宇宙生化之'创造实体'；就其具于个体之中而为其体言，则曰性体，此则是能起道德创造之'创造实体'，而由人能自觉地作道德实践以证实之，此所以孟子言本心即性也。"（牟宗三：《心体与性体》（一），《牟宗三先生全集》第 5 卷，联经出版事业公司 2003 年，第 43 页）牟宗三就天人关系多有详论，此处不一一列举。

③ 早期机械论哲学的主要代表人物是笛卡尔，他认为，物质是形体世界里唯一的客观实体，一切形体都是做机械运动的物质，并认为人体本身也是一种"尘世间的机器"，其活动和运行也同样严格遵循物理学定律（笛卡尔：《哲学原理》，商务印书馆 1958 年，第 45 页）。其后，英国哲学家霍布斯和洛克进一步把机械论从物理学引入哲学领域，使机械论世界观臻于成熟。其基本思想是：（1）整个宇宙是由物质组成的，物质的性质则取决于组成部分，即不可再分的微粒所构成的空间结构和数量组合；（2）物质具有不变的质量和固有的惯性，万有引力统摄一切物质间的作用；（3）物质的运动是它在绝对的、均匀的时空框架内的位置移动，遵循机械运动定律，保持严格的因果关系；（4）物质运动的原因在其外部。

观① 和人文主义世界观② 几种类型。简单地说，机械论世界观就是把社会看作所有人的总和，并认为社会中个体与个体之间仅在机械的因果和量化的影响下相互作用。就此而言，在机械论世界观中，人被视为抽象的理性机器，人的历史传统和文化价值以及人的情感体验无处安放。机械论世界观的思维方式表现出孤立和静止的特点。有机论世界观则把社会看作一个独立实存的客观实体，并认为这一实体以各种无形的力量控制和支配其个体成员，进而认为人类的历史文化和国家的权力法规都充当了这一无形力量的载体。有机论世界观的思维方式表现出目的论和结构功能主义的特征。人文主义世界观则将人类个体推到至高无上的地位，既凸显了在机械论中被忽略的个体层次上的非理性因素，又消解了在有机论中被过度强调的社会层次上的压制性因素，在方法论上具有鲜明的突破性。尽管这三种传统的世界观的思维方式在诸多方面大相径庭，但都主张按照自己的方法和路径获得客观的知识并且只承认自身立场的唯一合法性。旷日持久的无谓争论致使各方都逐渐远离了丰富多彩的生活世界和复杂多变的现实处境。

钱穆认为，儒家的世界观既不是机械论的世界观，也不是有机论的世界观，并且与一般意义的人文主义世界观有所不同。钱穆说"以德性观自然，此易传戴记新宇宙论之特色"③，"易系与中庸之宇宙观，确为一极复杂极变动的宇宙观，

---

① 有机论世界观并不是在 19 世纪才出现，古希腊哲学中就有着朴素的有机整体论观念。在早期自然哲学家那里，宇宙万物由一个本原统一起来。亚里士多德认为："本原"就是"一切存在着的东西由它而存在，最初由它生成，毁灭后又复归于它，万物虽然性质多变，但实体却始终如一。"（苗力田：《古希腊哲学》，中国人民大学出版社 1995 年，第 21 页）。自 18 世纪到 19 世纪以来，以生物学、生理学为代表的生命科学的发展，和天文学、地质学等学科的新进展和新发现，都表明了包括有机体在内的地球万物处在不断的发展演变中，特别是 19 世纪自然科学中新出现的进化论思想有力地冲击了早先形成的机械论世界观，莱布尼茨提出了他的"单子"学说，他认为单子本身是独立自存的，是其发展变化的内在原因，且有着质的规定性。每个单子是一与多的统一，宇宙同样也是一与多的统一，而且是一个由无穷多个个体构成的、连续的整体。现代系统论者贝塔朗菲对此评论说："莱布尼茨的单子等级看来与现代系统等级很相似。"（中国社会科学院情报研究所编，《科学学译文集》，科学出版社 1981 年，第 306 页）有机论的世界观得到迅速发展。

② 相较机械论和有机论而言，人文主义一词的含义不容易界定。阿伦·布洛克认为："人文主义模式，集焦点于人，以人的经验作为人对自己、对上帝、对自然了解的出发点。"（阿伦·布洛克著：《西方人文主义传统》，董乐山译，生活·读书·新知三联书店 1997 年，第 12 页）简单来说，人文主义的哲学世界观更多地体察到价值与意义等主观性因素（欧阳康主编：《人文社会科学哲学》，武汉大学出版社 2001 年，第 129 页）。马克斯·韦伯是此范式下工作的首要人物。

③ 钱穆：《易传与礼记中之宇宙论》，转引自段怀清编：《传统与现代性：〈思想与时代〉文选》，浙江大学出版社 2007 年，第 57 页。

无宁谓其与近代西方的科学观念较近，而与古代西方的宗教观念较远"①。钱穆对"以德性观自然"之"德性"②作了长篇论说。现代新儒家方东美亦对此"德性"作了深入的阐发，方东美说："在中国的语言中，'德'字常指'得'，或'恬然和谐'，也就是指怡然自得，内得于己，外得于人，广大美满，无人而不自得的生命成就。德治的目的就在促进这种精神生活方式的契机，促使每一个人，每一个国家，整个人类，乃至大宇宙中千端万绪的事物都能融贯适应，透露亲切而和谐的关系。"③在方东美看来，"德性"之"德"本有内外兼得之意，即在由己及人不断扩充及至整个人类和宇宙的过程，达到大人关系的和谐、实现个人生命的圆满。"以德性观自然"之"德性"既充满着情感与诗意，同时又是"理性"的。李泽厚说："哲学关乎'闻道'和'爱智'。它是由理性语言表达的某种'体认'和'领悟'。虽充满情感与诗意，却仍是理性的。"④李泽厚认为，在观察性认知那里，主客二分的理性并不能作为哲学的形上设定。"德性"之理性特征则是与体验式认知相关的，而非表现为观察性认知。所谓体验式认知，意即体认和领悟。

---

① 钱穆：《易传与礼记中之宇宙论》，转引自段怀清编：《传统与现代性：〈思想与时代〉文选》，浙江大学出版社 2007 年，第 64 页。

② 钱穆对"德性"作了长篇论说，他说："天人之际，所以为之沟贯而架搭其间者，则有鬼神……然世界无鬼神，则人生至短促，万物各散殊，天人死生物我之际，更无沟贯架搭，孰主张是，孰维纲是，气化之偶然，转将无异于机械之必然。此与儒家畸心的人文的宗旨大悖。故易传戴记言宇宙，虽不言有天帝造物，而尚主有鬼神。惟其所谓鬼神者，亦如其言天地，仅为德性的，而非人格的。鬼神亦为气化自然中所本具之两种德性。易传戴记德性的鬼神论，实与其德性的宇宙论，同条共贯，一脉连技。故易传戴记中之鬼神论，实为其宇宙论中至关重要之一部，抑且为其宇宙论与人生论所由融通透治至关重要之一部，是又不可以不兼论也……则是鬼神即为阴阳之变化，一气之聚散。"（钱穆：《易传与礼记中之宇宙论》，转引自段怀清编：《传统与现代性：〈思想与时代〉文选》，浙江大学出版社 2007 年，第 57—58 页）又说："故天地一大自然也，天地非有人格，而天地实有德性。万物亦然，万物皆自然也，而万物亦各具德性（即各具性能）。自然，不显其德性。言德性，不害其为自然。自然之德性奈何？日不息不已之久，日至健至顺之诚，日生成化育之功，皆自然之德性也。"（同上书，第 57 页）"为德犹言性情功效。此可见秦汉间儒家言鬼神，亦只就阴阳而指其德性言之，若谓其宇宙论乃一种德性的宇宙论，则其鬼神论亦可谓是一种德性的鬼神论也。"（同上书，第 58—59 页）"而就此德性观之，则更无所谓物我死生天人之别。因物我死生天人之别皆属表面，就其内里论之，则莫勿以具此德性而成其为物我死生天人者。故物我死生天人至此使融成一体，一切皆无逃于此体之外……而人亦宇宙中之一物，亦自具此体……礼运亦言之曰：人者其天地之德，阴阳之交，鬼神之会，五行之秀气也。其实此处所谓天地鬼神五行，亦莫非阴阳，亦莫非一气之化。"（同上书，第 59 页）"凡所以能通物我死生天人而为一者，由其本在同一大化中，同具同一之德性，此种德性，直上直下，即体即用，弥纶天地，融通物我，贯彻死生。故可名此种宇宙观为德性一元（或性能一元）的宇宙观。由此而完成之人生观，亦必为一种德性一元（或性能一元）之人生观。"（同上书，第 61 页）

③ 方东美：《中国人生哲学》，黎明文化事业公司 1988 年，第 244 页。

④ 李泽厚：《人类学历史本体论》，天津社会科学院出版社 2008 年，第 7 页。

在李泽厚看来，儒家世界观与其说是对世界的理解与认知，不如说是对世界的体认和领悟。人对世界的体认和领悟充满着情感与诗意，但却是理性的。

"德性"之理性特征是就儒家对于纷繁复杂、变动不居的万千世界的深切关注和深邃洞察而言的。儒家以"因时而变"与"行之有度"在充满"变化"的具体"情境"中"参赞化育"，在天时、地利、人和中"尽性立命"。儒家文化在"因时而变"与"行之有度"中的思想与行动既充满着情感与诗意，又具有"理性"的特征。这一理性特征就表现在：一方面，儒家对时代发展和社会变迁规律的认识，犹如儒家对天命的顺从，是对"天地之大德曰生"的领悟和认同；另一方面，儒家对天时、地利、人和等各种复杂因素的整体把握，又体现了儒家对现实境遇的主体性和创造性发挥。

## 三、儒家自我革新中的"因时而变"与"行之有度"

在与各种"情境"和"变化"的相互关联中，儒家文化之"因时而变"与"行之有度"的思想特征和实践内涵得以形成、建立和发展。

"因时而变"与"行之有度"所关注的是"情境"和"变化"中的可能性以及对这一可能性的把握。"时"，既有"与时俱进"之意，又有天时、地利、人和"恰逢其时"之意，是就儒家文化所面对的时代发展和社会变迁的具体"情境"和"变化"特征而言的。"度"，既有尺度、分寸之意，又有度量、把握之意，是就儒家文化在"情境"和"变化"中的思想与行动而言的。在儒家看来，时代发展和社会变迁等各种"情境"和"变化"的相互联系和综合，犹如天时、地利、人和之"恰逢其时"，这一"恰逢其时"是在儒家的"因时而变"与"行之有度"的实践中才得以实现的。在"因时而变"与"行之有度"中，儒家文化的创新性特征得以凸显，儒家文化"常"与"变"的真实活动图景得以呈现。如果我们以"天"表征时代发展和社会变迁中的各种复杂因素及其相互联结，以"人"指代儒家在时代发展和社会变迁中的思想与行动，那么，儒家文化之"因时而变"与"行之有度"正是在天地人的相互关联中形成的，是以整体性和共通性的视角看待并感受宇宙和人生的儒家世界观和人生观的具体体现。在"以德性观自然"之

"德性"中，儒家文化呈现出一幅人与世界的和谐图景。

"因时而变"与"行之有度"是儒家对世界的理解和把握，对天命的领悟和认同。"时"既具有可能性，是时代发展和社会变迁中各种因素的相互关联；又具有实在性，是各种因素相互综合后的现实呈现。在现代生活中，这一现实呈现不仅指自然环境和社会环境等种种因素，还表现为以虚拟技术和人工智能等为代表的科学进步所带来的人们生活方式的深刻改变。天地之生生不息所包含的时代发展和社会变迁既是自然而然的，又是与儒家的实践分不开的。自然而然乃天地秩序之"度"，儒家实践则为人道秩序之"度"。一方面，天、地、人各有其分，所谓"天生之，地养之，人成之"，此为天地之"度"；另一方面，"天生之，地养之，人成之"中的"人成之"又是对儒家主体性和创造性的高度肯定，是人道之"度"。尽管"时"与"度"都表现为"情境"与"变化"的可能性，是一种不期而遇的机缘巧合，但正是这一可能性，正是这一不期而遇的机缘巧合，才使得儒家文化具有实在性。

儒家文化"自我革新"之所以可能就在于儒家文化本身所具有的"自觉"意识。儒家在具体"情境"和"变化"特征中的思想与行动都是儒家文化"自觉"意识的具体体现。儒家文化并非一"情境"与"变化"中的"偶然所是"，而是儒家"自觉"地实现其本质性的思想与行动。"因时而变"与"行之有度"就是使"情境"与"变化"中的"可能所是"成为现实的思想与行动。儒家文化中的"自觉"意识并非仅表现为一种道德意识或心理意识，而更多的是表现在儒家文化的思想中，落实在儒家文化的行动中，体现在儒家"人伦日用"的方方面面。这一"自觉"意识是儒家在"情境"和"变化"中的自我选择和自我行动。"情境"和"变化"的相互关联构成儒家文化的现实场景。儒家在各个不同历史时期，跟随不同时空情境变化的思想与行动，都体现了儒家"自觉"意识对"情境"和"变化"中的"常"与"变"的把握。以随顺的态度在纷繁复杂、变动不居中理解、把握"情境"和"变化"，并积极参与"情境"和"变化"的建构，正是儒家"自觉"意识的充分展现。

儒家"自觉"意识是以尊重自然秩序为前提，并以随顺的态度积极参与自然秩序的建构，而不是万物主宰的立场。儒家"自觉"意识的主体性并不表现为对自然的征服和利用，儒家"自觉"意识的创造性亦非"人定胜天"之意。儒家"自觉"意识所具有的主体性和创造性就在于以随顺的态度在纷繁复杂、变动不居中理解和把握各种情境与变化，并积极参与"情境"与"变化"的建构。在儒家那里，文化不是一个既定的存在，而是一个面向未来的有待完成的创造。这一充满着未知、具有无限可能的创造，是在各种"情境"和"变化"的相互联结中才得以完成的。儒家"传统"并非仅存在于"过去"，而是参与历史的演进。传统的价值并非既定的客观实在，而是在人们的追问中生成的意义。人们对传统的追问既是对传统的理解，也是对现实的思考，更是对未来的期望。儒家文化史与其说是历史的进程，不如说是儒家在不同的"情境"和"变化"中对人与世界及其相互关系的理解过程。

"因时而变"与"行之有度"内在地包含着"常"中有"变"、"变"中有"常"的思想观念。关注"情境"与"变化"中的"常"与"变"是儒家"自觉"意识的基本内容。尽管"变"是儒家思想发展过程中的常态，但不同时期的儒家思想仍具有一致性，这一万变不离其宗之"常"可概括为：以"仁义、礼智、道德"为其致思取向，以"修身、齐家、治国、平天下"为其为学宗旨。就文化的历时性与共时性而言，儒家文化之"因时而变"与"行之有度"是一个"常"中有"变"、"变"中有"常"的思想历程。就此而言，"因时而变"与"行之有度"不仅是儒家文化形成和发展的方法和途径，也是儒家文化在形成和发展中所创造和建立起来的"与时偕行"。

概而言之，"因时而变"与"行之有度"是儒家在主客统一性中对跨时空的历史场景、当下样态、未来希冀的整体性领悟中的思想与行动。"因时而变"与"行之有度"体现了儒家文化的整体性和变化性、主体性和创造性、生成性和超越性特征。进而言之，"因时而变"与"行之有度"亦表达了儒家"自我革新"的可能性和实在性以及现实性和自觉性等理论内涵。

## 结　语

当代社会是一个机遇与挑战并存的时代，一方面，在科技进步的推动下，人类社会在政治、经济、教育、科技等社会生活的方方面面都取得了长足的进步；另一方面，人类未来的不确定性以及人们解决现实问题的不同立场又使得人们对于人类未来和现实生活的理论思考更加众说纷纭。新的时代背景和思想观念使得人们对现代社会和人的发展等问题的理解难以达成共识，深入思考全人类共同价值与人类命运共同体正当其时。儒家对此所进行的探索和实践不仅为儒家文化自身之"自我革新"赋予了新的时代内涵，也为重新理解人与世界及其相互关系提供了一种新的可能。在文明对话正在积极推进的全球化时代，"因时而变"是儒家文化的题中应有之义。与此同时，如何保持儒家传统，兼容民族性与世界性，不以西学为范式裁定儒学价值，确保儒家文化在中国现代化进程中的"行之有度"，同样是儒家文化"自我革新"的重要内容。

儒家文化的"常"与"变"反映了文化的历时性与共时性特点。"自我革新"并非确定无疑，而是充满着未知和不确定，正是这一未知和不确定才使得"自我革新"本身具有丰富的可能性。在儒家传统思想中，"革故鼎新"所蕴含的相因相续、变革损益的动态过程本来就是一个不断寻找新的可能性的过程。"革故鼎新"意为重返可能性。就此而言，儒家文化"自我革新"的过程是一个在"革故鼎新"中不断重返可能性的动态过程。这一重返可能性并非简单地回到原点，而是对可能性的激发、点燃、创新。

【执行编辑：陈新汉、关山彤】

# 价值实践问题研究

Research on Value Practice

# 论高科技凸显的"终极价值"问题*

孙美堂**

【摘　要】当代高科技正在从三个方面对人类作为一个类、一种生命存在，能否继续"如此这般"地"在"或"是"，提出了重大挑战，从而凸显了三大终极价值问题：其一，宇宙学、物理学的新发现引出主宰者和虚无主义的矛盾，关于存在的终极困惑必然导致关于价值的终极困惑；其二，生命科学可能会悄悄地改变人的生命存在基础，我们是否会演变为"后人类"；其三，人工智能会不会催生出有独立自我意识和自由意志的另一种"主体"。这些问题是对近代科学和启蒙理性的"反例"，因而无法完全按照近代科学和启蒙理性的思维方式回答。回应高科技带来的价值问题，有四条原则：第一，把经验生活中的价值考察与终极价值追问分开；第二，终极价值的追问和确立只能是由近及远的超越性路径；第三，需要引入复杂性思维；第四，需要树立向高维度跃迁的致思路径。

【关键词】终极价值；高科技；主体；生命存在

## 一、我们究竟面临什么样的价值问题？

我们处在大转折、大变革的前夜。这些转折和变革因素，有的来自世界局势和人类文明形态，也有的来自科学与技术。从启蒙运动到 20 世纪早期盛行的许多政治信条、许多"不言自明"的宇宙观，面临越来越多无法解释的"反例"。

＊　本文为国家社科基金一般项目《后真相时代的事实与价值问题研究》（项目编号：21BZX032）的阶段性成果。

＊＊　孙美堂，中国政法大学马克思主义学院教授，博士生导师，研究方向为价值哲学、文化哲学和马克思主义哲学。

尽管传统势力顽固地维系旧的秩序、价值观和思维方式，但从历史大视野看，颠覆性后果还是不可避免；即将问世或正在酝酿的许多全新的观念，与我们现在恪守的信念、价值观和精神世界的图像可能会大相径庭。笔者试图以当代科学技术对我们关于宇宙秩序及相应的价值观的冲击为例，谈谈高科技给当代人带来的"终极价值"问题。

首先，本文关注的重点不是讨论科学技术本身，而是高科技发展趋势引起的终极价值问题。高科技昭示了某种前景或可能，它似乎危及我们人作为一个类、一种生命存在，能否以及如何继续地"在"（be）或"是"（to be）。在当代科技飞速发展的情况下，人类能否继续"如此这般"地生存？这一价值冲突是最高级别的，我们姑且谓之"终极价值"。其次，本文所谓"终极价值"是最高的知识和信仰对具体历史主体的价值。人们依据经验、知识、冥想和逻辑推理，建构自己关于宇宙人生、自然历史之最高目的、最后根据、普遍法则和整体图像的知识与信仰，它代表了人安身立命的最终基础和最高境界。如果最高的知识和信仰出现混乱，人存在的最高价值根据就动摇，甚至失去精神家园，我们就会有荒谬、不安和恐惧感。所以"终极价值"就是满足人在宇宙和历史中定位和价值安顿之需要的那种价值。最后，本文所谓"终极"，不是说我们的价值追问到头了，也不是说存在某种"绝对到绝对说不出什么"的绝对价值，"终极价值"相对于经验生活中的具体价值而言，它是每一个时代的人们在重大根本价值追问方面所能达到的最高境界。它意味着，我们这代人的理性智慧和实践能力所能达到的"终极"。

当代科学技术主要凸显了三大终极价值问题：

其一，关于存在的终极困惑引出主宰者和虚无主义的冲突，我们再次陷入困境："存在"是什么？或者说："存在"存在吗？人在宇宙中有没有最终的主宰和依凭？

一方面，宇宙不可思议的自组织性、协和与神秘，把主宰者的问题再次提了出来。宇宙是否有某种目的、是否存在某种主宰，长期以来就是既让人着迷又令人困惑的科学、宗教与哲学问题。从文艺复兴、启蒙运动到经典物理学，追问宇宙的动因、秩序和目的时，人们还是在稳定的机械系统思考宇宙的神秘，例如近代哲学家和科学家相信：宇宙是上帝按数学公式设计的；上帝启动第一推动后，宇宙这部伟大的机器就有条不紊地运动。

随着 20 世纪量子力学以后的复杂性科学的发展，主宰者的困惑并没有消失，反而变得更加神秘和不可思议。宇宙完全不是有条不紊、按数学公式运行的机器，而是在涨落和大爆炸中按熵增的趋势走向某一个方向。如果跳出我们的经验视角，深入微观和宇宙大尺度，我们会感受到，时间与空间、物质与能量、暗物质与暗能量，以我们无法想象的方式运行着；更有甚者，科学还向我们提示了多维宇宙的可能性。如此伟大、复杂和神秘的宇宙，似乎由某些公式支配，例如欧拉公式（$e^{ix} + 1 = 0$）、弗里德曼方程式、薛定谔波动方程等。宇宙中还有某些常量，如光速、普朗克常数、质子和电子的质量、宇宙膨胀的哈勃常数等，它们稍稍改变，我们的宇宙就完全是另一个样态。可它们为何一定是这样？无论多么智慧的人类都无法设计和控制这样的宇宙，何况无机的自然界！无论我们如何尽情地想象，我们也实在不知是什么样的智慧和力量能生产出如此复杂而又奇妙的宇宙，能操纵如此巨大和复杂的自然界。

正因为如此，许多伟大的科学家都相信我们的宇宙有某种主宰，或者造物主。例如杨振宁先生前不久在一个视频中回答"是否有造物主存在"时讲：如果你说的是人形的上帝，我想没有那样的上帝；但如果说是宇宙的造物主，我想是有的。例如麦克斯韦尔方程那么复杂那么巧妙，它不可能是偶然形成的。宇宙那么宏大，且整齐有序，不可能是自发产生的。其实很多大科学家都有类似的观念。远的不说，现代科学家如海森堡、爱因斯坦，都信仰斯宾诺莎式的上帝。我国著名学者如朱清时、潘宗光也委婉表达了类似思想。

另一方面，科学发现提出了一个让人困惑不已的问题："存在"究竟是什么？甚至"存在"存在吗？沿着这个问题追问下去，有可能导向虚无主义。

量子力学被提出以来，新科学的理论和假说不断涌现，如系统科学（耗散结构理论、混沌理论、突变论等）、大爆炸说、黑洞理论、暗物质和暗能量说、超弦理论、平行宇宙论等。每一理论向我们打开或者预示了全新的宇宙观：从更高维度反观，我们的宇宙可能完全不是我们以前想象的那个样子，我们的"存在观"可能需要推倒重来。

光速和宇宙大爆炸理论揭示，我们感知的宇宙其实是来自遥远的过去。因为我们接收到的外部世界的信息，都有一个传递的过程，信息传递最高速度不超过光速。近在咫尺的存在物的信息，其传递过程我们可以忽略不计；但在宇宙尺度上，即使采用最先进的仪器，我们接收到的可能也是几万年、几亿年前的信息。不仅如此，宇宙膨胀速度远远大于光速（光速不变是就宇宙内传递速度而言，不涉及宇宙膨胀速度）。我们真的能感知世界吗？如果我们永远无法感知遥远宇宙的今天，那我们如何言说宇宙、言说"存在"？

微观粒子的存在是随机的、不确定的。我们知道，量子的态要用波函数描述，它的力学量（坐标、角动量、能量等）是不确定的，有多种可能，以致我们既不能说它存在也不能说它不存在，因为我们无法用经典理论来描述它的存在。由于物质是由量子构成的，而量子的"在"又是随机的和不确定的，可想而知，这个发现对传统存在观的冲击。

超弦理论告诉我们，世界的本质是"超弦"，我们感知的世界只是这种"弦"在特定条件下的"显像"。深入到宇宙的极端境况（高能、微观和宇宙层次）考察，人们会发现，我们经验到的物质世界只是某些特殊条件下自然界呈现的"态"或者"显像"，更深层的本质是"超弦"。"超弦"如果以其他方式相遇相交，它可能会呈现其他"显像"，这也就意味着那是另一个世界、另一种存在。这样的理论能更好地解释时间与空间、物质与能量的转化，以及暗物质、暗能量等现象。超弦理论的提出对传统的存在观也是极具挑战的。

平行宇宙意味着什么？平行宇宙（parallel universes）也称平行世界（parallel worlds）、平行次元（parallel dimensions），是根据量子测量而发现、提出的一种关于诸多可能宇宙集合的假说，它在很多方面已有间接证实。按照这种理论，不同维度的、可能的宇宙即使近在咫尺，我们也感受不到，就像同一轨道上但在不同时间行驶的列车，或者同一时间但在立交桥的上下层行驶的列车。平行宇宙告诉我们，可能存在另一些世界，其中有小到另一个"我"、大到另一个宇宙。平行宇宙论对我们的冲击是难以言表的。如果在另一宇宙中有另一个"我"跟我纠缠，那我是什么？或者，如果有另一个各方面性质与我们相反的世界，那世界是什么？如果宇宙有许多的"维度"或"元次"，我们如何在更大的尺度上谈论宇宙？

其他颠覆性问题还很多。

其一，我们究竟如何理解存在？甚至，所谓的"存在"存在吗？这些问题对价值哲学最大挑战是，它动摇了我们宇宙观最深层、最牢固的基础——从古人的经验直观到经典物理学描绘的世界图像，似乎蕴含某种荒谬感和虚无化的可能。如果我们不能踏实地把握存在，我们似乎生活在一个变幻莫测的"多次元矩阵"中，这就不但是存在论的终极困惑，也是价值论的终极困惑。

其二，科学技术会改变人的生命存在形态吗？我们会演变为"后人类"吗？那对人来说意味着什么？从人的生命形态看，我们生命的物质基础可能会彻底改变，进而"人是什么"这个问题需要重新考察和定位。

人跟地球上的所有生命一样是碳基生命；我们的 DNA 有 3 万亿个碱基对；从基因组织结构和排列顺序看，人的基因组也是独特的。在漫长的历史上，这些秘密只有"上帝"才知道。也就是说，生殖和遗传是人生命存在的唯一方式。

但是现代科学技术从几个方面对我们生命体的基础提出了挑战。由于碳基生命很脆弱，需要苛刻环境和条件，否则生命体就死亡；也由于碳基生命与人工智能技术对接不那么便捷，科学家们开始探索全新的生命体——硅基生命或碳硅共生体。2022 年，谷歌 Deep Mind 公司与欧洲生物信息研究所（EMBL—EBI）合作，利用人工智能（AI）系统 Alpha Fold 预测出超过 100 万个物种的 2.14 亿个蛋白质结构，开启研究硅基生命或者硅基与碳基结合的探索历程。在国内，同济大学刘琦教学科研团队也在进行人工智能技术与生物组学技术结合的研究，目标也是硅基与碳基结合的生命体。当然，这些技术刚刚起步，也许还幼稚，但从长远发展看，不可估量！硅基生命体的生命力更强大、更能适应不同的环境，而且能更好地与人工智能结合。不过那样一来，"我们"怎么办？我们能否接受自己被改造为硅基生命体，或碳基—硅基混合体的事实？它是否会威胁到"我是人"的价值基础？当代生命科学和技术的前沿，包括病毒改造、基因工程、分子生物学等，生命科学和技术越发达，潜在的风险就越大。如果没有强有力的道德和法律约束，滥用这些技术可能会导致难以想象的后果。遗憾的是，由于技术垄断和信息"黑箱"，对绝大多数公众而言，这些科学家在做什么、这些技术究竟意味着什么、它们会给人类带来什么，我们其实是一无所知的，但它导致的后果却是我们必须承受的。于是，我们又面临一个终极价值问题：人类会被自己的技术毁灭吗？

其三，人工智能在智能和创造力方面究竟能走多远？它会不会形成独立的、不受人支配的"自我意识"，并因此挑战人作为"万物灵长"的主体地位？

这其实是个老旧话题，也是个争议颇多的话题，需要加以辨析。当我们担心人工智能（AI）是否会超过人类甚至会主宰人类时，我们究竟在说什么呢？如果指 AI 处理数据信息的量、速度、精准度和难度方面超过人，这是不言而喻的，跟火车运输货物远胜于人挑肩扛道理一样。到目前为止，总的说，AI 还是在人类设定的程序和框架内，说 AI 只是工具也是对的。但这不是我们要讨论的问题。

从价值哲学角度说，真正有意义的问题是：AI 会不会形成独立的自我意识和自由意志，并因此不受人类控制？对此做绝对肯定或绝对否定的回答，似乎都为时过早。从 20 世纪 40 年代计算机诞生至今，AI 大致可以视为自动控制的复杂化和精准化。不过最近几年国际人工智能的发展，似乎在酝酿新的突破。这是多方面因素导致的：深度学习、神经网络研发、人机一体化智能系统的研发、智能机自我设计（由第一代 AI 设计出来的新一代 AI，它再设计更新的 AI……经过几代更新，这个后果惊人）等，技术路径与以往有了很大不同；由于 AI 处于开放的复杂大系统中，接触的信息暴涨，智能机会出现"意识"的"涌现"现象；虽然 AI 总是在人的引导和训练下进行学习，但总有些人无法把控的"黑箱"，AI 的"个性"会不会从这些黑箱中发展长起来？

按照清华大学刘嘉教授的说法，传统的 AI 无外乎三条发展思路：第一是强化学习，智能机模仿人和动物的行为，通过行为从环境中得到反馈；第二是模仿人的大脑，即脑神经元链接的原理；第三是模仿人的思想，例如在社交平台上植入人工智能，智能机参与人聊天学习，不仅能在反馈中形成自己的思想，而且会形成与"他人"相区别的"自我"意识。当然还有一个条件：神经网。大的人工神经网络为大的生物神经网络建模，用大脑的工作原理启发人工神经网络。[①]

---

① 刘嘉：《未来已来，人工智能逐渐"涌现"出"意识"》，《清华文科》2023 年 11 月 26 日。

类似的证据还很多。考虑到介绍 AI 进展不是本文的任务，恕不继续赘述。

今天的 AI，其独立的自我意识和自由意志也许还很幼稚，甚至不被承认；但一旦有了突破口，后续发展态势是不以我们的意志为转移的。假如人工智能的确会发展出独立的自我意识和自由意志，它对人的人格、尊严和主体性来说会意味着什么呢？如果我们面对信息处理能力远在我们之上且有"独立人格"的智能机，我们能否接受以及如何接受？我们既不能按照传统思路认定人是主体，智能机只是工具和手段，也不能像科幻影片似的想象未来的某一天，机器人如何统治人甚至毁灭人。作为哲学学人，我们只能在跟踪学习的基础上，揣摩它对人类可能存在的前景、价值与风险。

## 二、启蒙理性能否回应新的价值问题？

我们今天面对的各种终极价值问题，是近代科学和启蒙理性的"反例"；而流行的思考和解决价值问题的思路，恰恰是近代科学和启蒙理性奠定的，带有这个时代的特点。于是，价值探索尤其是对终极价值的探索，似乎陷入一种自我循环。

在启蒙和现代科学兴起之前，价值问题主要是以两种形态出现：一是独断论，它主要关涉信仰和终极价值，解决人安身立命、建构精神家园的问题；二是规范论，主要针对经验生活或行为实践，回答人"何以行"的问题。这两种价值建构方式又是密不可分的。因为规范被视为不言自明的或天经地义的，你照做就是，无从追问也无人追问。可以说，传统的规范论是以独断论为基础的。

启蒙运动开启的是科学理性精神，也必然是批判和怀疑的精神。批判的标准和根据是理性。恩格斯说："宗教、自然观、社会、国家制度，一切都受到了最无情的批判；一切都必须在理性的法庭面前为自己的存在作辩护或者放弃存在的权利。"[①] 启蒙理性打破了轴心时代以来的价值独断论传统，因而也就间接动摇了规范论。我们充分肯定这个历史的伟大进步的同时，也应该意识到它给价值建构

---

① 《马克思恩格斯文集》第 9 卷，人民出版社 2009 年，第 19—20 页。

带来的影响。

### 1. 价值建构的主体性路径问题

笛卡尔"我思故我在"的思维模式，完成的是人与神关系的颠倒。它通过批判质疑，确立主体"我"，并把它当作基点和出发点向外推论。这与古代文明普遍运用的价值建构方式正好相反。因为以往人们是先确立最高的形而上学根据，再引出自己的价值准则和行为规范。应该说，自笛卡尔开始的以主体为原点向外推论的路径才是现实的。这是因为：相对于宇宙的伟大和神秘，人太渺小。因此我们不可能事先获得关于宇宙的终极真理（除非是臆测或独断论），再按照它来为自己"立极"。人只能从每个时代的自我出发，向外拓展。不过这样一来，人在经验层面把握价值与事实，是没问题的，但如何确立终极价值？从主体的生存出发可以把握具体的价值事实，但价值的形而上学基础却无法通过这样的路径确立。正因为如此，西方的价值论总在形而上与形而下、尘世与超越的冲突中展开。

这种冲突跟另一困惑相关：现实的、经验的主体与我们尚未穷尽也不可能穷尽的宇宙的关系，究竟如何对待？价值相对于主体而言，对象因主体的不同呈现的价值也不同，这是没问题的；但主体本身是开放的。一方面不同主体彼此间互相开放，这就导致价值的"主体间性"问题。在多元主体并存的交往方式中，确立什么样的价值共识原则才是合理的？如何防止相对主义和折中主义？另一方面也是更重要的：我们需要把主体性思考与关于宇宙人生的终极思考结合起来，让主体性以开放的姿态接纳当代科学技术向我们展示的终极问题，并因此来调整主体的规定性。

### 2. 批判、怀疑和反思对价值论的冲击

启蒙运动开启的理性主义和科学主义，强调的是批判、怀疑和反思。笛卡尔哲学就是从"怀疑一切"开始的；从休谟问题到逻辑实证主义，都以怀疑、批判、审视为特征；至于科学，按照卡尔·波普的说法，科学是批判的态度，科学的本质特征是可以证伪，是猜想与反驳，是试探和除错。"大胆地提出理论，竭

尽我们所能表明它们的错误；如果我们的批判努力失败了，那就试探地加以接受。"[1] 凡是不允许反驳或者无从反驳的理论，都不是科学，至多算伪科学。

但是以批判和怀疑为基础的思维方式，与信念和信仰的确立是冲突的。批判、怀疑和反思是现代人的精神世界与古人精神世界的区别所在。因为有了否定，我们才有科学和科学精神。批判和证伪推动科学的进步，这点得到了公认，也形成了成熟的机制。不过，批判和证伪能否推动价值创新？尤其是终极价值的变革？这个问题似乎没有有效回答。因为终极价值需要以信念、信仰为条件，而不是以批判和质疑为条件。局部和暂时地看似乎是这样，但从长远看，我们的终极价值大多是科学革命推动的，它离不开批判和质疑。只有批判价值哲学的前提、条件和基础，我们才能在更高层次上重建终极价值。

### 3. 知识论传统在价值建构中的困难

当哲学沿着弘扬主体、张扬理性的思路去思考价值时，其哲学思维也不可避免地打上知识论的烙印。休谟问题是典型例子。休谟质疑一种普遍的"逻辑"：以"是"为连系词的句子与以"应当"为连系词的句子，是一码事吗？我们从一种句型过渡到另一种句型的合法性何在？显然，一个是陈述事实，一个是价值诉求；前者建立在经验事实、逻辑推理的基础上，也需要批判和质疑；后者基于立场和情感，建立在信的基础上。

不过有趣的是，逻辑实证主义和分析哲学解决休谟问题的路径，看似在"是"与"应当"之间划分了界限，甚至把价值问题逐出了知识和哲学范围，实际上这种处理方式本身也是知识论传统。甚至在"物极必反"的情况下，哲学家开始尝试消融事实与价值间的鸿沟，例如黑尔用"规定语言"来消弭事实与价值的鸿沟，它们其实仍然是知识论的做法。哲学只在词、句子、语言、表述方式、逻辑结构等范围反思价值问题，并不能真正解决价值哲学中隐含的问题——除非我们走出单纯的知识范畴，从人存在的开放性和变易性思考价值问题。

---

① ［英］卡尔·波普：《猜想与反驳：科学知识的增长》，傅季重等译，上海译文出版社 1986 年，第 73 页。

### 4. 虚无主义："拒斥形而上学"的隐患

怀疑论方法和知识论传统很容易走向虚无主义，这可谓启蒙理性的"自反性"。我们借用安东尼·吉登斯、乌尔里希·贝克的说法：现代性按照自身的逻辑会走向自己的对立面，出现"自反现代性"；启蒙理性在讨论价值问题时也会出现"自反性"问题，澄清价值的路径恰恰会动摇价值的哲学基础。

当哲学以理性主义的方式，带着怀疑和反思的眼光去思考价值基础时，从逻辑和本质上看，它应该具备反绝对主义和独断论的特点。这对于破除迷信和权威具有解放意义；但它自身隐含有否定自身的逻辑，从而破坏价值哲学的基础，走向相对主义和虚无主义。

20世纪前后的哲学主流，基本是解构本体论及其价值基础。从存在论的角度说，这一解构运动从否定黑格尔开始。拒斥形而上学、批判基础主义和本质主义，把存在化约为当下的实证经验（逻辑实证主义等），或者化约为过程（怀特海）和时间的绵延（柏格森）。拒斥形而上学是理性、知识和哲学的伟大进步，它也有坚实的自然科学旁证，笔者充分肯定它的积极意义。问题是：否定之后怎么办。事实上，20世纪以来很多哲学问题，也有点像鲁迅先生的发问：娜拉出走之后怎么办？

由于知识和价值是无法割裂的，否定哲学知识的形而上学基础，也就顺带地否定价值的形而上学基础。当哲学从知识论的角度只剩下当下经验和逻辑推导时，思想理论要确立价值尤其是终极价值的基础几乎是不可能的；在传统的知识实在论受到挑战时，按传统方法建构价值实在论的路径也必然面临巨大困难。这样看来，我们似乎面临价值路径的"二律背反"，如果我们承认知识和价值的客观普遍性基础，沿这条路走下去，很容易走向绝对主义。绝对主义不但以武断的预设为前提，经不起质疑，还带着唯我独尊的霸道立场。但是，如果价值论失去客观普遍性和超越性，又会走向相对主义，进而走向虚无主义。

主体性的张扬还可能导致文化和价值的虚无主义倾向。启蒙理性的基本导向是贬低和否定神性，肯定和高扬人性。这种倾向利于人的自觉自由意识觉醒，利于主体能动性的提升。不过它也会引起另一方面的后果：因为失去了在冥冥之中指引我们的主宰，人失去客观普遍性和超越性的价值基础，这导致崇高价值退隐，这很容易走向虚无主义。尼采揭示了其中的价值危机，宣布"上帝死了"；斯宾格勒揭示了其中的文化危机，声称西方文化的冬天到了；萨特则揭示了人的存在的危机，人需要价值指导，但人是自由的，恰恰没有这样的指导，故"人是一堆无用的热情"。他们都看到：现代科学理性兴起，必然导致传统的价值独断论和文化绝对主义衰落，只是他们看不到以后的出路何在。[①]

近几年有不少学者深感哲学失去形而上学基础后导致的虚无主义之害，展开了对虚无主义的批判。有的试图通过批判尼采式的价值虚无主义，确立价值根基；[②] 也有的要维护价值与权利的形而上学基础；[③] 还有更多学者试图重建第一哲学。这些工作很有价值，见解深刻。不过我们重建形而上学，不应该是简单回到传统本体论，不应该是重复从柏拉图到黑格尔的传统，而应当是吸收了近百年来本体论和现代性批判成果后的"否定之否定"。需要继续追问的是：如果不是武断地认定某种绝对物，而是在吸纳了近百年来科学和哲学成果的基础上重建形而上学，那么这样的形而上学如何重建呢？

## 三、如何回应高科技带来的价值问题？

当我们思考如何确立终极价值时，同时要思考：确立终极价值的路径与方法是什么？当然这个问题不是泛泛地提，而是在上述科学技术引出的问题下问的。启蒙理性以来的方法解决不了高科技带来的价值困境，问题的症结何在？我们该用何种方法确立价值的基础？面对当代科技凸显的终极问题时，我们应该检讨价值哲学方法论的什么？应对这些问题和困境，我们改进方法的基本原则和思路是什么？

### 1. 价值的追问需要从两个不同的层面或不同的角度分别展开

第一个层面的价值追问指向我们经验生活中的价值，例如我们的吃穿住行、

---

① 各种西方马克思主义在批判资本主义现代性问题后，给出的解决方案，其实都是不现实的和软弱无力的，从某种意义上说，他们与尼采、斯宾格勒异曲同工。

② 刘森林：《物与无：物化逻辑与虚无主义》，人民出版社 2021 年，第 1 页。

③ 黄裕生：《权利的形而上学基础》，商务印书馆 2015 年，第 9 页。

知识和技能训练、艺术欣赏、社会关爱等生活所产生的功利价值、审美价值、道德价值等。日常生活的价值事实，直接现实地摆在人们面前。在这个层面上理解价值的本质：价值是指对象会对人们既有的主体性产生影响，进而促使主体作出一些改变。我们的主体性原先是某种缺乏的状况，例如饥饿、寒冷。我们吃饭、穿衣等，既有的主体状态就得到了改变；我们原先缺少某种知识，我们的主体性处在相对愚钝无知的状态，通过学习、教育，我们的主体性状况得到改变，变得聪慧起来、有知识了，这说明我作为精神主体的主体性得到了改变和提升。食物、衣服、著作等价值对象改变了我们原有的主体性，因而产生了价值。在这点上与主流观点没有区别，只是更强调价值是在生活过程中"成为"价值。

第二个层面则是指所谓的"终极价值"。这是指因解决人们关于宇宙、历史与人生普遍和最高的困惑而产生的那种价值。终极价值不是经验的而是超验的。这样的价值不是源自某种具象化的对象对我们感性生存的影响，而是因为我们洞悉了宇宙、历史和人生的"道"，我们最普遍和最根本的困惑得到了解答，并且选择了释然的态度。当人们理解了时代的终极问题，把一切都看透了，人就有泰然自若的安详之感。这也说明：终极价值其实是以各个时代最前沿的知识为基础的，或者说是以该时代科学的最高成就为基础的。

## 2. 终极价值的追问和确立，只能是由近及远的超越性路径

传统的终极价值追问与确立路径是：预设某种绝对的逻辑起点——存在、自然神、物质、绝对精神等，然后从这种绝对的起点中引出形而下的知识与价值。在他们看来，人只是宇宙的一个局部和环节，我们必须遵循宇宙的普遍法则。如果从主体出发，就是"人类中心主义"，是人的虚妄。这个理由似是而非。正因为相对于宇宙（自然）而言，人类卑微渺小，所以我们不可能事先把握某种绝对物、认定宇宙的普遍法则，因而无法确定绝对的逻辑起点。哲学的历史和逻辑起点不在浩渺无际的时间和空间中，不在绝对物或宇宙大全里，而在我们当下的存在中。瑞士心理学家让—皮亚杰的研究发现：人事实上是以自我为中心向外投射；同时通过外部环境的反馈来校正自己的"同化错失"，如此一步步走向知识

的深处。不止是个体，类也有这个特点。① 这样适用于我们解释终极价值的追问方式。从人类心智和实践的现实性看，对终极价值的追问，是从"我"的当下生活开始，并逐步向外投射、逐步展开和发展的。我们生活、实践、创造、想象，用我们与客观世界交往的方式，一步步将自己的主体性深化，也将外部世界的对象性深化。我对这一路径的理解，与马克思主义关于能动的实践、主体客体化和客体主体化等价值研究路径是一致的。

### 3. 终极价值的追问与确立，需要引入复杂性思维

对终极价值的追问，不宜把问题置于简单系统和平衡态的环境中理解，而应该在开放的、复杂的和非平衡态的环境中理解。如果说简单系统是平衡态，一切按既有的逻辑可以预测；复杂系统则是远离平衡态的混沌系统。非平衡态和非线性运行方式就会存在涨落、突变、蝴蝶效应等可能。譬如说，地球上原始环境，如果按平衡态、线性逻辑，它不可能产生生命，更产生不了高等生命。但是地球系统太大太复杂，复杂到一定程度，物质形态的演化就会出现突变、跃迁，产生许多无法想象的结果。本文前面讲人工智能的"黑箱"现象，也是这个道理。

理解和阐释终极价值，也需要借助复杂性科学的思维方式，进行哲学的批判和反思、艺术的想象，乃至"东方神秘主义"的冥想，在了解科学技术的前沿发现、社会历史宏观大势基础上反思和揣摩。我们需要借助逻辑、体验与冥想的"多重奏"，进到存在于历史的极限处，进到不同的维度、不同的场域、不同的"态"，总之进到各种我们无法通过经验感知，只能通过理想和直觉通达的极限处，去领悟存在的真相、宇宙的主宰、人生在世的终极目的、"后人类"的命运等问题，在这样的基础上再来追问：在不确定的时代，我们何以立极？

### 4. 终极价值的追问与确立，需要树立向高维度跃迁的致思路径

当代科学技术已经从多方面向我们昭示：时空结构、物质存在、文明形态、人的生存状态，都包含了多种可能性、多种维度。追问和确立终极价值，也应该

---

① 参见［瑞］让—皮亚杰：《发生认识论原理》，商务印书馆 1981 年，第 89 页。

确立"维度"的概念。我们需要对思维方式、致思路径来一场"升级改造"，需要一次思想维度上的跃迁。

维度（dimension）本来是数学和物理学概念，指我们描述一个对象时需要应用的独立参数的量，它标志着这个对象在逻辑多样性方面的可能性与自由度。经验生活中最简单的例子：直线是一维的、平面是二维的、立体是三维的。但是三维空间和一维时间只是我们常识世界中感受到的维度；数学推论和物理发现表明，宇宙的维度远不止三维或四维。目前宇宙学揭示的平行宇宙，大概是 10 维或 11 维的宇宙。而且，不同的维度，宇宙呈现出来的是完全不同的"态"。

维度还被用作更广泛的理解，即自然和文明的阶梯、元次。从刀耕火种到大机器生产，从冷兵器到 AI 控制的智能武器，从靠两条腿"行万里路"到多维度的虚拟空间交往，从用算盘算到运用智能计算机……这些都可以看作文明和智能维度的升级、提升和跃迁。

我们面对开放的世界、未知的宇宙、不确定的未来，很难预料科学技术和人类的未来会是什么样的。即使我们今天已经掌握的科学技术和文明观念，从未来更高维度回望，我们现在对它的解释未必是合理的。因为当我们进到高维度的时空、高元次的文明后，我们就会体验到：维度不同，人对事实与价值的理解完全不同，它们之间几乎是不可通约的。例如，"二战"期间一架美军飞机降落在南太平洋的美拉尼西亚群岛，岛上的土著人将其视为天神。未来，在更高元次的文明看来，我们也许就是那群土著人；要我们理解更高维度的宇宙与文明，也许就像让土著人理解空气动力学原理一样。我们不知几百年几千年后，人类文明的维度有多高、要怎么理解，但我们既然要做知识和价值的追问，必须有这种心理准备：以积极和开放的心态，探索、理解和接受更高维度的存在方式，包括与我们今天信奉的终极价值完全不同的价值体系。

【执行编辑：任帅军】

# 从马克思"现实的人"看新时代人的
# 全面发展的实践进路*

张国启　　林思彤**

【摘　要】人的发展问题是马克思理论的核心问题，也是新时代中国特色社会主义建设面临的现实问题。马克思在对作为"本体的人""主体的人"和"自由的人"三重身份的叠加建构中生成了作为"现实的人"应有的四重本质规定性，即人的自然性、实践性、社会性和历史性。新时代人的全面发展本质上是对马克思"现实的人"的时代赓续，需要回到马克思对"现实的人"的本质规定性中定方向、找方法，充分满足"人的需要"、有效发挥"人的实践"、和谐建构"人的关系"、科学把握"人的历史能动"，开创新时代人的全面发展的实践进路。

【关键词】现实的人；人的全面发展；实践进路

人的全面发展问题是一个与时俱进、不断发展的研究课题。推动人的自由全面发展，事关中国特色社会主义思想对马克思主义人学理论的继承与创新，事关中国特色社会主义现代化事业的出发点与落脚点，事关全体中国人民的生活与未来。习近平总书记强调："我们党社会主义现代化建设的根本目的，就是要通过发展社会生产力，不断提高人民物质文化生活水平，促进人的全面发展。"[①] 新时

* 本文为广州市社科规划基金项目"以党的自我革命引领社会革命研究——基于全面建设社会主义现代化国家新征程的实践效应维度"（项目编号：2023GZYB08）的阶段性成果。
** 张国启，华南理工大学马克思主义学院副院长，教授，博士生导师，研究方向为社会主义意识形态理论与实践、思想政治教育理论与方法；林思彤，华南理工大学马克思主义学院硕士研究生，研究方向为思想政治教育。
① 中共中央文献研究室编：《习近平关于社会主义经济建设论述摘编》，中央文献出版社2017年，第19页。

代人的全面发展本质上是对马克思"现实的人"阐释的时代赓续，生成于马克思对"本体的人"的身份定位、对"主体的人"的能力建构和对"自由的人"的价值追求。因此，新时代推动人的全面发展还需要从"现实的人"的四重本质规定性中定方向、找方法，通过充分满足"人的需要"、有效发挥"人的实践"、和谐建构"人的关系"和科学把握"人的历史能动"，开创推动人的全面发展的实践新路。

## 一、"现实的人"的本质规定性

以"现实的人"为逻辑起点和中心线索，马克思真正搭建起了能动的历史唯物主义体系，彻底批判了传统唯心主义哲学语境下只见"神"不见"人"的人学空场，瓦解了"抽象的人"所营造的虚幻世界，确立了此岸世界的人的现实性。在对黑格尔、费尔巴哈等哲学家关于人的本质的阐释进行解构与重构后，马克思于《德意志意识形态》一书将"现实的人"规定为"这些个人是从事活动的，进行物质生产的，因而是在一定的物质的、不受他们任意支配的界限、前提和条件下活动着的"[①]。由此可知，"现实的人"应具有四重本质规定性，表现为作为"感性对象"的自然存在物、"感性活动"的实践主体、处于一定社会关系之中的社会存在物和在一定社会历史条件下发展的历史存在物的统一。

### 1."现实的人"是有生命的自然存在物

马克思指出："全部人类历史的第一个前提无疑是有生命的个人的存在。"[②]"人直接地是自然存在物。人作为自然存在物，而且作为有生命的自然存在物。"[③]自然属性和生存维度是理解"现实的人"的首要前提。"现实的人"作为自然界的有机体，首先必须拥有正常运作的生理机体和必要的生理需求，是活生生的、有血有肉的个人。由此，马克思"现实的人"既脱离了宗教神学将人的本质的实现置于幻想世界的"彼岸性"，又超越了黑格尔"绝对精神"话语体系

---

① 《马克思恩格斯选集》第1卷，人民出版社2012年，第151页。
② 《马克思恩格斯文集》第1卷，人民出版社2009年，第519页。
③ 《马克思恩格斯文集》第1卷，人民出版社2009年，第509页。

中将人视作"绝对精神"外化——"能够作为一个有自我意识的存在，区别于外部的自然界"①的思辨性，使人成为可被感性直观的真正具有"现实性"的个人。相应的，作为有生命的自然存在物，"现实的人"为了维持生存所必需的自然需要是凸显其生命特性和自然属性的基础，也是遵循人的发展需要的客观必然。"人们为了能够创造历史，必须能够生活。但是为了生活，首先就需要吃喝住穿以及其他一些东西。"②"人们必须首先吃、喝、住、穿，然后才能从事政治、科学、艺术、宗教等等"③，人的自然需要是人的现实需要，除了通过以自然环境为生活基础，从自然界中直接或间接地获取满足人的自然需要的一切生活资料，无法用任何思辨性的概念或精神上的幻想满足人在这方面的需要。同时，"现实的人"的"一切社会关系发展的内在动力和主要原因是人的不断发展的自然需求"④，正是人为了维持生存的自然需要推动着人不断地改造自然世界以满足自身需要，进而在人认识世界、改造世界的进程中推动社会历史的发展。

## 2. "现实的人"是从事一定实践活动的"感性活动"主体

不同于费尔巴哈将人理解为感性直观下认识的"抽象的人"，马克思以实践属性揭示人的本质，从运动生成的方式理解人之本质的实现与发展，将实践作为"现实的人"的根本存在方式。正如马克思所言："人们为了能够创造历史，必须能够生活……因此第一个历史活动就是生产满足这些需要的资料，即生产物质生活本身。"⑤"这种活动、这种连续不断的感性劳动和创造、这种生产，正是整个现存的感性世界的基础，它哪怕只中断一年……甚至他本身的存在也会很快就没有了。"⑥实践是人获取物质生活资料的唯一途径，是作为个体的人维持生命运动以及作为种群的人维系种族繁衍的根本保障。"现实的人"的实践虽然使除了人以

---

① ［德］黑格尔：《小逻辑》，贺麟译，商务印书馆 1980 年，第 108 页。

② 《马克思恩格斯选集》第 1 卷，人民出版社 2012，第 158 页。

③ 《马克思恩格斯文集》第 1 卷，人民出版社 2009 年，第 529 页。

④ 邹佰峰、李龙文：《"以人民为中心"对马克思恩格斯"现实的人"思想的继承与发展》，《思想政治教育研究》2020 年第 5 期。

⑤ 《马克思恩格斯选集》第 1 卷，人民出版社 2012 年，第 158 页。

⑥ 《马克思恩格斯文集》第 1 卷，人民出版社 2009 年，第 529 页。

外的一切对象被尽归于"异己"的客观世界，造就了主客二分的对立场域，但也是主体和客体沟通交互的唯一桥梁，人只有通过实践才能实现与客观世界的物质交换。在马克思看来，实践是成就人之所以为人的关键。实践是意识的来源，意识的存在是区分人的感性活动与动物无意识的生理活动的关键。"现实的人"的实践是有目的、有计划的活动，"人的活动借助劳动资料使劳动对象发生预定的变化"[①]。在实践过程中，人将其知识、目的、技能等本质力量作用于客观物质，将客观物质改造为符合人需求的新形式，人因此得以全部占有、获得和享用物质客体。"现实的人"的实践实际上是人的内在需要外化为现实物质力量的过程，人的本质力量物化于客观物质并以"物"的形式——劳动成果得到确证和彰显。人不仅能在实践的对象化产品中直观其本质，而且人的本质力量也在实践过程中不断得到充盈和发展。在实践的基础上，人不断开辟自己的历史，推动"现实的人"向"自由的人"的生存状态发展。

### 3. "现实的人"是处于一定社会关系之中的社会存在物

马克思曾提出："人的本质不是单个人所固有的抽象物，在其现实性上，它是一切社会关系的总和。"[②]"以一定的方式进行生产活动的一定的个人，发生一定的社会关系和政治关系。"[③]"现实的人"不仅拥有作为自然人的生物性关系，还拥有作为社会人的社会关系，包括经济关系、政治关系和文化关系等。马克思对"现实的人"的理解具有鲜明的政治色彩，在"人就是人的社会，就是国家，社会"[④]的表述中将"现实的人"作为政治国家的基础，赋予其参与公共事务的政治能力。"现实的人"必然不是传统自由主义语境下孤立的、原子般的个人，他们处于一定的社会形式之中，与社会中的其他人存在各式各样的社会关系，人们在社会中地位和角色的差异也在现实社会关系中的政治、经济关系等多种形式中得到表现。"人的本质是人的真正的社会联系，所以人在积极实现自己

---

① 《马克思恩格斯全集》第 23 卷，人民出版社 1972 年，第 205 页。
② 《马克思恩格斯选集》第 1 卷，人民出版社 2012 年，第 135 页。
③ 《马克思恩格斯选集》第 1 卷，人民出版社 2012 年，第 151 页。
④ 《马克思恩格斯选集》第 1 卷，人民出版社 2012 年，第 3 页。

本质的过程中创造、生产人的社会联系、社会本质,而社会本质不是一种同单个人相对立的抽象的一般的力量,而是每一个单个人的本质,是他自己的活动,他自己的生活,他自己的享受,他自己的财富。"① 把握"现实的人"的社会性,既需要肯定社会关系对人的本质的决定性意义,发现社会关系实际上对人的本质的现实投映,也需要看到一定时期、阶段的社会关系对实现人的本质的全面占有的限制性,人绝不能脱离社会关系而以"抽象个人"的身份获得对自身本质的全面占有。"现实的人"在积极追求实现自身本质的过程中也推动着社会本质的发展,二者具有统一性和协调性,人对自身本质的全面占有必须建立在合理的社会本质基础之上,即"每个人的自由发展是一切人的自由发展的条件"② 的"自由全面发展"状态。

### 4. "现实的人"是在一定社会历史条件下发展的历史存在物

"现实的人"的本质绝非抽象的、凝滞不变的。随着社会历史的发展,人的本质呈现出独特的社会历史性。根据马克思的历史唯物主义观点,"现实的人"的社会历史性源于社会生产力的累积性和传承性,人总是以一定的生产力为历史活动的前提,并在该条件下进行物质生产活动,"历史的每一阶段都遇到一定的物质结果,一定的生产力总和,人对自然以及个人之间历史地形成的关系,都遇到前一代传给后一代的大量生产力、资金和环境,尽管一方面这些生产力、资金和环境为新的一代所改变,但另一方面,它们也预先规定新的一代本身的生活条件,使它得到一定的发展和具有特殊的性质"③。"现实的人"的实践活动、实践手段以及精神思想必须以其所在的社会历史条件为前提和基础,这是历史给每个人烙下的特殊印记。同时,作为社会历史的主体,"现实的人"既是历史的"剧中人",也是历史的"剧作者",历史表现为"不过是追求着自己目的的人的活动而已"④,"人们自己创造自己的历史,但是他们并不是随心所欲地创造,并不是

---

① 《马克思恩格斯全集》第 42 卷,人民出版社 1979 年,第 24 页。

② 《马克思恩格斯选集》第 1 卷,人民出版社 2012 年,第 422 页。

③ 《马克思恩格斯文集》第 1 卷,人民出版社 2009 年,第 544—545 页。

④ 《马克思恩格斯文集》第 1 卷,人民出版社 2009 年,第 295 页。

在他们自己选定的条件下创造,而是在直接碰到的、既定的、从过去继承下来的条件下创造。"① 以"现实的人"为主体,创造历史的活动是"合目的性"与"合规律性"的统一。

## 二、"现实的人"的生成逻辑

"现实的人"的本质规定性根源于马克思关于"现实的人"身份的三重建构。从本体论层面出发,"现实的人""它的前提是人,但不是处在某种虚幻的离群索居和固定不变状态中的人,而是处在现实的、可以通过经验观察到的、在一定条件下进行的发展过程中的人"②。"现实的人"首先必然是作为"本体的人",是自然属性和社会属性的有机统一。从实践层面出发,"现实的人"在实践的基础上有计划、有目的地认识世界和改造世界。这个过程中人既通过实践改造客观世界获得了满足自身需要和族类繁衍的生活资料,也在实践中不断改造自我、实现自我本质的占有,凸显着人的主体性力量。所以说,"现实的人"也是作为"主体的人",是主体性和主观能动性的统一。从价值层面出发,"自由"是马克思对人的生存状态和发展维度的最高目标。"现实的人"要在不断实现自我价值的过程中走向人的全面发展——成为真正"自由的人"。这三重身份叠加,共同构成了马克思"现实的人"的生成图景。

**1. "现实的人"生成于作为"本体的人"的内在需要,"本体的人"是塑造"现实的人"的骨骼**

"本体的人"是"现实的人"在本体论层面的身份建构,是人的自然属性与社会属性的统一体。从人的需要和个人与群体的关系两个方面出发,"本体的人"定位了人之所以为人的现实坐标。"本体的人"是有血有肉、活生生的自然人。他们基本的自然生理需求既是他们内在生命力的外在表征,也是推动他们发挥自身本质力量改造世界以满足个体生存需要的内在驱动力。自然需要构成了"本体的

---

① 《马克思恩格斯选集》第1卷,人民出版社2012年,第669页。
② 《马克思恩格斯选集》第1卷,人民出版社2012年,第153页。

人"最基础的生命内涵。"本体的人"也是拥有各种社会关系、总是嵌入一定形式的社会结构中开展活动的社会人，社会性是其本质属性。他们的社会需求表现为对社会关系合理建构、社会交往和谐开展、社会治理高效发展等方面的期待，是推动客观社会持续进步的动力源泉。"本体的人"还是有着丰富的精神文化活动的思想着的人。思想意识活动是人区别于动物的关键，是人从物质生活出发却又高于物质需求的更高维度的享受。作为"本体的人"对于艺术、哲学和法律等精神产品的需要，体现了人的需要层次的丰富和发展。"本体的人"不是离群索居的原子化个人，而是生活在共同体中与他人存在共同利益和共同关系的个人，其力量突出地表现在群体的合意、合作与合力中。① 因此，"现实的人"作为"本体的人"，必须是个体性与群体性的统一，只有在单个人自我实现和群体自我实现的统一中，"现实的人"才能实现对人的本质的全面占有。

**2. "现实的人"生成于作为"主体的人"的力量彰显，"主体的人"是凝实"现实的人"的血肉**

"主体的人"是"现实的人"在实践论层面的身份建构，是主体性与主观能动性的统一体。从"主体的人"的主体性来看，主体和客体相互区别和相互作用，"主体的人"的地位生成和确证于主体与客体相互作用的过程之中。自我意识的产生和本质能力对象化的实践明确了"异己"的一切客观事物的客体地位。在根据人的目的、意识和感觉改造客观世界，使用实践能力并获得实践产品的过程中，人的主体性意识和主体性需要也随之不断丰盈和凸显。人不仅能在实践中感受自己的实践意向性和本质力量，而且也能在自我需要的物化活动中"在我个人的生命表现中，我直接创造了你的生命表现，因而在我个人的活动中，我直接证实和实现了我的真正的本质，即我的人的本质，我的社会的本质"②，从而确证了自身的主体性和现实性。同时，人的劳动对象化产品作为人的劳动结晶，是其人格的体现。作为客体存在的劳动产品实际上是劳动者生命的客观化表现，是主

① 陈宝、热合木吐拉·艾山：《从"自我实现"到"实现自我"——马克思主义人学视域下"现实的人"的发展路径》，《河南科技大学学报（社会科学版）》2022年第3期。

② 《马克思恩格斯全集》第42卷，人民出版社1979年，第37页。

体客体化的结果，人可以于劳动产品的享用中、在自身或他人本质需要的满足中直观自己的本质，凸显自身的主体性。从"主体的人"的主观能动性来看，自由的有意识的活动是人的本质。马克思在《1844年经济学哲学手稿》中论述道："通过实践创造对象世界，改造无机界，人证明自己是有意识的类存在物，就是说是这样一种存在物，它把类看作是自己的本质。"[①] 人在尊重客观规律的基础上，以自我需要为内在驱动力，在认识世界和改造世界的过程中充分发挥其积极性、主动性和创造性，这是人的现实性的重要表现。

### 3. "现实的人"生成于作为"自由的人"的价值诉求，"自由的人"是升华"现实的人"的灵魂

"自由的人"是"现实的人"在价值论层面的身份建构，是自由性与必然性的统一体。"现实的人"作为"自由的人"必将是完整的人，那时"人以一种全面的方式，也就是说，作为一个完整的人，占有自己的全面的本质"[②]。人在此时既摆脱了从前对人的依赖性，也摆脱了对物的依赖性，成为独立且自由全面发展的个人。在"自由的人"阶段，人在物质精神需要应得到充分满足、和谐互动的主客关系得以建构、个人与社会处于高度统一，并且个人能力得到了自由全面的发展。在马克思看来，"自由的人"作为人的一种生存发展状态，是人的发展形态的最高阶段，也是"现实的人"在未来社会发展的应然与必然。由"现实的人"向"自由的人"迈进的过程与马克思主义解放全人类的最终目标相一致，即"人终于成为自己的社会结合的主人，从而也就成为自然界的主人，成为自身的主人——自由的人"[③] 与共产主义追求"自由人联合体"的运动过程相耦合，因为"过去的一切运动都是少数人的，或者为少数人谋利益的运动。无产阶级的运动是绝大多数人的，为绝大多数人谋利益的独立的运动"[④]。共产主义运动最终将通过人，真正实现对人本质的全面占有。"现实的人"向"自由的人"发展，需要

---

① 《马克思恩格斯文集》第1卷，人民出版社2012年，第162页。
② 《马克思恩格斯全集》第42卷，人民出版社1979年，第123页。
③ 《马克思恩格斯选集》第3卷，人民出版社2012年，第817页。
④ 《马克思恩格斯文集》第2卷，人民出版社2009年，第42页。

以劳动实践为手段，实现自然客观必然性与人的主观能动性在实践层面的包容发展、社会存在的必然性与人的主体性的和谐共生、历史发展的客观性与人的历史主动性的辩证统一。[①]"自由的人"所拥有的自由不是无限度的绝对自由，必须以自然条件、客观规律和社会规则为自由划定边界。在必然性和自由性的动态平衡中，"现实的人"要通过实践不断拓展人的自由空间，走向自由全面发展的"自由的人"。

## 三、实现新时代人的全面发展的实践进路

人的全面发展问题是一个与时俱进、不断发展的研究课题。推动人的自由全面发展，事关中国特色社会主义思想对马克思主义人学理论的继承与创新，事关中国特色社会主义现代化事业的出发点与落脚点，事关全体中国人民的生活与未来。习近平总书记一直将人的全面发展问题作为发展中国特色社会主义的根本问题和建设中国式现代化人类文明新形态的核心问题。中国式现代化本质上是人的现代化，要想实现中国式现代化就必须做好人的工作。从当前来看，我国发展处于新时代全新的历史方位，有着更为丰富的物质文化基础，也面临着新的时代要求，因而在人的全面发展问题上也面临着新情况和新挑战，这体现了人的具体生存境况与发展要求的阶段性特征。但是新时代人的全面发展仍然在对人历史主体性的肯定、对人的解放事业的追求、对人自由全面发展价值的发展等方面与马克思"现实的人"的本质规定性和价值目标一脉相承且深度耦合。因此，新时代人的全面发展的实践进路依旧要从马克思"现实的人"的本质规定性中定方向、找方法。

### 1. 实现新时代人的全面发展要对"人的需要"充分进行满足，满足人民群众的美好生活需要

新时代我国社会主要矛盾已转变为人民日益增长的美好生活需要和不平衡不

---

[①] 陈宝、热合木吐拉·艾山：《从"自我实现"到"实现自我"——马克思主义人学视域下"现实的人"的发展路径》，《河南科技大学学报（社会科学版）》2022年第3期。

充分的发展之间的矛盾，人民对美好生活的向往成为新时代满足人的全面发展需要的主课题。正如习近平总书记指出的："我们的人民热爱生活，期盼有更好的教育、更稳定的工作、更满意的收入、更可靠的社会保障、更高水平的医疗卫生服务、更舒适的居住条件、更优美的环境，期盼孩子们能成长得更好、工作得更好、生活得更好。人民对美好生活的向往，就是我们的奋斗目标。"①改革开放几十年来生产力水平提高和积累的物质财富是人民群众形成美好生活需要的物质基础，只有在人的基本生活需要得到较为充分的满足的前提下，人的需求的内容才会更为丰富和多元，需求的层次结构才会向更高维发展。人民群众对民主、法治、公平、正义、安全、环境等方面需求的增长，意味着人的全面发展在新时代有着更为良好的基础并迈向了新台阶。因此，必须将满足人民群众的美好生活需要作为新时代推动人的全面发展的首要任务。"唯有发展，才能满足人民对美好生活的热切向往。"②新时代要贯彻落实"五位一体"总体布局和"四个全面"战略布局，以新发展理念推动经济高质量发展，切实保障和改善民生，建立和完善共建共治共享的社会治理体系，在政治、经济、社会、文化和环境等多方面共同发力，为满足人民的美好生活需要打下坚实基础。另外，还需要警惕资产阶级总是把人的需要变成"屈从于非人的、精致的、非自然的和幻想的欲望"③，用虚假的需要遮蔽人的真实需要，自觉抵制拜金主义、享乐主义、消费主义等畸形价值观对人本质的抽象化和对人的真实需要的虚构和歪曲。

**2. 实现新时代人的全面发展要对"人的实践"进行有效引导，鼓励人民群众在勤劳奋斗中开创幸福生活**

习近平总书记指出："人世间的一切幸福都需要靠辛勤的劳动来创造的。"④劳动是人最基本的实践活动，也是人的本质最重要的确证方式。劳动过程既是人不断外化和充盈自身的本质力量的过程，还同时是推动着社会发展的过程。新时

---

① 《人民对美好生活的向往，就是我们的奋斗目标》，《十八大以来重要文献选编》（上），中央文献出版社2014年，第70页。

② 《习近平在联合国成立70周年系列峰会上的讲话》，人民出版社2015年，第2页。

③ 《马克思恩格斯文集》第1卷，人民出版社2009年，第224页。

④ 《习近平谈治国理政》第1卷，外文出版社2018年，第4页。

代下的人民群众要在勤劳奋斗中实现自身、发展自身，这首先需要营造鼓励勤劳奋斗的社会风气，以踏实奋斗之风引导人们形成自觉劳动的意识。通过培育和弘扬社会主义劳动文化，树立劳动先锋模范人物，肯定劳动之于人和社会发展的价值，从而弘扬"劳动光荣的社会风尚和精益求精的社会风气"①。社会主义是干出来的，新时代也是干出来的，要引导人民群众将勤实劳动与中国式现代化的建设目标相承接，与中华民族伟大复兴中国梦相融合，将个人幸福与国家强盛、民族振兴紧密相连，激发人民群众创造历史的主体性、积极性与创造性，自觉投身于中国特色社会主义现代化的强国实践。为了让人民群众更好地在劳动中追求幸福生活，必须着重培养人们的劳动实践能力，通过坚持科教兴国战略和人才强国战略，既培养一批有理想、有本领、有担当的堪当民族复兴大任的时代新人，又为实现个人梦想创造条件。同时，为了保障人民群众都公平地享有在勤劳奋斗中开创幸福生活的机会，还必须健全劳动保障体制机制。既要形成尊重劳动、尊重创造的劳动力主体地位，不断提升就业保障机制，健全就业补偿机制和就业保障体制，努力提高就业基本公共服务的公平性，在经济发展中持续扩大就业容量、提升就业质量，还要分好劳动成果的"蛋糕"，坚持以按劳分配为主体，多种分配方式并存的分配制度，以制度正义"排除阻碍劳动者参与发展、分享发展成果的障碍，努力让劳动者实现体面劳动、全面发展"②。

### 3. 实现新时代人的全面发展要对"人的关系"进行和谐建构，形成人与自然、人与人、人与社会的三重和谐关系

从人与自然的关系来看，自然环境是人类生存和发展的基础，人与自然的良性互动是人实现自由全面发展的前提，也是美好生活向往的重要组成部分。要满足人的全面发展需要，就必须摒弃人与自然二元对立的思维窠臼，实现本我与自然、主体与客体、个体需要与自然供给、人的活动与自然规律、自由与必然的辩证统一。从人与人的关系来看，马克思指出"一个人的发展取决于和他直接或间

---

① 《习近平谈治国理政》第 3 卷，外文出版社 2020 年，第 24 页。
② 《习近平谈治国理政》第 1 卷，外文出版社 2018 年，第 46 页。

接进行交往的其他一切人的发展"①，"现实的人"总是处于一定的社会关系之中，社会联系的必然性决定了个人发展的相对依赖性，即不能脱离他人而孤立地发展，人与人和谐关系的建构是推动人的全面发展的重要方面。为形成和谐的人际关系，就必须从物质利益和人身自由两方面入手。既要解决好人与人之间的利益分配问题，建立健全公平的社会分配机制，既要把"蛋糕做大"，也要把"蛋糕分好"，打破资本主义社会中物质利益对人的社会关系的决定性作用，将人与人的关系由"你死我亡"的竞争态转向"每个人的自由发展是一切人的自由发展的条件"②的和谐态；也要打破一些人压迫、剥削、奴役另一些人的阶级状态，使每个人都摆脱对人的依赖性和对物的依赖性，成为具有普遍交往自由的独立的个人。从人与社会的关系来看，个人与社会是有机统一的整体，社会存在于个人的生命活动之中，个人也存在于社会系统中并为其所塑造，个人的全面发展与社会的全面发展是同一过程的两个方面。因此，一方面必须做好社会整体建构，以科学合理的社会结构、社会关系和社会运行机制为人的全面发展畅通渠道；一方面也要将人作为社会发展的落脚点，通过激发人的积极性和能动性助推社会进步。

### 4. 实现新时代人的全面发展要对"人的历史能动"进行科学把握，立足历史条件、谋求历史主动

由于"现实的人"是在一定社会历史条件下发展的历史存在物，所以需要从历史性的角度把握新时代人的全面发展的实践进路，即首先把立足于一定的历史条件作为追求实现人的全面发展的前提。每一代人都需要在前人遗留的物质成果和社会关系的基础上开展新的实践活动，这些不以人的意志为转移的、既定的、继承的历史条件既是人不断靠近全面发展目标的基础，也对每一代人的全面发展设定了历史限度和时代内涵。以历史比较的宏大视野和时代定位的锐利目光来看，不断解放和发展的生产力为人的全面发展奠定了物质基础，人工智能的发展和机械化程度的提高使人的劳动解放成为可能，政治民主化程度的提高、精神文明建设的全面开展、社会主义和谐社会建设卓有成效……新时代人的全面发展

---

① 《马克思恩格斯全集》第3卷，人民出版社1960年，第515页。
② 《马克思恩格斯选集》第1卷，人民出版社2012年，第422页。

有着前所未有的光明前景。然而人们对美好生活的殷切期待和对民主、法治、公平、环境等方面日益增长的需要给新时代人的全面发展提出了新课题和新挑战，城乡差距、地区差距和收入差距进一步拉大，社会发展不平衡问题突出和拜金主义、享乐主义、消费主义、历史虚无主义等错误思潮对人的精神腐化等问题有待解决，这些都是人的发展工作在未来的重点。除了要立足于一定的历史条件，我们还要充分发挥人的历史能动性，以战略眼光把握历史发展的脉搏，以契合历史规律的方式宏观统筹人的全面发展事业总体布局，以中国式现代化助推人的现代化发展，在中国式现代化事业的奋斗中开创人类文明新形态，打开人类发展新局面，把握人的全面发展事业的历史主动。

【执行编辑：任帅军】

# 中国式现代化特征的价值阐释

邹安乐　张洁豪 *

【摘　要】中国式现代化是实现中华民族伟大复兴的光明大道。中国式现代化的五个特征是中国式现代化的本质体现，展现出鲜明的"人本"立场和崇高的价值追求，是"聚焦人""依靠人""为了人"的现代化，蕴含着与其他国家现代化不同的"强大基因"和"优胜密码"。从马克思主义价值哲学的维度阐释五个特征所蕴含的"能动性与受动性""目的性与手段性""物质性与精神性""主体性与客体性""个体性与社会性"等相统一的价值特征及关系，探究展现中国式现代化背后的深厚价值支撑，从而不断增强凝聚力，推进中国式现代化的历史自信和实践自觉。

【关键词】中国式现代化；特征；价值

习近平总书记在党的二十大报告中指出："中国式现代化，是中国共产党领导的现代化，既有各国现代化的共同特征，更有基于自己国情的中国特色。"[①] 中国式现代化基于中国国情的中国特色，就是人口规模巨大的现代化，是全体人民共同富裕的现代化，是物质文明和精神文明相协调的现代化，是人与自然和谐共生的现代化，是走和平发展道路的现代化。中国式现代化的五个特征彰显着对"人"的关注，蕴含着对价值的追求。马克思主义哲学认为，价值是指在实践

---

\* 邹安乐，中国人民解放军国防大学政治学院副教授、硕士生导师，研究方向为中国马克思主义哲学、价值哲学；张洁豪，中国人民解放军国防大学政治学院硕士研究生，研究方向为中国马克思主义哲学。

① 习近平：《高举中国特色社会主义伟大旗帜　为全面建设社会主义现代化国家而团结奋斗——在中国共产党第二十次全国代表大会上的报告》，《人民日报》2022年10月26日。

基础上形成的主体与客体之间的需要关系或意义关系，其中人是价值的主体，是价值的创造者、实现者、享有者。"价值追求"既是人类实践活动得以实现的前提基础，也是人类实践活动得以发展的动力源泉。应从理论、历史、实践、发展逻辑出发，深入探究中国式现代化五个特征中的"价值特性"，深刻把握中国式现代化何以可信、何以可行的底层逻辑，坚定不移地推进中国式现代化向前迈进。

## 一、人口规模巨大：价值能动性与受动性相统一

习近平总书记在党的二十大报告中指出："中国式现代化是人口规模巨大的现代化。我国十四亿多人口整体迈进现代化社会，规模超过现有发达国家人口的总和，艰巨性和复杂性前所未有，发展途径和推进方式也必然具有自己的特点。"[1] 人口规模巨大是中国式现代化面临的基本国情和具有的首要特征。

从价值哲学看，在推进中国式现代化过程中，人是价值的创造者、实现者、享有者，价值的能动性就是人的能动性，价值的大小取决于人的能动性高低，那么从整体上、发展上看，这体现了人在创造价值中的绝对性、无限性；价值的受动性就是人的受动性，价值的大小受到人自身及所处的环境条件所制约，从局部上、历史上看，这体现了人在创造价值中的相对性、有限性。因此，价值的"能动性"与"受动性"这两个特征互为前提、辩证统一，成为创造价值的两个根本尺度，缺少这两个尺度，事物就会变成"无价值"和"负价值"。没有了人的能动性，事物的价值就不能被认识把握和挖掘创造；忽视了人的受动性，脱离实际追求超越历史条件的价值创造，违背事物发展规律，最终会付出沉重代价。从概念范畴看，"人口规模巨大"这个特征，既体现了价值的"能动性"特征，又体现了"受动性"特征。一方面是把"人"突出了出来，离开了"人"，价值就如同无源之水无本之木；另一方面是把握住了人的数量规模巨大这个实际条件，价值的创造和实现必须依据这个实际条件进行，人口规模的不同，价值创造的目

---

① 习近平：《高举中国特色社会主义伟大旗帜　为全面建设社会主义现代化国家而团结奋斗——在中国共产党第二十次全国代表大会上的报告》，《人民日报》2022 年 10 月 26 日。

标、路径和方式等亦不同。

迄今为止，我国人口规模 14 亿多人，而全世界实现现代化的国家和地区不超过 30 个、总人口不超过 10 亿。党的十八大以来，以习近平同志为核心的党中央立足新发展阶段、贯彻新发展理念、构建新发展格局、推动高质量发展，一方面是充分把握"人口规模巨大"所带来的就业、住房、教育、医疗、社保等基本公共服务压力巨大的"受动性"特征，如期全面建成小康社会；推进以人为核心的新型城镇化，实现更加充分高质的就业，建成世界上规模最大的教育体系、社会保障体系、医疗卫生体系，在幼有所育、学有所教、劳有所得、病有所医、老有所养、住有所居、弱有所扶上不断取得新进展。一方面是充分把握"人口规模巨大"创造巨大人口红利的"能动性"特征，推动支撑劳动和人力资本密集型产业发展，形成超大规模市场和超大规模经济体，14 亿多人口的东方大国在中国共产党的领导下走出了中国式现代化道路，创造了人类文明新形态。

把握好"人口规模巨大"特征，有力推进中国式现代化，一是充分发挥党的领导核心作用，统筹推进"五位一体"总体布局，协调推进"四个全面"战略布局，确保人口规模巨大的现代化始终沿着正确方向迈进。二是充分发挥社会主义制度优势，在统筹兼顾中协调处理好现代化建设各领域、各方面、各层次的关系，着重解决发展不平衡不充分的突出问题，在不断发现问题、解决问题中有力推进中国式现代化。三是充分发挥全体人民强大力量，发展全过程人民民主，尊重和保障人权，充分激发广大人民群众的积极性、主动性、创造性，确保牢牢掌握发展进步的决定权、主动权，为人类社会发展提供中国方案。

## 二、全体人民共同富裕：价值目的性与手段性相统一

习近平总书记在党的二十大报告中指出："中国式现代化是全体人民共同富裕的现代化。共同富裕是中国特色社会主义的本质要求，也是一个长期的历史过程。我们坚持把实现人民对美好生活的向往作为现代化建设的出发点和落脚点，着力维护和促进社会公平正义，着力促进全体人民共同富裕，坚决防止两极分

化。"①这精辟阐明了我们推进现代化的根本目的和鲜明指向，凸显了中国式现代化的社会主义性质。

从价值哲学看，在推进中国式现代化过程中，也就是在创造和实现价值的过程中，必须要解决目的与手段的问题，这是任何实践活动得以进行的必备要件或环节。实践的目的，就是创造和实现事物的某种价值以满足人们所需，这就是价值的"目的性"特征；而实践的手段，则为创造和实现价值提供支撑保障，这就是价值的"手段性"特征。中国式现代化的目的，是实现人民对美好生活的向往，即"为了人"；中国式现代化的手段，是充分发挥人的主体地位作用，即"依靠人"。也就是说，价值的目的性与手段性，因"人"而统一。正如马克思指出的："每个人都是手段同时又是目的，而且只有成为手段才能达到自己的目的，只有把自己当作自我目的才能成为手段。"②

"全体人民共同富裕"这个特征，既体现了价值的"目的性"特征，又体现了"手段性"特征。一方面标示了"全体富"的目标，即要实现全体人民都能吃上"蛋糕"；另一方面也蕴含了"共同富"的路径，即要共同做好分好"蛋糕"。

共同富裕是中华民族千百年来的美好期盼，是中国共产党矢志不渝的奋斗目标。我们党对推动共同富裕一以贯之。毛泽东在社会主义革命和建设时期指出："现在我们实行这么一种制度，这么一种计划，是可以一年一年走向更富更强的，一年一年可以看到更富更强些。而这个富，是共同的富，这个强，是共同的强，大家都有份。"③进入改革开放和社会主义现代化建设新时期，邓小平指出："社会主义最大的优越性就是共同富裕，这是体现社会主义本质的一个东西。"④进入中国特色社会主义新时代，习近平总书记强调："我们说的共同富裕是全体人民共同富裕，是人民群众物质生活和精神生活都富裕，不是少数人的富裕，也不是整齐划一的平均主义。"⑤党的十八大以来，以习近平同志为核心的党中央深入贯

---

① 习近平：《高举中国特色社会主义伟大旗帜　为全面建设社会主义现代化国家而团结奋斗——在中国共产党第二十次全国代表大会上的报告》，人民出版社 2022 年，第 22 页。

② 《马克思恩格斯全集》第 30 卷，人民出版社 1995 年，第 198 页。

③ 《毛泽东文集》第 6 卷，人民出版社 1999 年，第 495 页。

④ 《邓小平文选》第 3 卷，人民出版社 1993 年，第 364 页。

⑤ 《习近平谈治国理政》第 4 卷，外文出版社 2022 年，第 142 页。

彻以人民为中心的发展思想，紧紧抓住人民最关心最直接最现实的利益问题，着力补齐民生短板、办好民生实事，全方位改善人民生活，共同富裕取得新成效。

把握好"全体人民共同富裕"特征，有力推进中国式现代化，一方面，需在思想上对目标有正确认识。全体人民共同富裕，是正道不是霸道，是全体的富不是少数的富，是有差别的富不是搞平均的富，是整体的富不是局部的富，是渐进式的富不是一蹴而就的富，必须坚定信心、保持耐心，脚踏实地、久久为功，持续推进，不断取得成效。另一方面，需在行动上对手段有务实把握。贯彻以人民为中心的发展思想，紧紧依靠人民推进高质量发展，通过全国人民共同奋斗把"蛋糕"做大做好。突出保障和改善民生，完善分配制度，把"蛋糕"切好分好，推动全体人民共同富裕取得更为明显的实质性进展。

## 三、物质文明和精神文明相协调：价值物质性与精神性相统一

习近平总书记在党的二十大报告中指出："中国式现代化是物质文明和精神文明相协调的现代化。物质富足、精神富有是社会主义现代化的根本要求。物质贫困不是社会主义，精神贫乏也不是社会主义。"[1] 这阐明了中国式现代化目标的双重属性，即全体人民共同富裕 = 物质富足 + 精神富有。

从价值哲学看，中国式现代化，作为一个事物的整体，它对中国人民的价值不仅是满足人民的物质方面需要，也满足人民文化、道德等精神方面需要，只有同时满足这两种需要的价值才是"正价值""高价值"。比如"毒品能满足吸毒者的需要，财物能满足盗窃者的需要，可是对价值的主体带来的是伤害"[2]。那么这个价值就是"负价值"。所以说，评价一个事物价值的正负、大小，一定是包含着"物质"和"精神"两个尺度。中国式现代化之所以是实现中华民族伟大复兴的光明大道，就在于它是物质文明和精神文明相协调的现代化。

物质文明和精神文明，是人类认识世界、改造世界全部成果的总括和结晶。

---

[1] 习近平：《高举中国特色社会主义伟大旗帜　为全面建设社会主义现代化国家而团结奋斗——在中国共产党第二十次全国代表大会上的报告》，《人民日报》2022年10月26日。

[2] 陈先达、杨耕：《马克思主义哲学原理》（第5版），中国人民大学出版社2021年，第168页。

改革开放之初，我们党创造性地确定了物质文明和精神文明"两手抓、两手都要硬"的战略方针。

党的十八大以来，面对新形势新任务，以习近平同志为核心的党中央坚持把物质文明和精神文明相协调的重大原则要求贯穿现代化建设过程中，强调以辩证的、全面的、平衡的观点正确处理物质文明和精神文明的关系，协调推进物质文明和精神文明建设，不断增强国家物质力量和精神力量，全面改善全国各族人民物质生活和精神生活，顺利推动中国特色社会主义事业向前迈进。

把握好"物质文明和精神文明相协调"特征，有力推进中国式现代化，一方面需厚植现代化的物质基础，全面贯彻新发展理念，着力构建新发展格局，提高全要素生产率，提升产业链供应链韧性和安全水平，推进城乡融合发展和区域协调发展，构建高水平社会主义市场经济体制，推进高水平对外开放，推动绿色低碳发展，不断提高人民生活品质。另一方面需固牢现代化的精神根基，加强新时代党的创新理论武装，坚持学懂弄通做实习近平新时代中国特色社会主义思想，坚持马克思主义在意识形态领域的指导地位，培育和践行社会主义核心价值观，推动中华优秀传统文化创造性转化、创新性发展，加强互联网综合治理，不断增强中华文明传播力和影响力。

## 四、人与自然和谐共生：价值主体性与客体性相统一

习近平总书记指出："我们要建设的现代化是人与自然和谐共生的现代化，既要创造更多物质财富和精神财富以满足人民日益增长的美好生活需要，也要提供更多优质生态产品以满足人民日益增长的优美生态环境需要。"[①]"生态环境保护和经济发展是辩证统一、相辅相成的，建设生态文明、推动绿色低碳循环发展，不仅可以满足人民日益增长的优美生态环境需要，而且可以推动实现更高质量、更有效率、更加公平、更可持续、更为安全的发展，走出一条生产发展、生活富裕、生态良好的文明发展道路。"[②]这阐明了人与自然和谐共生的价值关系，

---

① 《习近平著作选读》第 2 卷，人民出版社 2023 年，第 41 页。

② 习近平：《努力建设人与自然和谐共生的现代化》，《求是》2022 年第 11 期。

揭示了物质文明建设和生态文明建设互促共进的内在机理。

从价值哲学看，在推进中国式现代化过程中，人是价值创造的主体，而人之外的其他事物及环境，也就是"人化自然"则是价值关系的客体。作为哲学范畴，价值是指在实践基础上形成的主体与客体之间的需要关系或意义关系。主体及其需要、客体及其属性是价值关系形成的两个根据。没有客体，就无所谓主体与客体的关系，也就是没有价值关系。正是由于客体具有满足人的某种需要的属性和功能，它才具有对人的积极意义，成为对人的生存、享受和发展有益的东西。正如马克思所说："一物之所以是使用价值，因而对人来说是财富的要素，正是由于**它本身的属性**。如果去掉使葡萄成为葡萄的那些属性，那么它作为葡萄对人的使用价值就消失了。"① 所以说，推进中国式现代化，必须坚持人与自然和谐共生，这是不断创造价值的前提和基础。

大自然是人类赖以生存发展的基本条件，人与自然的关系是人类社会最基本的关系。习近平总书记指出："生态兴则文明兴，生态衰则文明衰。"② 古今中外历史教训表明，当人类友好保护自然时，自然的回报是慷慨的；当人类粗暴掠夺自然时，自然的惩罚也是无情的。正如20世纪发生的"世界八大公害事件"就给人类敲响了警钟。

党的十八大以来，以习近平同志为核心的党中央把生态文明建设摆在全局工作的突出位置，作出一系列重大战略部署，把生态文明建设纳入"五位一体"总体布局，把坚持人与自然和谐共生纳入新时代坚持和发展中国特色社会主义的基本方略，把绿色发展纳入新发展理念，把污染防治攻坚战纳入三大攻坚战，把美丽中国纳入建成社会主义现代化强国的战略目标，全党全国推动生态文明建设的自觉性和主动性显著增强，我国生态环境保护发生历史性、转折性、全局性变化。

把握好"人与自然和谐共生"特征，有力推进中国式现代化，一方面，要清醒认识我国生态环境保护任务依然艰巨，特别是人口规模巨大和现代化的后发性，决定了我国实现现代化将面临更强的资源环境约束。正如习近平总书记

---

① 《马克思恩格斯全集》第26卷（第三册），人民出版社1974年，第139页。
② 《习近平谈治国理政》第3卷，外文出版社2020年，第374页。

指出："我国生态文明建设仍然面临诸多矛盾和挑战，生态环境稳中向好的基础还不稳固，从量变到质变的拐点还没有到来，生态环境质量同人民群众对美好生活的期盼相比，同建设美丽中国的目标相比，同构建新发展格局、推动高质量发展、全面建设社会主义现代化国家的要求相比，都还有较大差距。"① 另一方面，需牢固树立和践行绿水青山就是金山银山的理念，坚持可持续发展，坚持节约优先、保护优先、自然恢复为主的方针，统筹产业结构调整、污染治理、生态保护、应对气候变化，协同推进降碳、减污、扩绿、增长，加快发展方式绿色转型，提升生态系统多样性、稳定性、持续性，以高品质的生态环境支撑高质量发展。

## 五、走和平发展道路：价值个体性与社会性相统一

习近平总书记在党的二十大报告中指出："中国式现代化是走和平发展道路的现代化。"② 这个重要论断，从中国和世界关系的角度，深刻揭示了走和平发展道路是中国式现代化的重要内涵和重要特征。

从价值哲学看，人的价值分为社会价值和个人价值，社会价值是人的存在及实践活动对社会的意义或效用，人的个人价值是人的存在及实践活动对自身的意义或效用。人的个人价值是与人的社会价值相联系，离开社会关系的孤立的个人和个人价值是不存在的，现实存在的只是与社会价值联系在一起的个人价值。正如马克思所说："人同自身的关系只有通过他同他人的关系，才成为对他说来是对象性的、现实的关系。"③ 任何个人都是在社会中生存和生活的，不可能脱离社会自我实现个人价值。所以说，价值的个体性与社会性是相统一的。

从中国这个主体视角来看，走和平发展道路，是中国共产党基于党的百年发展大历史、世界变化大格局、人类发展大潮流获得的规律性认识和宝贵经验，

① 习近平：《努力建设人与自然和谐共生的现代化》，《求是》2022 年第 11 期。

② 习近平：《高举中国特色社会主义伟大旗帜 为全面建设社会主义现代化国家而团结奋斗——在中国共产党第二十次全国代表大会上的报告》，《人民日报》2022 年 10 月 26 日。

③ 《马克思恩格斯全集》第 42 卷，人民出版社 1979 年，第 99 页。

对中国自身发展具有深远历史价值，可以说，中国走和平发展道路具有"中国价值"；同时，中国走和平发展道路，积极推动构建人类命运共同体，将为人类文明进步指引光明未来，为人类共同发展开辟广阔前景，那么从这个意义来上讲，中国走和平发展道路对人类社会具有"世界价值"。所以说，走和平发展道路，是个体价值与社会价值，也就是"中国价值"与"世界价值"相统一的内在要求。

从党的百年奋斗历史经验看，走和平发展道路始终是党领导人民实现民族独立、国家富强、人民幸福的现实需要。特别是党的十八大以来，以习近平同志为核心的党中央准确把握世界发展大势，顺应和平、发展、合作、共赢时代潮流，统筹国内国际两个大局，积极推进中国特色大国外交，推动构建人类命运共同体，走出了一条通过合作共赢实现共同发展、和平发展的现代化道路这条中国式现代化新道路，打破了"国强必霸"的大国崛起传统模式，提供了实现现代化的全新选择、全新方案，彰显了"中国价值"与"世界价值"的有机统一。

把握好"走和平发展道路"特征，有力推进中国式现代化，一方面要保持战略清醒，看到我国仍处于社会主义初级阶段的基本国情没有变，我国是世界上最大发展中国家的国际地位没有变，如期实现第二个百年奋斗目标、让有14亿多人口的中国整体迈入现代化行列，规模和难度都世所罕见，必须毫不动摇地长期奋斗、持续发展，奋力实现"中国价值"。另一方面需增强战略定力，坚定站在历史正确的一边、站在人类文明进步的一边，坚持弘扬全人类共同价值，高举和平、发展、合作、共赢的旗帜，同世界各国人民一道推动共建人类命运共同体，"在坚定维护世界和平与发展中谋求自身发展，又以自身发展更好维护世界和平与发展"[①]，推动中国式现代化道路越走越宽广，实现"世界价值"。

【执行编辑：刘　冰】

---

① 习近平：《高举中国特色社会主义伟大旗帜　为全面建设社会主义现代化国家而团结奋斗——在中国共产党第二十次全国代表大会上的报告》，《人民日报》2022年10月26日。

# 高校生涯发展课程实践的价值观反思

孟　丹[*]

【摘　要】高校生涯发展课程是高校思想政治教育的重要一环，意识形态属性必须得以充分彰显。历经十余年的建设，我国高校生涯发展课程建设取得了一定的成效。但从高校生涯发展课程肩负的立德树人使命而言，课程存在对青年学生主体性价值关怀的缺失、工具理性突出而价值理性不足、个体性价值匮乏等问题；建立在西方职业生涯发展理论基础上的高校生涯发展课程受到西方实用主义、功利主义思潮影响，将学生定位于自己需要的满足者，呈现出自我价值凸显而社会价值欠缺的价值取向偏差。高校生涯发展课程实效的提升，要在课程基础理论、设计思路、教学内容、教学模式等方面予以重点关注，将社会主义核心价值观有机融入课程，建设真正具有中国特色的高校生涯发展课程，帮助当代大学生实现自我价值和社会价值相统一的人生价值。

【关键词】价值观；生涯发展；课程

习近平总书记在二十大报告中指出："实施就业优先战略，就业是最基本的民生。"[①] 高校生涯发展课程是提高青年大学生就业能力、提升生涯成熟度的重要举措。"大学生职业生涯发展与就业指导课程"（以下简称高校生涯发展课程）是高校思想政治教育的重要一环，承担着引导新时代青年大学生树立正确就业价值

---

[*]　孟丹，上海商学院讲师，研究方向为大学生职业生涯规划教育。

[①]　习近平：《高举中国特色社会主义伟大旗帜　为全面建设社会主义现代化国家而团结奋斗——在中国共产党第二十次全国代表大会上的报告》，人民出版社 2022 年，第 47 页。

观、强化共产主义理想信念、涵养中华民族伟大复兴使命感的教学重任。历经十余年建设，我国高校生涯发展课程建设取得了一定成效。在课程建设普及率、师资队伍建设等方面稳步提升，青年大学生对高校生涯发展课程的需求和期待不断提高。然而，现阶段我国高校生涯发展课程建设仍停留于学习、借鉴西方职业生涯理论的阶段，课程设计将学生定位于自己需要的满足者，未实现推动青年学生树立自我价值和社会价值相统一的人生价值目标的教育使命。从价值观视域审视，课程还存在对青年学生主体性关怀的缺失、社会主义核心价值观未能进入课程设计的核心环节、课程承载的价值理性表现不足等问题。据此，有必要从价值观层面对我国高校生涯发展课程建设实践进行反思与重构。

# 一、高校生涯发展课程的实践探索

## 1. 我国高校生涯发展课程建设开端

2007 年教育部颁发了《大学生职业发展与就业指导课程教学要求》，明确提出"所有普通高校开设职业发展与就业指导课程，并作为公共课纳入教学计划，贯穿学生从入学到毕业的整个培养过程……，经过 3—5 年的完善后全部过渡至必修课"①。自此，全国高校开始了大学生职业生涯规划课程的建设。十余年来，各高校结合自身人才培养模式，依托生涯规划课程建设，在帮助大学生树立职业生涯规划意识、提高就业能力、提高就业成熟度、解决就业求职问题等方面发挥了重要的作用。一项针对北京地区 24 所高校调研的结果显示，所有高校均已开设生涯规划相关课程，25% 高校将其列为必修课，54.16% 的高校建立了一支相对稳定的授课教师队伍。② 可见，我国高校生涯发展课程在普及和建设方面取得了一定成绩。

## 2. 我国高校生涯发展课程建设成效初步显现

在课程实际建设中，各高校结合校情、学情，将高校生涯发展课程列为通识

---

① 教育部办公厅关于印发《大学生职业发展与就业指导课程教学要求》的通知（教高厅［2007］7 号），教育部办公厅，2007 年 12 月。

② 尹兆华：《职业生涯规划与就业指导课程建设探索和实践》，《中国大学教学》2019 年第 7—8 期。

必修课、通识选修课、专业选修课、系列学术讲座等课程形式，课程名称大都设定为"大学生职业生涯规划""学业及职业生涯规划与设计""职业规划与就业指导"等范围。在学分设定方面，从无学分、0.5 学分到 1 学分、2 学分不等；[①] 学时通常设定在 18—36 学时之间。从开课年级上看，大三年级开设比例最高，为95.9%；第二位是大一年级，比例为 95.6%；第三位是大四年级，比例为 92.0%；大二年级开设比例最低，比例为 90.0%。[②] 从授课教师职称构成看，以讲师为主，比例为 78.5%；其次是助教，比例为 13.6%；副教授及以上的比例仅为 7.9%，授课教师以辅导员和就业指导工作人员为主，专业课教师或学校党政领导参与职业生涯发展课程授课情况较少。[③] 在课程设计思路方面，大部分高校生涯规划课程都是基于帕森斯的"人—职匹配"的教学设计思路。在教学内容方面，通过教师的讲授，引导学生开展自我探索、职业世界探索，在对自我、职业和社会环境认识的基础上，引进西方职业生涯决策相关理论开展学生个人职业生涯发展设计。在课程理论基础方面，主要是借鉴西方职业生涯发展、心理学等相关理论。在教学工具使用方面，有较丰富的个人特质测评量表、职业规划测评系统等教学测评工具。高校学生对职业生涯发展课程有着较高的期待。调研显示，78.17% 的学生认为应该将大学生职业生涯规划课程设置为必修课。[④] 然而，对比大学生对高校生涯发展课程的热烈期待，高校生涯发展课程建设明显供给不足，这里的不足既有课程的数量、更有课程的质量。

### 3. 我国高校大学生就业价值观亟待进一步引领

教育部发展规划司 2020 年 12 月公布的数据显示，我国高校毕业生初次就业率连续多年保持在 77% 以上。[⑤] 这组数据说明，每年至少有 20% 的高校毕业生在毕业离校时仍未落实就业单位，处于"慢就业""晚就业""延迟就业"状态。有学者通过对浙江大学学生的调查发现，当前大学生在职业选择时"发展"因素

① 苗磊：《高校职业生涯发展课的功能及其实现》，《中国大学生就业》2022 年第 22 期。

②③ 李健：《新时代大学生就业观培育优化研究》，东北师范大学（博士论文），2023 年。

④ 王晶：《新时代大学生职业生涯规划教育研究》，西安科技大学（硕士论文），2020 年。

⑤ 刘保中、臧小森：《转型理论视域下未就业大学毕业生的就业心态与生活状态分析》，《中国青年研究》2023 年第 9 期。

与"保健"因素并重，普遍轻视职业本身声望地位，一定程度上偏离了正确的就业观。[①]有学者通过对上海市年轻人的调查发现，当前年轻人"啃老"或当全职太太（先生）现象有增长趋势，跳槽现象较为普遍。[②]还有学者指出，网络时代大学生思维呈现唯我化特征，即行为动机和价值判准都是自我指向的。[③]就业价值观体现着大学生对就业相对稳定的认知和态度，对大学生就业选择、职业生涯发展具有至关重要作用。从上述调研结果不难发现，新时代大学生就业价值观还需进一步引导。高校生涯发展课程是引导学生树立正确就业价值观、强化理想信念、涵养学生家国情怀的重要阵地，对比课程建设实际，进一步发挥好高校生涯发展课程对青年大学生的价值引领势在必行。

## 二、高校生涯发展课程实践的价值观反思

从价值观视域审视高校生涯发展课程实践存在的问题，考察关键点在于课程是否帮助学生实现个体价值和社会价值的统一，在就业方向选择中真正将个人自我价值的实现融入社会价值实现中。

### 1. 课程设计上还存在对人主体性关怀的缺失

我国高校生涯发展课程吸收借鉴了西方职业生涯发展理论，如特质因素论（帕森斯）、发展论（舒伯）、生涯类型论（霍兰德）、认知信息加工理论（盖瑞彼得森）、MBTI 人格类型论（伊莎贝尔·迈尔斯）、多元智能理论（加德纳）、职业技能理论（辛迪·梵和理查德·鲍尔斯）等。在课程设计思路上，我国大部分高校的职业生涯课程都是基于帕森斯的"人—职匹配理论"展开课程设计。帕森斯作为美国职业辅导奠基人，他提出人与职业匹配是职业选择的决定因素。他认为职业指导就是："首先，认识你自己。了解你的能力倾向、兴趣、资源、局限以

---

① 董世洪、胡顺顺、李明岳：《当代大学生的就业观及其教育引导——以浙江大学为例》，《浙江社会科学》2022年第10期。

② 曾燕波：《"佛系"抑或奋进：青年职业价值观调查》，《当代青年研究》2018年第6期。

③ 姜永伟、于宝林、冯雷：《"互联网+"时代高校教育中的价值观塑造——以法学教育为例》，《中国电化教育》2022年第2期。

及其他品质。其次，认识职业环境。了解各种工作成功所必备的要求与条件、优缺点、薪酬、机会以及发展前途。第三，人—职进行匹配。合理解释上述两部分事实之间的关系。"① 我国大部分高校的生涯发展课程教学实践均围绕这三个核心步骤展开。从价值观视域审视，会发现每一步骤都存在对学生主体性关怀的缺失。第一，自我探索，认识自己的部分。这一部分主要依据西方职业生涯理论开发的测试个人特质的系列量表。教师常用的有霍兰德理论的"自我职业兴趣量表"、舒伯的"职业价值观量表"、伊莎贝尔·迈尔斯的"MBTI性格量表"；除此之外，课堂上还会进行"职业价值观拍卖""兴趣岛幻游""职业锚测评"等教学活动。无论是对个人职业兴趣、性格还是职业能力、职业价值观的测评，都设置了一个人是静态的、一成不变的假设前提条件。在系列量表测评和课程教学活动中，一些职业或技能对于学生来说只是停留在纸面上，缺少实践体验和认知。若不考虑学生实际经验和感受，单纯停留于学生对自己粗浅认识的基础上展开职业生涯规划设计，课程对学生能动性的考量和生活经验的关怀有待提升。高校生涯发展课程教学的主体是学生，尊重学生主体性，加强主体性关怀是课程成效提升的必要条件。第二，职业环境探索，认知职场的部分。这一部分主要是了解和收集外部职场信息，包括社会、经济、科技等宏观信息，产业、行业的中观信息及具体企业的组织架构、组织文化等微观信息，授课模式主要以教师讲授为主。目前，各高校课程设置的学分通常在1—2分，18—36个课时。职业环境探索占总授课内容的五分之一左右，也就是3—7个课时。如何将浩如烟海的职业环境介绍给学生，对任课教师提出了较高的要求。在课时有限的条件下，授课教师较为普遍的做法是以专业为切入口，在宏观、中观、微观三个层面介绍职场环境。囿于专业与职业不是简单的线性对应关系，且学生对所学专业的认同度不尽相同，很容易产生教师讲的内容学生不受用、不感兴趣的问题。第三，人—职匹配，进行生涯决策的部分。按照帕森斯的人—职匹配理论，生涯决策需要在前述两个环节的基础上，将每个学生的自我探索和职场探索进行关联后做出。然而高校生涯发展课程课堂上，进行自我探索和职场环境探索，在进行学生最为关心的

---

① ［美］彼得森、冈萨雷斯：《职业咨询心理学——工作在人们生活中的作用》，时勘等译，中国轻工业出版社2007年，第71页。

生涯决策时，只是简单介绍生涯决策的步骤和理论模型，对如何进行人—职匹配、如何将自我探索和职业环境探索进行关联，教学中并未涉及，学生虽然知识学会了，但在实际应用时还是一头雾水。问题的症结是"高校生涯发展课程"一定程度上陷入了"学科中心论"，过于强调学科中心地位，而忽视对学生实际需求、个体应用的关怀，他们需要的并不是职业生涯理论和职场信息的知识本身，而是需要将所学知识用于自身的实际生涯规划中。

### 2. 教学思路偏向工具理性，而价值理性表现不足

职业生涯理论诞生于 20 世纪之初的美国，彼时的美国各界均受实用主义哲学思潮影响，美国的职业生涯理论就是在实用主义哲学背景下诞生的。基于马克斯·韦伯的理性二分法，对高校生涯发展课程教学实践进行考察时发现，在课程教学思路、教学手段的使用上，还存在实用主义，甚至是功利主义的倾向，价值引领内容未融入课程设计的中心环节而仍浮于表面。所谓工具理性，"它决定于对客体在环境中的表现和他人表现的预期；行动者会把这些预期用作'条件'或者'手段'，以实现自身的理性追求和特定目标"[1]。换言之，从工具理性的视角审视事物时，会将其视为一种工具和手段，个人在进行社会行动时考虑的是选择效益最佳的行动方式进而取得最佳的后果。工具理性所推崇的是物质和利益，看重的是结果。"价值理性决定于对某种包含在特定行为中的无条件的内在价值的自觉信仰，无论该价值是伦理的、美学的、宗教的还是其他的什么东西，只追求这种行为本身，而不管其成败与否。"[2] 与工具理性不同的是，价值理性追求的事物本身是对个人所具有的价值和意义，而不论结果如何，它强调个人动机的纯正性。高校生涯发展课程实践中，在"生涯发展是什么？""如何进行生涯规划？"等事实判断上有突出进展，但在"生涯发展应当是什么？"的价值判断维度问题及推演的逻辑过程涉猎较少。做出职业生涯决策的基础是完成自我探索和外部世界探索（职场环境），而自我探索是基于西方心理学开发的各测评量表基础上做出的，职场环境探索来源于实习实践的"直接经验"或从他人、书本中获悉的

---

① ［德］马克斯·韦伯:《经济与社会》第 1 卷，阎克文译，上海人民出版社 2019 年，第 144 页。
② ［德］马克斯·韦伯:《经济与社会》第 1 卷，阎克文译，上海人民出版社 2019 年，第 144—145 页。

"间接经验"，从大学生角度理解则是职业生涯决策是基于自身和外部"实然状态"做出的，学生的感觉是"自己有多大能力就干多大的事儿"，这样的生涯决策最多到达"应然状态"，即实现自我价值，而对于"超然状态"的社会价值则涉猎有限。

换言之，高校生涯发展课程教学设计思路是在进行自我探索（主要应用西方心理学的职业测评工具进行性格、兴趣、能力、价值观等方面的测评）和外部世界的探索（主要包括宏观层面的经济社会环境、中观层面的行业产业前沿和微观层面的用人单位信息）的基础上，运用西方职业生涯决策理论，进行生涯决策。从人—职匹配的课程设计思路和西方多种测评工具的教学手段中可以窥见，教学效果更倾向的是结果，实用性、功利化倾向凸显。尽管在自我探索环节中有价值观的探索，但是考量的是学生既有的价值观、关联未来职业前景的价值观，将学生定位于自己需要的满足者，实现学生个人的自我价值。看似以学生为中心，以学生自我发展和自我实现为前提，但由于课程设计的核心环节存在对技术的过分推崇，突出工具理性价值，忽略人作为价值客体还承担贡献社会的责任，个人在世界上的真实价值难以体现。[①]

### 3. 教学内容差异化不足使课程的个体性价值匮乏

有学者针对大学生认为本校生涯发展课程有哪些不足展开调研，结果显示"84.41% 的同学认为是课程设计不够合理，缺乏吸引力；84.41% 的同学认为是多数讲座对学生实际指导意义不大；85.3% 的同学认为是学生接受度不高，缺乏实效性"[②]。高校生涯发展课程的实效性不足的表征是学生掌握了什么是职业生涯规划理论、工具和决策步骤，但到了自己这里，就不知自己该如何做，怎么做，因为每个学生的职业兴趣、职业能力、性格、价值观、思维普遍存在显著差异，一般性的理论传授和经验供给难以满足学生差异化的生涯发展需求。如果只是进行传授生涯规划理论、进行工具测评、教授生涯决策步骤等"面上"的教学内容，忽略学生特质差异和需求差异，忽略对每个学生"个体性"价值的关照，课程建

---

① 李德顺：《价值论——一种主体性的研究》，中国人民大学出版社 2013 年，第 104 页。

② 王晶：《新时代大学生职业生涯规划教育研究》，西安科技大学（硕士论文），2020 年。

设成效恐难进一步提升。高校生涯发展课程的教学目标也绝不是仅仅是要完成理论知识层面的传授，而是要通过理论知识传授、体验学习、研究讨论的各教学环节，激发每个学生的生涯发展和规划意识，在这个课堂上没有所谓的正确答案和标准答案，每个人的情况不同所以选择各异。现阶段，高校生涯发展课程在知识传授、实践体验等方面都做出了积极探索，但距离满足学生实际需求还有不小差距，归根寻源就是职业生涯发展的理论知识学到了，但不会应用。从价值观视域审视，则是课程的教学方法、教学内容未从认知主体的内部心理过程出发，教学模式未能将学生列为信息加工的主体，致使课程的个体性价值匮乏，课程实效性有待提升。这需要转变教学理念、改进教学环节，以真正体现学生的主体性地位。

## 三、"高校生涯发展课程"课程重构

"高校生涯发展课程"课程是高校思想政治教育工作的重要一环，意识形态属性必须得以显现。因此，需在课程设计思路、教学内容、教学模式等方面着力改进，以建设具有中国特色的高校职业生涯课程体系，帮助当地青年大学生实现自我价值和社会价值相统一的人生价值。

### 1. 课程设计要从以学科为中心向以学生为中心转变，突出学生主体性的价值关怀

首先，自我探索部分。不仅要让学生认识"过去我"和"现在我"，还要引导学生认识"将来我"。学生在完成了职业兴趣、MBTI 等自我测评量表后，会对自己有了初步的认识。需要注意的是不能让学生囿于狭隘的自我认知中，要引导学生在实践中发展更全面的自我，避免测评结果限制学生发展的多样可能性。其次，职业探索部分。所谓，授人以鱼不如授人以渔。千变万化、浩如烟海的职场世界很难在短时间内面面俱到地展现给学生。在这部分，应该引入实践教学模式，在教学设计上增加实践教学环节，设计学院（系部）实践教学模块，引导学生到与自身专业相关和感兴趣的领域和岗位提前实习或参观，帮助学生树立主动

探索职场环境的意识，提升学生对外部职场环境探索的能力与素养。最后，职业决策部分。有效的职业决策建立在学生正确的自我认知和有效的职场探索基础上，任课教师在课程教学中应注意帮助学生在自我认知和职场探索之间建立联系，"我可以选择什么样的职场环境""什么样的生涯目标适合我并且是正确的"，需要帮助学生做出选择。高校生涯发展课程教学不仅要有知识的传授，还要将技能的训练、观念和态度的引导结合起来传授予学生。因此，要整合知识、技能和观念，关注到每个学生的个体性价值差异。课程教学中，注重挖掘学生身边的教学素材、贴近学生实际生活经验，创造新的职业探索机会，帮助学生建立自我探索和职业探索的联系，加强理论与授课对象经验和需求的匹配。

### 2. 注重课程工具理性和价值理性相统一，帮助学生实现社会价值

党的二十大报告指出："育人的根本是育德。"[1] 高校生涯发展课程建设目标是引导学生树立正确的择业价值观，培养将个人职业发展选择与国家需要相融合的担当引领国家和民族未来的人才。因此，加强课程建设中的价值引导是课程建设的内在要求。第一，课程教学内容中注重增加国家宏观政策信息。在外部世界探索部分，加入国家最新的发展战略、人才政策、国家重点领域和重点地区等政策信息。针对学生感兴趣的领域和岗位，可邀请校友、企业 HR 来课堂上与学生面对面交流，鼓励学生深刻认识自我发展融入国家民族发展的必要性，认识到投身国家发展重点领域、提升职业生涯成熟度的重要性。第二，课程设计模式中引入过程模式和实践模式。现阶段，高校生涯发展课程多采取目标模式，课程设计坚持目标导向，课程的组织与安排皆以目标为准则。目标导向的课程设计是单向的，当目标与课程组织之间存在脱节时，课程建设效果就会降低。比如，课程建设的目标是提升学生职业生涯成熟度，开发职业生涯发展潜能，但具体到实践中发现，课程只实现了传授知识的目标，对于提升职业生涯成熟度没有可量化的指标，实际效果也不尽如人意。可以考虑将过程教学模式和实践教学模式引入高校生涯发展课程建设中，过程模式更重视学生主动学习、教师主动思考的过程。实

---

[1] 习近平：《高举中国特色社会主义伟大旗帜　为全面建设社会主义现代化国家而团结奋斗——在中国共产党第二十次全国代表大会上的报告》，《人民日报》2022 年 10 月 26 日。

践教学模式围绕任课教师、专业、学校展开针对性较强的教学设计模式。第三，课程建设的理论部分需增加中国古代职业生涯发展思想。要突破西方实用主义理论对高校生涯规划课程实践的影响，应将中国古代生涯规划理论有机融入高校生涯发展课程的基础理论部分。在生涯认知方面，可引入孔子的生涯阶段论："吾十有五而至于学，三十而立，四十而不惑，五十而知天命，六十而耳顺，七十而从心所欲，不逾矩。"(《论语·为政篇》)相较于舒伯的生涯彩虹图理论，孔子的生涯阶段论更易被学生接受和理解。庄子有云："吾生而有涯，而知也无涯。"(《庄子·养生主》)春秋时期的"明德慎罚""敬德保民"等都展现了古人的生涯意识和职场道德规范。文化是最深沉的力量，高校生涯发展课程建设尤其要注重增加中国优秀传统文化元素，只有引起情感共鸣，加强道德规范教育，才能有效开展价值引领。

### 3. 聚焦个体性价值关怀，丰富差异化教学模式

高校生涯教育成效不足的一个重要原因是学生高度个性化的需求与教师授课个性化不足间的矛盾。目前，我国高校生涯发展课程教学主要是一对多的形式，即一个教师面对多个学生的传统授课模式。囿于授课时间，高校生涯规划课程难以满足学生多样化的个性需求，而增强差异化教学方式的使用是解决这一问题的可行之路。差异化教学是一种有效促进学生个性化、适性学习的教学模式，可以结合学生不同专业的特点、个人特质（职业兴趣、职业性格、职业能力、职业价值观）的差异，设计理论教学、实践教学、体验教学等不同的教学模块，为学生提供不同层次的引导、确定差异化的发展标准以及选择机会等。采用差异化教学模式可以更好地尊重学生个体性价值的体现，对学生进行差异化的教学需尊重每个学生的个性和特质，要在教育方法、教学手段、教学内容和评价标准等多个方面进行定制化课程建设。需要注意的是，差异化教学不是目标只是手段，需谨防任课教师为了追求形式上的差异化，本末倒置，导致为了差异化而差异化。在教学模式改革过程中，需要对教学实践的价值要求、相应的价值标准等做出具体规定，引导任课教师把尊重学生的个体价值、提高每个学生的生涯成熟度、生涯潜能开发能力等作为选择差异化教学方法的重要考量因素。除此之外，设计一对一

生涯个体咨询可以作为对高校生涯发展课程教学的有效补充，高校教学管理部分要将一对一生涯个体咨询作为生涯规划课程的重要组成部分，并给予学时、学分等相应的教学组织支持。生涯个体咨询可由任课教师主导，在充分了解和识别学生差异化、个性化需求的基础上，由任课教师和学生共同制定科学合理的生涯咨询计划，还可邀请专业教师、学校管理人员、校友或 HR 参与到生涯规划个体咨询中。为保证咨询实效性，咨询方式可采取灵活多样的线上线下相结合的方式进行。任课教师和学校要为真正满足学生需求的个性化生涯咨询达成创造条件。

### 4. 建设具有中国特色的高校职业生涯发展课程体系

知识传授无不内含价值的导向，任何一门课程都具有意识形态属性。建立在西方职业生涯发展理论基础上的高校生涯发展课程受到西方实用主义、功利主义思潮影响，呈现出自我价值凸显而社会价值欠缺的价值取向偏差。我国高校生涯发展课程有着引导学生树立高远的职业理想、将个人职业发展融入国家社会需要的重要教学目标，这与西方资本主义意识形态传递的个人本位主义价值取向有着本质上的区别。建设具有中国特色的高校职业生涯课程体系是提升高校生涯发展课程实效的根本途径，具体措施主要可分为四个方面。首先，基础理论方面，需引入马克思职业价值观思想、我国古代生涯发展哲学思想和新中国几代领导集体关于青年和就业的重要论述，为课程的理论基础明确底色；尤其要注重将社会主义核心价值观内容有机融入课程教学中，社会主义核心价值观本质是社会主义，需要在尊重学生个人主体性的同时，引导学生在实现自我价值的基础上，超越自我，实现更高层次的自我价值，即社会价值。在就业指导中，用敬业精神引导学生爱岗敬业，践行工匠精神；在就业方向的选择上，涵养学生爱国情怀，引导学生开阔视野，将个人小我融入民族复兴、国家富强的大我之中。其次，课程设计思路，高校生涯发展课程设计应摒弃传统的以学科为中心的课程设计思路，向以问题为中心的课程设计思路转向。注重在问题设计中倾向于学生的个体性价值体现。问题设计时，紧密结合学生的日常现实生活和生涯规划理想，通过课前、课上和课后的调研，掌握学生的生涯困惑，有针对性地进行问题式教学设计。学生在感受到了课程对自身经验和需要的尊重时，对课程的学习内驱力将自然显现。

问题设计为中心的课程设计思路，需要任课教师有一定的专业素养和课堂组织能力，不仅要掌握生涯规划的理论知识，还需了解国内外经济、社会、科技等宏观环境信息，具备跨学科联系的素养。最后，课程评价方面，高校生涯发展课程的评价关系到该课程建设的质量问题，是课程建设的可靠依据。目前，大部分高校生涯规划课程评价采取的是传统的总结性评价手段。为了提高课程评价对课程建设的支撑作用，需要综合运用量化评价与质性评价相结合，诊断性评价、形成性评价和总结性评价相结合等评价手段，形成一个整体的评价系统，以提升课程建设实效。

【执行编辑：刘　冰】

# 研究动态

Research Trends

# 中国式现代化的价值哲学研究

## ——第 23 届中国价值哲学大会会议综述

关山彤[*]

2023 年 11 月 25—26 日，第 23 届中国价值哲学大会在长沙隆重召开。本届大会以"中国式现代化的价值哲学研究"为主题，由中国辩证唯物主义研究会价值论研究专业委员会、上海大学和湖南师范大学联合主办，湖南师范大学公共管理学院、湖南师范大学道德文化研究院、湖南省世界一流培育学科（哲学）以及长沙新一代人工智能伦理治理与公共政策实验室共同承办，湖南师范大学哲学系、湖南师范大学人工智能道德决策研究所、湖南师范大学科技伦理与公共政策研究中心、上海大学价值与社会研究中心以及《价值论研究》杂志编辑部共同协办。来自中国政法大学、中国人民大学、武汉大学、上海大学、湖北大学、西北政法大学、上海社会科学院、山东师范大学、浙江大学、南开大学、北京师范大学、湖南师范大学、华中师范大学、山西大学等 50 余所高校和科研院所的 140 余位专家、学者和研究生出席了本届大会。

湖南师范大学党委副书记周俊武教授和中国价值哲学学会会长、上海大学特聘教授孙伟平教授在开幕式上先后致辞。周俊武教授指出，此次研讨会为理解中国式现代化的价值哲学内蕴，推进中国式现代化研究提供了一个很好的契机；他期待搭建起更多的沟通、交流平台，共同促进价值哲学理论的研究，推动哲学社会科学的繁荣发展。孙伟平会长则对此次中国价值哲学大会的主题做了深刻的阐释，对中国式现代化的概念、内涵、目标以及实现程度等问题做了精辟的剖析。孙会长特别指出，中国式现代化的理论、道路以及价值哲学本身的理论和方

---

[*] 关山彤，上海大学哲学系教师、博士，研究方向为马克思主义哲学、国外马克思主义。

法等，都需要与时俱进的、大胆的、实质性创新。他还说，本次大会欣喜地看到了许多年轻有为的学者加入价值哲学研究的行列，他相信中国价值哲学研究在全体同仁的共同努力下，一定会为新时代中国式现代化的发展做出更大的贡献。最后，他由衷地希望本届大会能在中国式现代化的价值哲学研究基础上取得丰硕成果。

本届大会对"中国式现代化"这一新时代的重大课题进行了哲学价值论维度的探讨，设置了"中国式现代化的价值基础""中国式现代化特征的价值阐释""中国式现代化本质要求的价值意蕴""中国式现代化与人类文明新形态""科技伦理与高水平科技自立自强""价值哲学与全球科技治理"等多项议题。与会的专家、学者围绕着上述议题，就相关问题的理论研究取得的成果进行了广泛而深入的交流。

**中国式现代化的价值基础是本届大会探讨的重要主题。**中国价值哲学学会学术委员会主任、中国政法大学李德顺教授对中国式现代化历史进程中价值盲区的几种表现和特征做了透彻的阐释。他说，首次提出"价值盲区"这一概念，主要是根据有关人工智能发展前景的思考和忧虑，提示了一种"技术主义直线思维"的弱点，其相信技术发展的无限潜力却忽视技术本身的价值前提，从而直线推演放大，得出"人工智能技术的发展，将走向超越甚至代替人类"的前景。李德顺教授指出，产生所谓"价值盲区"的理论"盲点"，归根到底是对于作为价值主体的"人"的理解还停留于马克思以前的唯心史观语境，而没有达到唯物史观的高度；在科学与价值"双标化"的现实面前，我们需要的是完整、彻底的理论思考，忠诚地坚守人自己的信念，在生活中"面对多元化，坚持主体性"，迎接新时代人类文明发展的新挑战。湖北大学和华中师范大学江畅教授对中国式现代化历史背景下的价值内涵进行了重构。他认为，价值关系和价值是宇宙中普遍存在的，而非人所特有的；价值实质上是一事物满足他事物需要或有利于他事物生存发展的性质，其本性在于对他物作出贡献；"善"在历史上曾一直被视为基本价值词，价值概念凸显出来后，"善"成了表示道德价值的词，而日常意义上的"好"仍然与"价值"大致同义；价值可划分为事物价值与人类价值，人类价值有其特殊性，尤其体现在人根据自己的需要构想和创造价值物，人将自己设定为价值主体，以自身的需要或欲望为尺度判断价值。湖南师范大学易小明教授对中国式现代化实践中出现的一些价值问题进行了前提性反思，分别从价值的"质性"与"量性"、价值之作为总体的规定性与部分价值的规定性、价值的主体性规定、价值共识及其生成的商谈式与外推式等重要问题进行深入的思考，他认为对这些问题进行认真研究将有利于价值研究的深化。三峡大学郑来春教授认为，中国式现代化具有自身的理论价值体系，应从价值论自主知识体系构建中的概念重构出发，将价值界定为主体意识到的某种对象对于包含它自身在内的其他对象的意义，并把"主体意识到"理解为价值关系中以主体作为尺度或人在价值关系中的轴心地位的根本所在，以主体的人的实践形成中国式现代化研究的价值特色。

以价值哲学的视角认识中国式现代化的现实问题充分体现了本次大会的学科特色。山西大学马俊峰教授探讨了国家治理现代化中"政治泛化"的成因、危害以及防范"政治泛化"的重要价值，认为审视、反思我们实际生活中存在的政治泛化现象，分析其形成的历史和现实原因，揭示其对于推进国家治理现代化的阻碍作用，努力形成自觉的辨析和抵制意识，对于防止、减少国家治理现代化过程中的异化具有重要的意义。武汉大学汪信砚教授对于中国式现代化对人类文明新形态的助力进行了结构化的阐释，认为人类文明新形态是基本形态与历史形态在特定民族和国家的不同表现形式，即工业文明的新的民族形态。西北政法大学刘进田教授指出，中国式现代化的崛起催生了中国式现代化观念体系的生成和自觉自信，马克思主义哲学"完整的人"价值理论、人的自由全面发展价值理论、坚持系统观念理论和中华优秀传统文化重整体性和完善性思想，构成中国式现代化价值整体性平衡追求的深厚价值哲学根据，同时又有其坚实的中国式现代化实践基础。中南林业科技大学廖小平教授指出，中国式现代化的理论和实践内在地提出"现代化的本质"这个重大问题，学界由此展开了有益的探讨，却需对这些探讨进行必要的再探讨；对资本主义现代化的本质是"物的现代化"、中国式现代化的本质是"人的现代化"的界定，应更加切合世界现代化本质的"终极""源头"和"核心"，且最能呈现两种现代化本质的根本区别。山东师范大学龚群教授认为，中国式现代化的价值追求对我国的基本国情进行了客观准确的描述，是社会主义核心价值和现代性价值的体现，也是人类文明新形态的价值追求；以中国式现代化开创人类文明新形态，必将推进中国民族的伟大复兴和人类文明的新发展。中国政法大学孙美堂教授对当前面临的价值问题和现代科学技术带来的危机进行了深入分析，认为中国的现代化问题包括"现代化在中国"与"中国式现代化"两种含义，前者强调与农耕文明等前现代不同的工业文明，以及这种普遍的文明形态在中国的发展，后者强调现代化的中国特色和个性；当今中国现代化前提仍是解决好"现代化在中国"的诸多问题，包括确立市场机制、契约精神、人的主体性等，而"中国式现代化"理论上要回应界定标准问题、事实陈述与价值选择问题，实践上要解决中国式现代化如何"是其所是"的问题。湖南师范大学王泽应教授从传承中华文化文明的价值角度阐释了中国式现代化建设的理论资源和实践路径。西北政法大学何小勇教授对经济价值与伦理价值在中国式现代化进程中的同构进行了论述，指出需要依赖制度创新实现二者的同构。中央财经大学邱仁富教授认为，文明的多样性是人类社会发展的最本质特征，中国式现代化创造人类文明新形态，推动世界多文明多样性发展、推动文明交流互鉴，并在此基础上弘扬全人类共同价值；中国式现代化弘扬全人类共同价值，既彰显中国共产党人坚持胸怀天下立场和"为人类谋进步、为世界谋大同"的价值主张，又在更高层次上推动多元文明共生发展。四川师范大学董朝霞教授以价值主体性为视角，对多元现代性进行了深入分析，认为中国式现代化及其新型的现代性能为当今世界多元现代性的发展做出具有世界历史意义的贡献。南开大学齐艳红教授对中国式现代化与马克思主义政治哲学研究的三个观念基础进行了全面分析，提出在延续实践观点的恢复、主体性维度的确立、价值论研究和"全面的现代化"观念的基础上，搭建马克思政治哲学与中国式现代化的桥梁。

**与会学者还对中国式现代化的人文关怀目标进行了广泛的探讨**。上海大学陈新汉教授反思了生命意识的终极关怀问题。陈教授首先指出，生命意识是此在存在的规定，是生存意识和生活意识的统一，终极关怀是生命活动对生命意识的必然要求，是生命意识中意识理性的必然所使然；终极关怀在把"趋生避死"作为旨归中，把消解死亡恐惧作为"避死"的首要内容，把"筹划到最本己的能在"作为"趋生"的根本目的；终极关怀通过终极信仰使信仰在信念基础上确立，从而在目的设定及其坚持中发生作用；终极关怀是生命活动对生命意识的必然要求，是生命意识中意识理性的必然所使然。华中科技大学韩东屏教授对追求终极价值与现代化的关系进行了阐述，从五个方面界定了他对现代化的独特理解。韩教授认为，因现代化含义不清晰且不断变化，应追求终极价值；可以得到确证的终极价值是人的全面自由发展，根据人的需求它可以分解为康健、富裕、和谐、自由这四大指标。湖南师范大学向玉乔教授对中华文明的精神标识和文化精髓进行了深入探讨。武汉纺织大学杨豹教授考察了全媒体时代背景下社会主义核心价值观与全人类共同价值的关系，提出了社会主义核心价值观是全人类共同价值观的内在支撑。

**紧扣中国式现代化的时代特征，学者们反思了科技伦理、信息时代的价值、人工智能的价值问题**。上海大学尹岩教授认为，我们要基于信息的本质，抓住信息的本质属性，以信息时代的内涵为思想框架，以价值哲学理论为思想前提和思维工具，运用系统论的方法，分析信息的当代社会价值。上海大学张艳芬副教授就人工智能是否能参与评价活动的价值问题展开探讨，指出大脑是以适应于逻辑这一对它有所确定的工具来思维的，人工智能的出现使得这一过程发生了根本性改变，逻辑不仅塑造大脑，也塑造机器，我们或许正是可以从这个进行塑造的工具来指认人工智能从事评价活动的可能性。中国政法大学阴昭晖博士探究了自动驾驶电车难题的可能解决思路，主张将自动驾驶电车难题抽象为一种在规范冲突情境下的非单调价值推理问题，将多元主体性视为分析自动驾驶电车难题的伦理锚点。

**学者们还对中国式现代化发展中重要的、具体的社会问题进行了价值论的专题研讨**。上海财经大学裴学进教授以习近平总书记对核心价值观培育路径的重大创新为基础，阐释了从"灌输"到"认同"的学理逻辑和价值意义。宝鸡文理学院王世荣教授探讨了"两个结合"视阈下对中华优秀传统文化价值的重新发现。西北政法大学刘亚玲教授以"新时代文化治理视野下多元矛盾纠纷预防与化解的枫桥经验"为题，推介了诸暨的现代化建设经验。长沙理工大学蒋显荣教授以德鲁克"组织共同体"作为关键概念，深刻剖析其对儒家伦理思想的吸收与借鉴，并指出它对构建人类命运共同体的推进作用。河南财经政法大学张宇飞研究员以司法裁判的价值衡量为主题，结合社会主义核心价值观，探讨了社会主义核心价值观如何适用于司法个案的问题。

本次大会的一个突出特点是，一批青年学者作为中国价值哲学研究的生力军成长起来。他们在价值哲学基础理论、中国式现代化的价值基础、价值哲学与伦理问题上的颇有见地的研究成果，展现中国价值哲学研究生机勃勃的力量和未来希望。北京化工大学陈阳副教授以"事件"为中心，以自我价值观念的检视为核心开展价值问题研究，提出价值哲学从元伦理研究走向实践研究的侧重点和方法论转换。北京科技大学王俊博副教授探讨了罗尔斯与桑德尔之间"权利与善"的争论，在与现代治理问题相结合的基础之上，提出了"法治"优先于"善政"的观点。上海大学杨丽副教授对技术背景下责任伦理的形而上学论证进行了辨析。厦门大学韦学庭助理教授对"济贫"是何种道德义务进行了探讨，并就其可能对共同富裕实现带来的影响表达了自己的看法。汕头大学罗诗钿副教授从共同富裕的共享本质阐释了中国式现代化的复合正义意蕴。贵州师范大学吕敬美副教授对中国式现代化的相关概念进行了辨析，并开展了历史追问与方法考察。云南师范大学张霞副教授对价值内涵进行了分析，阐述了结合人民主体论的中国式现代化应有的本质要求与价值内涵要求。上海师范大学张娜副教授以"作为新类型的中国现代化原则及其问题域"为题对中国式现代化进行了探讨。西安理工大学雷云飞副教授汇报了中国式现代化可能面临的风险及治理路径。河南农业大学鹿林副教授从生活世界重建的角度提出，现代化是中国人民和中华民族重建自身生活世界不可推卸的根本任务。石家庄学院郭德冰博士从国家主体性角度思考了中国式现代化如何迈向高阶段发展的问题。上海大学刘冰博士对社会主义核心价值观融入大中小学思想政治理论课的现状及其方法路径作了探讨。中国政法大学张晶晶博士对中国式法制文化建设应有的价值选择进行了解读。云南大学常臣尤博士从价值哲学角度对休谟问题进行了思考。山西省社会科学院研究实习员梁鹏伟认为，人类文明新形态超越"文明的冲突"，为摆脱人类文明发展困境贡献了中国智慧。西北政法大学王轩博士探讨了数字社会治理的价值逻辑与实践路径。

尤其值得一提的是，本次中国价值哲学大会延续去年价值哲学大会的传统，开设了研究生论坛，并首次邀请专家组成论文评审组匿名评审，评选研究生优秀论文。这是中国价值哲学研究培养年轻有生力量的重要举措。本次大会共收到包括中国政法大学、上海大学、武汉大学、陕西师范大学、东北师范大学等 17 所高校研究生的投稿 44 篇，评选出 30 篇优秀论文，其中一等奖 5 篇，二等奖 10 篇，三等奖 15 篇。大会向优秀论文作者颁发荣誉证书，邀请他们在研究生论坛交流发言。在研究生论坛上，来自上海大学、中国政法大学、东北师范大学、武汉大学、陕西师范大学共 26 位获奖研究生代表在研究生论坛上做了学术交流，发言主题广泛，涵盖经典马克思主义理论、价值哲学与人的哲学、元价值论问题、价值实践问题、社会主义核心价值观理论以及中国式现代化理论等经典理论问题和现实热点问题，展现了青年学生在相关主题上的努力探索和独特思考。

在大会闭幕式上，中国价值哲学学会副会长、上海社会科学院中国马克思主义研究所所长黄凯峰研究员代表中国价值哲学学会做了大会总结发言。本届大会承办方代表湖南师范大学公共管理学院院长毛新志教授、下一届大会承办方代表山东师范大学马克思主义学院党委书记顾大伟教授分别致辞。中国价值哲学学会会长孙伟平教授宣布大会圆满闭幕。

本届大会精彩纷呈，汇聚了"中国式现代化的价值哲学研究"议题的最新前沿成果，彰显了国内学者对"中国式现代化的价值哲学研究"的巨大热情，为进一步推动中国式现代化建设与构建人类文明新形态提供理论支持。

【执行编辑：尹　岩】

**图书在版编目（CIP）数据**

价值论研究.2024年.第1辑 / 孙伟平，陈新汉主编
— 上海：上海教育出版社，2024.6
ISBN 978-7-5720-2640-9

Ⅰ.①价… Ⅱ.①孙… ②陈… Ⅲ.①价值论(哲学)
–研究 Ⅳ.①B018

中国国家版本馆CIP数据核字(2024)第078415号

责任编辑　储德天
特约编辑　毛姝雅
封面设计　郑　艺

**价值论研究（2024年第1辑）**
孙伟平　陈新汉　主编

出版发行　上海教育出版社有限公司
官　　网　www.seph.com.cn
地　　址　上海市闵行区号景路159弄C座
邮　　编　201101
印　　刷　上海商务联西印刷有限公司
开　　本　700×1000　1/16　印张 16.25
字　　数　255 千字
版　　次　2024年6第1版
印　　次　2024年6月第1次印刷
书　　号　ISBN 978-7-5720-2640-9/G·2331
定　　价　89.90 元

如发现质量问题，读者可向本社调换　电话：021-64373213